普通高等教育"十三五"规划教材（计算机专业群）

Excel 2010 数据统计分析实用案例教程

主 编 苏志军 楼 骏 汤巧英

副主编 景秀眉 王昌云 徐骏骅

·北京·

内 容 提 要

本书通过众多实际案例系统地介绍如何利用 Excel 2010 工具解决工作生活中的数据分析问题，帮助读者从日常错综复杂的数据中分析出有意义的结论。书中精心安排了案例的分析、实施、总结等多个过程，让读者对解决问题能有清晰的思路。

全书共 11 章：前 10 章系统讲解各类数据分析问题，包括描述性统计、概率分布、假设检验、参数估计、方差分析、相关分析、回归分析、时间序列分析、规划求解和决策树，选取了众多日常工作中遇到的数据分析问题进行详细讲解，再给出具体的操作过程，并且每一章后面都附有习题，方便读者巩固练习；第 11 章是专门的综合案例分析，运用大型实际案例帮助读者进一步认识数据统计分析。全书突出 3 个特点：道理简单明了、思路清晰透彻、案例新颖实用。

本书可作为普通高校金融、物流、电商、工程等涉及数据分析相关专业的教材，也可作为数据分析初学者进行 Excel 学习的辅导用书，还可作为各类相关培训班的培训教材。

图书在版编目（CIP）数据

Excel 2010数据统计分析实用案例教程 / 苏志军，楼骏，汤巧英主编. -- 北京：中国水利水电出版社，2018.1

普通高等教育"十三五"规划教材. 计算机专业群
ISBN 978-7-5170-6253-0

Ⅰ. ①E… Ⅱ. ①苏… ②楼… ③汤… Ⅲ. ①表处理软件－应用－统计分析－高等学校－教材 Ⅳ. ①C819

中国版本图书馆CIP数据核字(2018)第011325号

策划编辑：石永峰　　责任编辑：周益丹　高　辉　　封面设计：李　佳

书　名	普通高等教育"十三五"规划教材（计算机专业群） Excel 2010 数据统计分析实用案例教程 EXCEL 2010 SHUJU TONGJI FENXI SHIYONG ANLI JIAOCHENG
作　者	主　编　苏志军　楼　骏　汤巧英 副主编　景秀眉　王昌云　徐骏骅
出版发行	中国水利水电出版社 （北京市海淀区玉渊潭南路1号D座　100038） 网址：www.waterpub.com.cn E-mail：mchannel@263.net（万水） 　　　　sales@waterpub.com.cn 电话：（010）68367658（营销中心）、82562819（万水）
经　售	全国各地新华书店和相关出版物销售网点
排　版	北京万水电子信息有限公司
印　刷	三河市鑫金马印装有限公司
规　格	184mm×260mm　16 开本　12.25 印张　295 千字
版　次	2018 年 1 月第 1 版　2018 年 1 月第 1 次印刷
印　数	0001—3000 册
定　价	29.00 元

凡购买我社图书，如有缺页、倒页、脱页的，本社营销中心负责调换

版权所有·侵权必究

前　　言

曾经有一位男性顾客投诉一家塔吉特店给他还在读书的女儿寄婴儿用品的优惠券。这家美国第二大零售商会搞出如此大的乌龙？经过这位父亲与女儿进一步沟通后，才发现自己的女儿真的已经怀孕了。原来每位顾客初次到塔吉特刷卡消费时，都会获得一组顾客识别编号，内含顾客姓名、信用卡卡号及电子邮件等个人资料。日后凡是顾客在塔吉特消费，计算机系统就会自动记录其消费内容、时间等信息。再加上从其他渠道取得的统计资料，塔吉特便能形成一个庞大的数据库。塔吉特的统计师们通过对顾客的消费习惯进行一次次的测试和数据分析，基本上可以判断出哪些顾客是孕妇，甚至还可以进一步估算出她们的预产期，在最恰当的时候给她们寄去最符合她们需要的优惠券，满足她们最实际的需求。这家成立于1961年的零售商能有今天的成功，数据分析功不可没。

上述例子就是零售企业数据分析的一个典型应用。当前，"大数据"这个词语在网络上喷涌而出。大数据掀起的风暴已席卷到生活的各个角落，大数据使我们的生活变得更加美好。那么什么是大数据？相信对很多人来说这还只是个模糊的概念，但是当前大数据已经广泛应用于日常生活的诸多领域。例如，必应搜索通过集成以往的飞机票价预测出未来票价走势；谷歌利用用户搜索记录判断出美国流感疫情的现状，在时间上比美国疾控中心的预测还快两周；对冲基金通过剖析社交网络推特的数据信息预测股市的表现；交通部门通过大数据分析出实时路况；交友网站利用大数据分析给需要的人匹配合适的对象以帮助其寻找爱情；利用穿戴装备（如智能手表、智能手环等）生成最新的数据，可以根据自身热量的消耗以及睡眠模式追踪身体健康情况等。这些无一不体现出大数据与我们的生活紧密相连。

大数据虽然无处不在，但是分析大数据对于大部分人来说还是个难题（无论是具备的软硬件还是知识水平都远远达不到要求）。我们只是享受了大数据的成果，获取了大数据带来的好处，自己却无法掌握它的原理和实际应用。因此，能不能让数据分析走到普通人的身边，在日常生活工作中，直接为其服务，而不再是专业人士的"专利"？本书编写的目的就在于此。

本书搜罗了大量来自我们日常生活工作的实际案例，有的来自社会领域、有的来自建筑工程领域、有的来自财经投资领域、有的来自水利行业、有的来自制造行业、有的来自生产销售行业、有的来自教育行业，可以说是包罗万象。目的是让读者从认识身边的小数据开始，逐渐来认识大数据。日常生活工作中遇到的数据可以说是无处不在，利用简单易学的Excel工具，就可以从数据中分析出一个个有意义的结论。在编写过程中，编者对每一个案例都进行了实证检验，并进行了通俗易懂的解读。本书重点突出了3个特点：道理简单明了、思路清晰透彻、案例新颖实用。

2015年，马云在云栖大会上表示，人类已经由IT时代进入DT时代，数据取代石油成为最核心的资源，在未来，数据会成为像水、电、石油一样的公共资源。数据也成为了一种重要的商业资本，可以创造新的经济利益和商业模式。本书或许可以帮助读者开启一扇认识数据、分析数据、利用数据的知识之门。

一本书要体现作者个人的写作风格，书中文字是作者个性情感的流露，倾注了作者的思想和灵魂。写一本书，尤其是写一本好书，必然有作者的思想表达和感情流露在里面。诚然，理工类的书没有文艺类的书显得那么明显，但还是可以察觉得到作者的用心所在。

本书的编写工作有很多老师参与，每一章节的文字、每一个案例都经过编者本人的解读、核实、修改、校验，使全书风格尽量保持统一。

编写这本书时得到了很多人的帮助和建议，感谢参与编写工作的老师以及众多网友（如关文忠、星空颖雪、阮一峰等），他们提供的许多经典案例给了我很大启发，让本书得以集众人之所长。另外，感谢我的家属在艰苦的岁月里鼓励我坚持完成本书的编写，也感谢中国水利水电出版社在本书出版过程中给予的大力支持。

由于时间仓促及编者水平有限，书中的错误和不妥之处在所难免，恳请专家和读者批评指正。

苏志军

2017 年 12 月

目 录

前言

第1章 描述性统计 ·············· 1
1.1 频数和算术平均值 ············ 1
1.1.1 案例提出 ············ 1
1.1.2 相关知识点 ············ 2
1.1.3 案例分析 ············ 3
1.1.4 案例实施 ············ 3
1.1.5 总结 ············ 4
1.1.6 拓展练习 ············ 4
1.2 几何平均值和调和平均值 ············ 5
1.2.1 案例提出 ············ 5
1.2.2 相关知识点 ············ 5
1.2.3 案例分析 ············ 6
1.2.4 案例实施 ············ 6
1.2.5 总结 ············ 7
1.2.6 拓展练习 ············ 7
1.3 众数和中位数 ············ 7
1.3.1 案例提出 ············ 7
1.3.2 相关知识点 ············ 8
1.3.3 案例分析 ············ 8
1.3.4 案例实施 ············ 9
1.3.5 总结 ············ 10
1.3.6 拓展练习 ············ 10
1.4 偏度和峰度 ············ 11
1.4.1 案例提出 ············ 11
1.4.2 相关知识点 ············ 12
1.4.3 案例分析 ············ 12
1.4.4 案例实施 ············ 13
1.4.5 总结 ············ 14
1.4.6 拓展练习 ············ 14
1.5 方差和标准差 ············ 14
1.5.1 案例提出 ············ 14
1.5.2 相关知识点 ············ 15
1.5.3 案例分析 ············ 15
1.5.4 案例实施 ············ 16
1.5.5 总结 ············ 17
1.5.6 拓展练习 ············ 17

第2章 概率分布 ············ 18
2.1 二项分布 ············ 18
2.1.1 案例提出 ············ 18
2.1.2 相关知识点 ············ 19
2.1.3 案例分析 ············ 20
2.1.4 案例实施 ············ 20
2.1.5 总结 ············ 22
2.1.6 拓展练习 ············ 22
2.2 泊松分布 ············ 23
2.2.1 案例提出 ············ 23
2.2.2 相关知识点 ············ 23
2.2.3 案例分析 ············ 24
2.2.4 案例实施 ············ 24
2.2.5 总结 ············ 25
2.2.6 拓展练习 ············ 25
2.3 正态分布 ············ 25
2.3.1 案例提出 ············ 25
2.3.2 相关知识点 ············ 26
2.3.3 案例分析 ············ 26
2.3.4 案例实施 ············ 27
2.3.5 总结 ············ 28
2.3.6 拓展练习 ············ 29

第3章 假设检验 ············ 30
3.1 z-检验和t-检验 ············ 30
3.1.1 案例提出 ············ 31
3.1.2 相关知识点 ············ 33
3.1.3 案例分析 ············ 34
3.1.4 案例实施 ············ 34
3.1.5 总结 ············ 37
3.1.6 拓展练习 ············ 37

3.2 F-检验 ... 39
3.2.1 案例提出 ... 39
3.2.2 相关知识点 ... 39
3.2.3 案例分析 ... 40
3.2.4 案例实施 ... 41
3.2.5 总结 ... 42
3.2.6 拓展练习 ... 42
3.3 卡方检验 ... 42
3.3.1 案例提出 ... 43
3.3.2 相关知识点 ... 43
3.3.3 案例分析 ... 44
3.3.4 案例实施 ... 44
3.3.5 总结 ... 46
3.3.6 拓展练习 ... 46
第4章 参数估计 ... 48
4.1 总体均值估计 ... 48
4.1.1 案例提出 ... 48
4.1.2 相关知识点 ... 49
4.1.3 案例分析 ... 49
4.1.4 案例实施 ... 49
4.1.5 总结 ... 50
4.1.6 拓展练习 ... 50
4.2 总体比例估计 ... 51
4.2.1 案例提出 ... 51
4.2.2 相关知识点 ... 51
4.2.3 案例分析 ... 51
4.2.4 案例实施 ... 51
4.2.5 总结 ... 52
4.2.6 拓展练习 ... 52
4.3 样本容量估计 ... 52
4.3.1 案例提出 ... 53
4.3.2 相关知识点 ... 53
4.3.3 案例分析 ... 54
4.3.4 案例实施 ... 54
4.3.5 总结 ... 55
4.3.6 拓展练习 ... 55
第5章 方差分析 ... 56
5.1 单因素方差分析 ... 56
5.1.1 案例提出 ... 56
5.1.2 相关知识点 ... 57
5.1.3 案例分析 ... 57
5.1.4 案例实施 ... 58
5.1.5 总结 ... 59
5.1.6 拓展练习 ... 60
5.2 双因素方差分析 ... 61
5.2.1 案例提出 ... 61
5.2.2 相关知识点 ... 62
5.2.3 案例分析 ... 62
5.2.4 案例实施 ... 63
5.2.5 总结 ... 65
5.2.6 拓展练习 ... 66
第6章 相关分析 ... 67
6.1 双变量相关分析 ... 67
6.1.1 案例提出 ... 67
6.1.2 相关知识点 ... 68
6.1.3 案例分析 ... 69
6.1.4 案例实施 ... 69
6.1.5 总结 ... 72
6.1.6 拓展练习 ... 72
6.2 多重相关和偏相关分析 ... 73
6.2.1 案例提出 ... 73
6.2.2 相关知识点 ... 74
6.2.3 案例分析 ... 74
6.2.4 案例实施 ... 75
6.2.5 总结 ... 76
6.2.6 拓展练习 ... 77
第7章 回归分析 ... 79
7.1 一元线性回归分析 ... 79
7.1.1 案例提出 ... 79
7.1.2 相关知识点 ... 80
7.1.3 案例分析 ... 80
7.1.4 案例实施 ... 80
7.1.5 总结 ... 84
7.1.6 拓展练习 ... 85
7.2 多元线性回归分析 ... 85
7.2.1 案例提出 ... 85
7.2.2 相关知识点 ... 86
7.2.3 案例分析 ... 87

| 7.2.4 案例实施 ·················· 87
| 7.2.5 总结 ······················ 89
| 7.2.6 拓展练习 ·················· 89
| 7.3 非线性回归分析 ···················· 91
| 7.3.1 案例提出 ·················· 91
| 7.3.2 相关知识点 ················ 92
| 7.3.3 案例分析 ·················· 92
| 7.3.4 案例实施 ·················· 92
| 7.3.5 总结 ······················ 94
| 7.3.6 拓展练习 ·················· 94
第 8 章 时间序列分析 ···················· 96
| 8.1 移动平均法 ·························· 96
| 8.1.1 案例提出 ·················· 97
| 8.1.2 相关知识点 ················ 98
| 8.1.3 案例分析 ·················· 99
| 8.1.4 案例实施 ·················· 99
| 8.1.5 总结 ······················ 103
| 8.1.6 拓展练习 ·················· 103
| 8.2 指数平滑法 ·························· 104
| 8.2.1 案例提出 ·················· 104
| 8.2.2 相关知识点 ················ 105
| 8.2.3 案例分析 ·················· 105
| 8.2.4 案例实施 ·················· 105
| 8.2.5 总结 ······················ 110
| 8.2.6 拓展练习 ·················· 110
| 8.3 季节变动预测法 ···················· 110
| 8.3.1 案例提出 ·················· 111
| 8.3.2 相关知识点 ················ 112
| 8.3.3 案例分析 ·················· 112
| 8.3.4 案例实施 ·················· 113
| 8.3.5 总结 ······················ 116
| 8.3.6 拓展练习 ·················· 116
第 9 章 规划求解 ························ 118
| 9.1 淘宝"双 11"活动凑单 ············ 119
| 9.1.1 案例分析 ·················· 120
| 9.1.2 案例实施 ·················· 120
| 9.1.3 分析结论 ·················· 121
| 9.2 巧解九宫格数学题 ·················· 121
| 9.2.1 案例分析 ·················· 121

9.2.2 案例实施 ·················· 121
9.2.3 分析结论 ·················· 123
9.3 销售利润最大化 ······················ 124
    9.3.1 案例分析 ·················· 124
    9.3.2 案例实施 ·················· 124
    9.3.3 分析结论 ·················· 125
9.4 最佳生产方案 ·························· 126
    9.4.1 案例分析 ·················· 127
    9.4.2 案例实施 ·················· 127
    9.4.3 分析结论 ·················· 128
9.5 总结 ····································· 128
9.6 拓展练习 ································ 128
第 10 章 决策树 ···························· 131
    10.1 开工方案决策 ······················ 132
        10.1.1 案例分析 ················ 132
        10.1.2 案例实施 ················ 133
        10.1.3 分析结论 ················ 134
    10.2 投资理财风险决策 ················ 134
        10.2.1 案例分析 ················ 135
        10.2.2 案例实施 ················ 135
        10.2.3 分析结论 ················ 136
    10.3 电视机厂投产决策 ················ 137
        10.3.1 案例分析 ················ 137
        10.3.2 案例实施 ················ 137
        10.3.3 分析结论 ················ 138
    10.4 企业投资咨询决策 ················ 139
        10.4.1 案例分析 ················ 139
        10.4.2 案例实施 ················ 140
        10.4.3 分析结论 ················ 145
    10.5 总结 ································ 145
    10.6 拓展练习 ·························· 146
第 11 章 综合案例分析 ···················· 148
    11.1 我国家庭收入数据分析 ·········· 148
        11.1.1 案例分析 ················ 148
        11.1.2 案例实施 ················ 148
        11.1.3 分析结论 ················ 151
    11.2 美国枪击案数据分析 ············ 152
        11.2.1 案例分析 ················ 152
        11.2.2 案例实施 ················ 153

  11.2.3 分析结论 ································· 154
11.3 游戏玩家调查分析 ································ 154
  11.3.1 案例分析 ································· 154
  11.3.2 案例实施 ································· 155
  11.3.3 分析结论 ································· 156
11.4 房地产评估 ·· 156
  11.4.1 案例分析 ································· 157
  11.4.2 案例实施 ································· 157
  11.4.3 分析结论 ································· 159
11.5 股票投资风险分析 ································ 160
  11.5.1 案例分析 ································· 160
  11.5.2 案例实施 ································· 161
  11.5.3 分析结论 ································· 161
11.6 股市图形分析 ···································· 162
  11.6.1 案例分析 ································· 162
  11.6.2 案例实施 ································· 163
  11.6.3 分析结论 ································· 165
11.7 蒙特卡洛模拟 ···································· 166
  11.7.1 案例分析 ································· 166
  11.7.2 案例实施 ································· 167
  11.7.3 分析结论 ································· 170
11.8 制鞋厂经营安全性分析 ··························· 170
  11.8.1 案例分析 ································· 170
  11.8.2 案例实施 ································· 171
  11.8.3 分析结论 ································· 175
11.9 钢板最佳切割方案 ································ 176
  11.9.1 案例分析 ································· 176
  11.9.2 案例实施 ································· 177
  11.9.3 分析结论 ································· 178
11.10 研究院的决策难题 ······························· 179
  11.10.1 案例分析 ································ 179
  11.10.2 案例实施 ································ 179
  11.10.3 分析结论 ································ 181
11.11 案例实践 ·· 182
  11.11.1 项目问卷 ································ 182
  11.11.2 信心指数的计算方法 ······················· 183
  11.11.3 研究目标及思路 ··························· 184

参考文献 ··· 185

第 1 章 描述性统计

描述性统计是指将调查样本中包含的大量数据资料进行整理、概括和计算，是推断性统计的基础。

描述性统计是以揭示数据分布特性的方式汇总并表达定量数据的方法。主要包括数据频数分析、数据集中趋势分析、数据离散程度分析、数据的分布以及一些基本的统计图形。

常见的描述性统计方法可分为三类：一是用数据的统计量来描述，如均值、标准差等；二是用图示技术来描述，如直方图、散布图、趋势图、排列图、条形图和饼图等；三是用文字语言分析和描述，如统计分析表、分层、因果图、亲和图和流程图等。描述性统计的应用范围广，它适用于能够收集到定量数据的所有领域。

我们研究大量数据发现：多数情况下，数据出现的频数会呈现出一种钟形分布。即各个变量值与中间位置的距离越近，出现的次数越多，反之越少。从而形成了一种以中间值为中心的集中趋势，这个集中趋势是现象规律性的体现。

1.1 频数和算术平均值

频数也称为次数，就是对数据按某种标准分组，统计各组内包含个体的数目。例如，一月内某河道水位 1.5 米～2 米的天数为 13 天，1 米～1.5 米的天数为 15 天，13 和 15 即为频数。

算术平均值大家就比较熟悉了，一般也称为算术平均数，比如计算某地区的平均日降雨量、某课程的平均成绩、某城市建筑的平均高度等。

1.1.1 案例提出

【例 1.1】某研究部门对某城市 CBD 区域的建筑高度做了个调查统计，统计的建筑及其高度如图 1-1 所示，现在需要统计各个高度区间内建筑物的数量。

	A	B	C	D	E
1		某市高层建筑统计			
2	大楼编号	高度（单位：米）		区间	数量
3	A01	120		<=50	
4	A02	49		50~100	
5	A03	86		101~200	
6	A04	88		201~300	
7	A05	150		300~400	
8	A06	220		400~500	
9	A07	360		>=500	
10	A08	480			
11	A09	510			
12	A10	251			
13	A11	78			
14	A12	68			
15	A13	95			
16	A14	101			
17	A15	452			
18	A16	480			
19	A17	380			
20	A18	110			
21	A19	182			
22	A20	68			

图 1-1 某市高层建筑统计

【例1.2】淘宝同类店铺很多，有的卖家月营业额是几万元，而有的卖家月营业额只有几千元。如图1-2所示，对出售某儿童用品的淘宝店月营业额进行了抽样统计，A列按照营业额分为7个等级，C列为抽样店铺数量，B列为对应等级店铺月营业额的平均数，现在需要计算所有店铺的平均营业额。

	A	B	C
1	出售某儿童用品的淘宝店月营业额		
2	按高低分类	月营业额(元/店)	抽样店铺数
3	最低营业额	2972.38	420
4	低营业额	4718.44	396
5	中下营业额	6517.99	765
6	中等营业额	8989.65	725
7	中上营业额	12002.25	658
8	高营业额	17092.36	321
9	最高营业额	26988.25	218

图1-2 出售某儿童用品的淘宝店月营业额

1.1.2 相关知识点

1. 计算频数

我们可以用Excel 2010中的FREQUENCY()函数来实现，FREQUENCY()函数有2个参数，如图1-3所示。

函数功能：返回一组数据的频数分布。

参数说明：Data_array：用来计算频数的数组。

　　　　　Bins_array：计算频数的分段点，注意统计的是数据值<=分段点的频数。

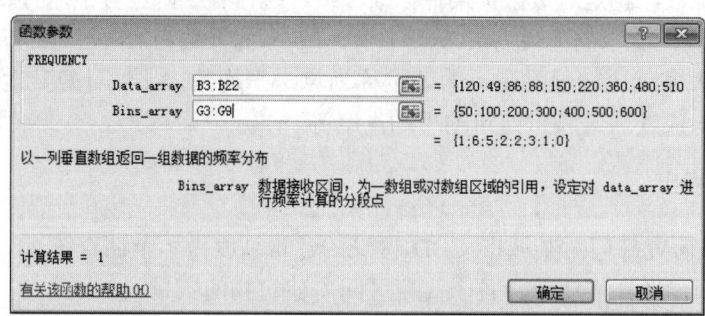

图1-3 FREQUENCY()函数参数

2. 计算算术平均值

通常用我们熟知的AVERAGE()函数即可，但是诸如例1.2之类的涉及组数据的算术平均值就做不到了，这时我们可以采用SUMPRODUCT()函数求得乘积之和再来算平均值，如图1-4所示。

函数功能：返回相应数组或区域乘积和。

参数说明：Array1：需要乘积的第一组数区域。

　　　　　Array2：需要乘积的第二组数区域。

如图1-4中Array1、Array2、Array3所选区域，那么SUMPRODUCT()函数的值实际就是以下三组单元格数字的成绩之和。表达式如下：

SUMPRODUCT(B3:B9,C3:C9,D3:D9)=B3*C3*D3+B4*C4*D4+…+B9*C9*D9

第 1 章 描述性统计　3

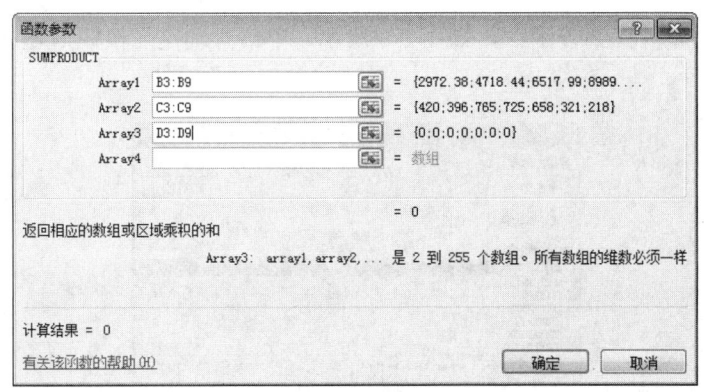

图 1-4　SUMPRODUCT()函数系数

1.1.3　案例分析

【例 1.1】统计各个高度区间内建筑物的数量显然是计算频数的问题，根据题意需要构造分段点。

【例 1.2】如果我们计算出每一组总营业额，即每一组的月营业额乘以对应的店铺数，然后将得到的数字相加再除以总的店铺数即可得到所有店铺的平均营业额，但是如果涉及数据较多会比较麻烦，采用 SUMPRODUCT()函数来求乘积和会非常方便。

1.1.4　案例实施

【例 1.1】实施步骤：

（1）根据题意对建筑物高度的区间构造分段点，见图 1-5 中 Excel 表格中的 G 列数据。

注意：分段点要从小到大排列，次序不可错乱。

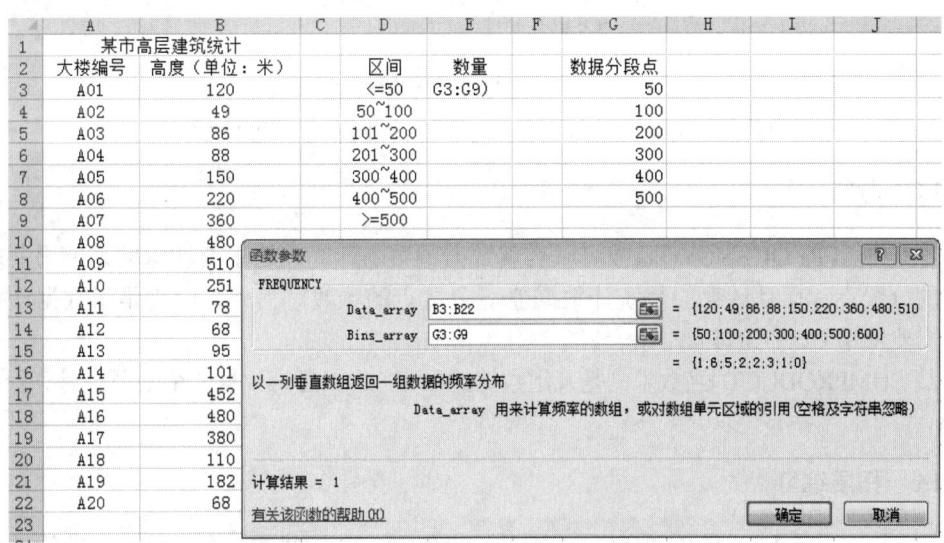

图 1-5　FREQUENCY()函数参数及相关数据

（2）选择 E3:E9 单元格，单击公式编辑框边上的 f_x 按钮，搜索函数文本框输入 frequency，单击"转到"按钮即可找到该函数,如图1-6所示,单击"确定"按钮后随即跳出该函数的参数对话框。

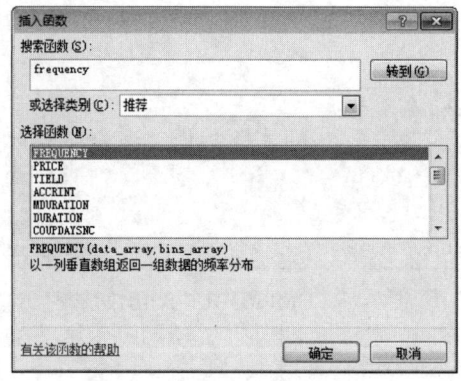

图1-6 "插入函数"对话框

(3)如图1-5所示,在参数Data_array中选择需要计算频数的数据区域,即B3:B22;在参数Bins_array中选择分段点的数据区域,即G3:G8;然后单击"确定"按钮。

(4)将光标点到公式编辑栏,按下Ctrl+Alt+Enter组合键,即可得到计算结果。

(注:末尾出现的一个数据表示为高度>=500m的建筑物数量)

【例1.2】实施步骤:

(1)我们需要求出抽样店铺的总数和总营业额,店铺总数用SUM()函数轻松可得。

(2)对于总营业额的计算需要用SUMPRODUCT()函数,如图1-7所示。输入参数后单击"确定"按钮即可求得。

图1-7 计算总营业额

(3)店铺的平均营业额也轻松可得:店铺平均营业额=总营业额/店铺总数。

1.1.5 总结

(1)使用FREQUENCY()函数可以实现数据频数的计算,这里要注意的是使用前需要构造合理的分段点,而且计算的是统计数据值<=分段点的频数。另外,因为是组数据计算,在操作上需要使用Ctrl+Alt+Enter组合键。

(2)SUMPRODUCT()函数求的是几组数据的乘积之和,各组数据的个数要一致,否则计算要出错。

1.1.6 拓展练习

(1)请自行登录当地的气象网站,摘录每日气温,前后共计3个月时间。请构造合适的分段点,统计温度在各个分段区间内出现的天数。

(2)某市在各个地区设立了降雨监测点,某天突降大雨,各个监测点测量的数据如图1-8

所示。请计算该市平均降雨量。

某市降雨监测点	
测得降雨量（单位：mm）	监测点数目
231.2	3
256.6	1
236.5	2
225.7	5
222.1	4

图 1-8 某市降雨监测点

1.2 几何平均值和调和平均值

除了我们日常熟悉的算术平均值之外，还有几何平均值和调和平均值，它们在不同的领域有各自的应用。

1.2.1 案例提出

【例 1.3】众所周知，居民的幸福指数跟居民收入有很大联系，一般情况下居民收入越高幸福指数越高，但是不成正比关系，因为幸福指数的参考不仅仅是收入。随机调查了两个地区居民收入，现在要根据两地的人均收入（没有其他更多数据）来估算两地居民的幸福指数，如图 1-9 所示。

	A	B	C	D	E
1	**A 地区**			**B 地区**	
2	人员1	收入		人员1	收入
3	人员2	50000		人员2	32000
4	人员3	48000		人员3	**200000**
5	人员4	39000		人员4	42000
6	人员5	52000		人员5	36000
7	人员6	50000		人员6	**250000**
8	人员7	48000		人员7	30000
9	人员8	53000		人员8	25000
10	人员9	49000		人员9	15000
11	人员10	36000		人员10	36000

图 1-9 A 地区和 B 地区的居民收入数据

【例 1.4】有车一族都知道汽车轮胎经过一定里程的行驶就会有磨损，磨损达到一定程度就需要换轮胎。由于一般汽车发动机都是前置，前轮为驱动轮，驱动轮的磨损比较严重。为了物尽所用，一般行驶到一定里程后 4S 店会建议前后轮胎互换，然后接着行驶，最后等到轮胎需要报废时 4 个轮胎正好达到一样的磨损程度。根据测算，某个品牌的车前轮行驶 6 万 km 就必须报废，后轮行驶 9 万 km 才报废。请问该品牌车辆最多可以行驶多少 km，行驶多少 km 的时候需要前后轮互换？

1.2.2 相关知识点

几何平均值是日常常见的度量平均值的统计方法，常用于增长率、收益率等计算，比较不受极端值影响，但数据不能为 0 或者负数。计算公式如下：

$$\overline{X_G} = \sqrt[n]{x_1 \times x_2 \times ... \times x_n}$$
（公式 1.1）

调和平均值表示所有数据倒数的算术平均值的倒数，公式如下：

$$\overline{X_H} = \frac{1}{\frac{1}{n}\sum_{i=1}^{n}\frac{1}{X_i}} = \frac{n}{\sum_{i=1}^{n}\frac{1}{X_i}} \qquad (公式1.2)$$

在 Excel 2010 中，可以使用 GEOMEAN()函数和 HARMEAN()函数来实现几何平均值与调和平均值的计算。

1.2.3 案例分析

【例1.3】幸福指数跟收入紧密相关，但是年收入千万的人未必比年收入十万的人幸福100倍。如图1-9所示，显然A地区的人均收入比较均衡，B地区有2个特别高收入的人士，极大地拉高了人均收入，如果用算术平均值来比对幸福指数，无法获得B地区大多数人的认同，所以就可以考虑用几何平均值来压低特别高收入的个人对平均幸福指数的拔高效应。

【例1.4】假定前后轮待磨损量各为1，那么每行驶1万 km，前轮磨损量为1/6，后轮磨损量为1/9，单位（1/万）。假设一共行驶 x 万 km 后，前后轮正好同时报废，那么前后轮行驶 x 万 km 后，它们的磨损量正好达到了2，有如下方程：

$$x \times \left(\frac{1}{6} + \frac{1}{9}\right) = 2 \qquad (方程1.1)$$

求得

$$x = \frac{2}{\frac{1}{6} + \frac{1}{9}}$$

求得的 x 就是车辆总的行驶里程，就是两个数字倒数的算术平均值的倒数，即为调和平均值。

对于第二个问题，先假定行使 y 万 km 后需要前后轮调换，调换时前轮剩余磨损量为 $1-y/6$，然后前轮拿到后轮去磨损还可以行驶 $x-y$ 万 km，有如下方程：

$$1 - \frac{y}{6} = (x-y) \times \frac{1}{9} \qquad (方程1.2)$$

求出的 y 即为需要前后轮调换时的行驶里程。在 Excel 2010 中无需通过公式计算，只要案例是调和平均的问题，直接采用 HARMEAN()函数即可完成。

1.2.4 案例实施

【例1.3】实施步骤：

（1）如图1-9所示，在 Excel 表格中输入原始数据。

（2）选择 A15 单元格，在公式编辑框中输入=GEOMEAN(B3:B11)，即可求得 A 地区的几何平均收入。

（3）选择 A14 单元格，在公式编辑框中输入=AVERAGE(B3:B11)，即可求得 A 地区的算术平均收入。

（4）同理可求得 B 地区的几何平均收入和算术平均收入，如图1-10所示。

13	A地区收入	B地区收入	比对
14 算术平均值	47222.22	74000	0.638138
15 几何平均值	46872.52	46310.64	1.012133

图1-10 A地区和B地区的居民收入平均值

分析结论：按照算术平均收入来看，A 地区的幸福指数只有 B 地区的 0.64 倍，显然 B 地区绝大多数居民认为自己的收入比 A 地区要低，幸福指数也应该更低才对，统计的结论与多数人的观念相反。然而按照几何平均收入来看，A 地区的幸福指数是 B 地区的 1.01 倍，显得比较客观。

【例 1.4】实施步骤：

如图 1-11 所示，用 HARMEAN() 函数直接可以求得数据的调和平均值。

	里程（单位:万km）
前轮可行使	6
后轮可行使	9
调和平均值	=HARMEAN(B28:B29)

图 1-11 使用 HARMEAN() 函数计算调和平均值

分析结论：求出的调和平均值为 7.2，说明汽车的前后轮一共可以行驶 7.2 万 km。将 7.2 代入方程 1.2 中的 x，即可求得 y 为 3.6，说明在行驶到总里程一半的时候前后轮胎调换最佳。

小知识：如果我们不知道前后轮能行驶多少 km（如新车到手后），这时我们可以先测量轮胎的胎纹厚度，比如是 1.5cm，等行驶了 3 万 km 后再测量下前后轮的胎纹厚度，比如前轮剩下 0.8cm，后轮剩下 1.2cm，通过计算前后轮的磨损程度来计算前后轮什么时候可以调换。

1.2.5 总结

（1）几何平均值在某些情况下可以一定程度上压低算术平均带来的极端数据的影响，使得统计更加接近真实情况，例 1.3 中的幸福指数比对即为一例。

（2）我们发现调和平均值的计算创造了最大化的经济价值，在经济学、工程学中有广泛应用。

1.2.6 拓展练习

（1）轮船从 A 到 B 顺流速度是 50km/h，从 B 到 A 逆流速度是 30km/h，请问它的平均速度是多少？

（2）某工业机器上有 3 个部位可以用到相同的零件，已知这 3 个部位零件的使用寿命不一样，A 部位只能使用 20 天，B 部位可以使用 30 天，C 部位可以使用 50 天，请问这 3 个零件如何使用可以使得使用时间达到最大化？

1.3 众数和中位数

众数是一组数据中出现次数最多的那个数，常用 M_o 表示，通常我们用众数来反映社会经济现象的一般水平。例如，M_o=85 反映了某次考试学生成绩最集中的水平是 85 分；中国成年女性鞋子尺码的众数为 37，鞋企在生产时需要考虑将女鞋 37 码的产量设成最大；某地区居民最普遍的生活水平日均消费 25 元人民币等。

中位数是数据按大小排列后处于中间位置的数值，常用 M_e 表示。表明其数据分成相等的两份，一半大于中位数，一半小于中位数，中位数是中间位置代表值，不受极端数据影响，所以通常用来衡量地区的收入水平。

1.3.1 案例提出

【例 1.5】小王专门研究某银行股票，他统计了该股票去年 180 个交易日的价格变化区间，如图 1-12 所示，求该股票价格的众数和中位数。

	A	B
1	某银行股票价格区间	
2	价格区间	出现天数
3	2~2.5	23
4	2.5~3	15
5	3~3.5	27
6	3.5~4	54
7	4~4.5	13
8	4.5~5	32
9	5~5.5	16
10		180

图 1-12 某银行股票价格区间

1.3.2 相关知识点

非组数据的众数和中位数的计算比较简单，用 Excel 2010 中的 MODE()函数和 MEDIAN()函数即可求得，对于组数据的计算需要用到相关公式。

众数计算公式：

$$M_o = L + \frac{f_m - f_{m-1}}{(f_m - f_{m-1}) + (f_m - f_{m+1})} \times c \qquad (公式1.3)$$

说明：L 为众数所在组的下限；f_m 为众数所在组的频数；f_{m-1} 和 f_{m+1} 分别表示众数所在组的前一组和后一组的频数；c 为众数所在组的间距宽度。

提示：频数最大的组即为众数所在组。

中位数计算公式：

$$M_e = L + \frac{\sum_{i=1}^{n} f_i}{2} - s_{m-1}}{f_m} \times i \qquad (公式1.4)$$

说明：L 为中位数所在组的下限；f_m 为中位数所在组的频数；s_{m-1} 为中位数前一组的累积频数；i 为中位数所在组的组距；$\sum_{i=1}^{n} f_i$ 就是各组频数之和，即总频数。

提示：累积频数刚好超过总频数一半的组即为中位数所在组。

1.3.3 案例分析

对于例 1.5 中的众数计算，由于是组数据，不能直接用函数来求，需要用公式 1.3 来求。首先可以通过 MAX()函数轻易获得频数最大的组是价格在 3.5~4 所在的组（频数为 54），即为众数所在组，下限为 3.5；众数所在组的前一组和后一组的频数不难得出是 27 和 13，众数所在组的组距为 0.5。

例中组数据中位数的计算需要用公式 1.4 来求，首先需要求得各组的累积频数，可以通过公式得到。例如，价格 2.5~3 组的累积频率为 23+15=38，价格 3~3.5 组的累积频率为 23+15+27=65，当累积频数正好超过总频数一半时的那一组即为中位数所在组。经过测算，中位数所在组为价格 3.5~4 组。

1.3.4 案例实施

【例 1.5】实施步骤：

1. 求众数

（1）通过上述案例分析，我们不难获得公式 1.3 中各个参数变量值，如图 1-13 左侧所示。

（2）根据公式 1.3，依次代入对应值，即可求得众数。

L	3.5	众数
f_m	54	=B11+(B12−B13)/((B12−B13)+(B12−B14))*B15
f_{m-1}	27	
f_{m+1}	13	
c	0.5	

图 1-13　各个参数变量值

（3）依据公式 1.3，在公式编辑栏里输入对应的变量也可求得众数（见图 1-13）。

2. 求中位数

（1）在 C 列求累积频数，选择 C3 单元格，在公式编辑栏里输入=B3，确定后得到了第一组数据的累积频数。

（2）选择 C4 单元格，在公式编辑栏里输入=C3+B4，确定后得到了前 2 组数据的累积频数。

（3）按住 C4 单元格的填充柄，向下拖拉，连续得到各组数据的累积频数，如图 1-14 所示。

	A	B	C
1	某银行股价格区间		
2	价格区间	出现天数	累积天数
3	2~2.5	23	23
4	2.5~3	15	=C3+B4
5	3~3.5	27	

图 1-14　组数据的累积频数

（4）发现价格区间 3.5～4 所在组的累积频数为 119，刚好超过 180 的一半，该组就为中位数所在组。

（5）确定中位数所在组后，不难得出公式 1.4 中的几个变量值，如图 1-15 所示。

	A	B	C	D
1	某银行股价格区间			
2	价格区间	出现天数	累积天数	
3	2~2.5	23	23	
4	2.5~3	15	38	
5	3~3.5	27	65	
6	3.5~4	54	119	
7	4~4.5	13	132	
8	4.5~5	32	164	
9	5~5.5	16	180	
10				
11	L	3.5	中位数	
12	f_m	54	=B11+(B15/2−B13)/B12*B14	
13	s_{m-1}	65		
14	i	0.5		
15	$\sum_{i=1}^{n} f_i$	180		

图 1-15　得出的变量值

（6）依据公式 1.4，在公式编辑栏里输入对应的变量，即可求得中位数，如图 1-15 中 C12 单元格所示。

分析结论：最后求得众数为 3.7，中位数为 3.73，说明该股票价格大多数在 3.7 上下浮动，股票的中间价位为 3.73 左右。

提示：此例中，众数所在组与中位数所在组正好是同一个组，这只是凑巧而已，组数据的众数和中位数并不一定在同一组。

1.3.5 总结

（1）众数是出现次数最多的那个数，在日常生活中有很多应用，可以指导企业生产。例如，中国成年女性的鞋子尺码众数为 37，成年男性服装尺码众数为 170 等。

（2）中位数是大小处于中间位置的那个数，网友们经常对统计局发布的人均收入吐槽，纷纷表示自己拖了后腿，有专家表示人均值比较容易受到极端值影响，采用中位数会比较符合网友们的对比心理。

1.3.6 拓展练习

（1）为了解初三女生身高情况，某中学对初三女生身高进行了一次抽样调查，根据所得数据整理后列出了频数分布表，如表 1-1 所示。请统计出这个中学初三女生身高的众数和中位数。（身高单位：cm）

表 1-1 女生身高统计表

组别	频数
145.5～149.5	1
149.5～153.5	4
153.5～157.5	22
157.5～161.5	13
161.5～165.5	8
165.5～169.5	2

（2）表 1-2 是 2014 年深圳市水土流失情况统计表，请统计水土流失的众数和中位数各是多少？

表 1-2 深圳市各区水土流失统计表

行政区	开发建设	裸露山体缺口	弃土弃渣	水库消落区	陡坡种果区	其他	总计
福田区	0.11	0.34	—	0.03	—	—	0.48
罗湖区	0.26	—	—	0.1	0.24	—	0.60
南山区	0.81	0.2	0.3	0.26	0.08	0.03	1.68
盐田区	0.22	0.065	—	0.072	—	0.05	0.41
宝安区	3.44	1.2	0.15	0.26	—	2	7.05

续表

行政区	开发建设	裸露山体缺口	弃土弃渣	水库消落区	陡坡种果区	其他	总计
龙岗区	4.79	0.37	1.74	0.23	2.48	0.82	10.43
光明新区	2.72	0.08	0.32	0.03	0.62	0.13	3.90
坪山新区	1.4	0.3	0.35	0.22	0.72	0.15	3.14
龙华新区	2.46	1.2	0.34	0.2	—	1.33	5.53
大鹏新区	1.36	0.26	0.32	0.13	0.7	0.29	3.06
众数							
中位数							

（3）如果知道班级中某门课各个分数段的人数，请计算众数和中位数分别是多少。（数据请自行假设）

1.4 偏度和峰度

偏度和峰度都是描述数据分布的形态，我们研究大量数据发现多数情况下会呈现出一种钟形分布，如图 1-16 所示，横坐标为数值大小，纵坐标为数值出现的频数。各个变量值与中间位置的距离越近，出现的次数越多，反之越少。在非理想情况下，钟形不是左右对称的，具有一定的偏斜度。

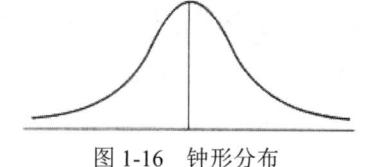

图 1-16　钟形分布

偏度是对分布偏斜方向和程度的测度，是对分布对称程度的考虑；峰度是对分布高低（即钟形顶端的高低）的测定。

1.4.1 案例提出

【例 1.6】我们从气象网站上搜集了杭州市 2017 年 6 月份的气温数据，如表 1-3 所示。现在需要绘制频率折线图，计算偏度系数和峰度系数，并分析结果。

表 1-3　2017 年 6 月份杭州市日最高气温记录

日期	气温（℃）	日期	气温（℃）	日期	气温（℃）
6月1日	29	6月11日	25	6月21日	29
6月2日	30	6月12日	23	6月22日	29
6月3日	31	6月13日	22	6月23日	28
6月4日	29	6月14日	26	6月24日	28
6月5日	23	6月15日	28	6月25日	27
6月6日	27	6月16日	27	6月26日	28
6月7日	30	6月17日	28	6月27日	28
6月8日	32	6月18日	30	6月28日	25
6月9日	30	6月19日	27	6月29日	28
6月10日	31	6月20日	26	6月30日	32

1.4.2 相关知识点

1. 偏度知识

偏度是描述数据分布形态的统计量，其描述的是某总体取值分布的对称性。这个统计量需要与正态分布相比较，偏度为 0 表示其数据分布形态与正态分布的偏斜程度相同。

正偏态：偏度大于 0 表示其数据分布形态与正态分布相比为正偏或右偏，即有一条长尾巴拖在右边，数据右端有较多的极端值。

负偏态：偏度小于 0 表示其数据分布形态与正态分布相比为负偏或左偏，即有一条长尾巴拖在左边，数据左端有较多的极端值。

偏度的绝对值数值越大表示其分布形态的偏斜程度越大。右偏时一般算术平均数>中位数>众数；左偏时相反，即众数>中位数>算术平均数；正态分布三者相等。

Excel 2010 中可以用 SKEW()函数来测试偏斜度：

函数值>0，正偏态，如图 1-17，其值越大，说明趋向越严重。

函数值<0，负偏态，如图 1-18，其绝对值越大，趋向越严重。

函数值=0，说明是左右对称分布，类似图 1-16 所示。

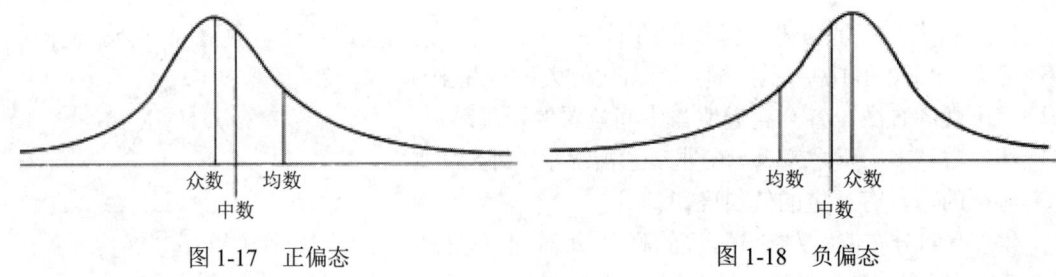

图 1-17 正偏态　　　　　　　　图 1-18 负偏态

2. 峰度知识

峰度是描述总体中所有取值分布形态陡缓程度的统计量。这个统计量同样需要与正态分布相比较。

峰度为 0 表示该总体数据分布与正态分布的陡缓程度相同；峰度大于 0 表示该总体数据分布与正态分布相比较为陡峭，叫尖顶峰；峰度小于 0 表示该总体数据分布与正态分布相比较为平坦，叫平顶峰。

峰度的绝对值数值越大表示其分布形态的陡缓程度与正态分布的差异程度越大。

Excel 2010 中可以用 KURT()函数测定峰值：其值=0，说明分布为正态；其值>0，说明分布为陡峭状态，叫尖顶峰；反之其值<0，说明分布为平缓状态，叫平顶峰。

1.4.3 案例分析

【例 1.6】要求出偏度和峰度，必须先求出不同温度下的频数，然后偏度系数和峰度系数分别用 SKEW()函数和 KURT()函数即可求得。

为了更加直观地表示偏度和峰度，我们加入绘制图形的方式。

1.4.4 案例实施

【例 1.6】实施步骤：

1. 频数计算

（1）使用 MIN()函数和 MAX()函数计算温度的最小值和最大值，发现分别为 22 度和 32 度。

（2）设置分段点：我们从 22 度到 32 度每增加一度作为一个分段点。

（3）利用 FREQUENCY()函数很容易求得各个温度点出现的天数，具体方法参见例 1.1。求得的天数如图 1-19 所示。

最小值	22
最大值	32
平均	27.86666667

分段点	出现天数
22	1
23	2
24	0
25	2
26	2
27	4
28	7
29	4
30	4
31	2
32	2

图 1-19　频数数据

2. 绘制频数分布的折线图

（1）单击菜单"插入"，在图表选项区中选择"折线图"，然后选择"带数据标记的折线图"。

（2）Y 轴数据选择：单击菜单"选择数据"，然后选择"出现天数"以下所有的数据（见图 1-20 虚线区域）作为 Y 轴数据。

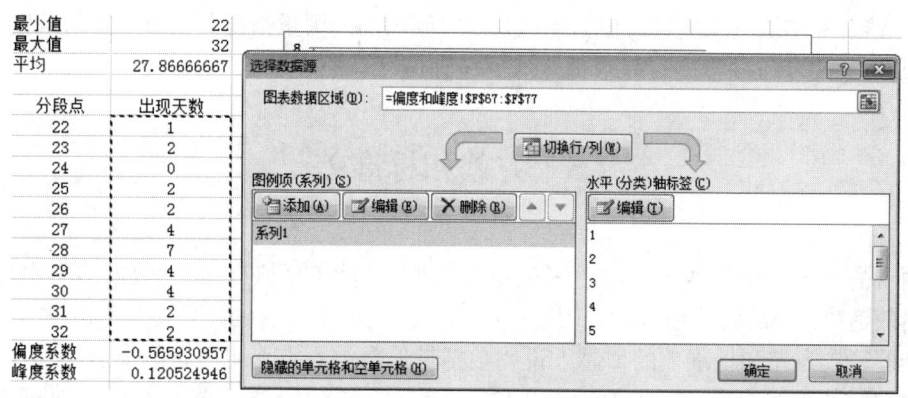

图 1-20　选择数据

（3）X 轴数据选择：在"选择数据源"对话框中单击"水平（分类）轴标签"下的"编辑"按钮，选择"分段点"以下的数据区域作为 X 轴数据。

（4）单击"确定"按钮后出现如图 1-21 所示的折线图。

（5）通过函数很容易求得 30 天温度的偏度系数和峰度系数，如图 1-20 左下角所示。

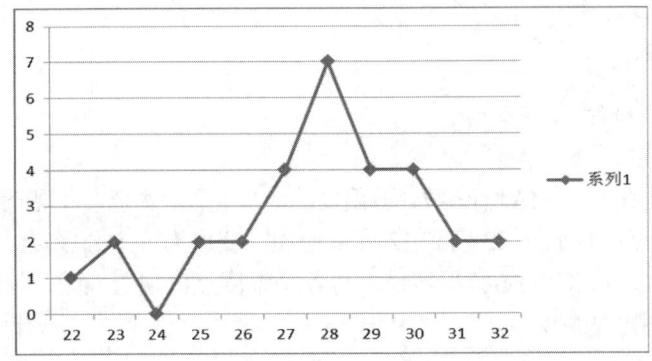

图 1-21　温度天数折线图

分析结论： 从图 1-21 来看，这个图分布形态的尾巴拖在左边，是属于负偏态的，根据数据对比我们发现日最高气温众数是 28，大于平均数 27.87，符合负偏态的特征。同时，求出的偏度系数为-0.5659 也证实了这个。说明杭州市 6 月份多数天的温度是高于平均温度的。

我们看到图 1-21 的尖顶比较高尖，应该属于尖峰态，而峰度系数是 0.12，大于 0，证实了该分布处于尖峰态。说明某个温度值出现的天数比其他温度值要多好几天。我们发现 2017 年 6 月杭州市气温 28 度出现的天数最多，有 7 天，远大于其他温度出现的天数。

1.4.5　总结

（1）判断偏度时可以用算术平均数、中位数、众数 3 个数大小来判断：右偏时一般算术平均数>中位数>众数；左偏时相反，即众数>中位数>算术平均数；正态分布三者相等。

（2）峰度可以根据图形的尖峰程度来大致判断。

（3）用 SKEW()函数和 KURT()函数来判断偏度和峰度则更为精确和方便。

1.4.6　拓展练习

（1）请查阅当地气象资料，根据当地某段时间内的降雨量情况分析一下它的偏度和峰度。

（2）请收集全班同学的身高数据，然后统计偏度和峰度并绘制折线图。

1.5　方差和标准差

前面讲的众数、中位数、平均值等都是数据集中趋势的反映，除了数据的集中趋势还有数据的离散趋势。所谓离散趋势就是围绕中心点数据是如何分散的，度量离散趋势的方法有方差和标准差等。方差和标准差的值越大说明数据越偏离中心点，也就是越离散。

方差和标准差对应合适的离散性度量指标，广泛被应用于金融领域，作为对风险和不确定性的度量。从绝对量的角度衡量风险的大小，方差和标准差越大，风险也越大，适用于预期收益相同的前提下决策方案风险程度的比较。

1.5.1　案例提出

【例 1.7】方差和标准差都是测量收益率围绕其平均值变化的程度。例如，某投资市场 A、

B 项目近几个月来的收益率如表 1-4 所示。假设它们的预期收益率相等，请分析它们的风险情况，如果你是投资者，你会倾向于选择哪个项目进行投资。

表 1-4　A、B 项目收益表

月份	1 月	2 月	3 月	4 月	5 月	6 月
A 项目收益率	6.4%	5.2%	9.8%	-10%	-5.6%	-12.8%
B 项目收益率	6.2%	7.8%	4.3%	2.1%	-2.4%	-5.6%

【例 1.8】某地区成年男子的血清含量表如表 1-5 所示，请求出样本的方差和标准差，并说明结论。

表 1-5　某地区成年男子血清含量表

血清含量组段	检测到的人数	血清含量组段	检测到的人数
6~8	1	18~20	27
8~10	3	20~22	12
10~12	6	22~24	10
12~14	8	24~26	8
14~16	12	26~28	4
16~18	20	28~30	1

1.5.2　相关知识点

1. 样本方差计算

（1）对于非组数据 X_i，算术平均值为 $\bar{X}$，对应的样本方差公式为：

$$\sigma^2 = \frac{\sum (X_i - \bar{X})^2}{n-1} \quad \text{（公式 1.5）}$$

Excel 2010 中直接可用 VAR.S() 函数来求给定样本的方差。另一个 VAR.P() 函数是求样本总体的方差，两者是存在一定区别的，可以自行网络查询相关知识。

（2）样本组数据的方差，相对比较复杂，要考虑每个等级区间的频率，若 X_i 为每个等级区间的中点，$\bar{X}$ 为所有观测样本的平均值，f 为每个等级区间的频数，则对应组数据的方差为：

$$\sigma^2 = \frac{\sum f(X_i - \bar{X})^2}{n-1} \quad \text{（公式 1.6）}$$

2. 标准差计算

标准差为方差的开方，公式如下：

$$\sigma = \sqrt{\frac{\sum (X_i - \bar{X})^2}{n-1}} \quad \text{（公式 1.7）}$$

1.5.3　案例分析

【例 1.7】由于已知 A、B 项目的预期收益率相等，所以只需比较它们的方差或标准差即可判断 A、B 项目的风险大小，方差或标准差大说明该投资风险大，可以直接用函数来求它们的方差或标准差。

【例1.8】由于是组数据，不能直接用函数来求，需要借助公式1.6。f为每个区间的频数，题目直接告知；$\bar{X}$为所有观测样本的平均值，这个也容易求出；X_i为每个等级区间的中点，就是等级上下限中间值，也可以求出。那么，例1.8就不难知道答案了。

1.5.4 案例实施

【例1.7】实施步骤：

（1）在右侧单元格中输入=STDEV.S()，参数为每个项目6个月的收益率。

（2）求得B项目收益率标准差为0.051705577，A项目收益率标准差为0.094981402，如图1-22所示。

月份	1月	2月	3月	4月	5月	6月	标准差
A项目收益率	6.40%	5.20%	9.80%	-10%	-5.60%	-12.80%	0.094981402
B项目收益率	6.20%	7.80%	4.30%	2.10%	-2.40%	-5.60%	0.051705577

图1-22 收益率标准差

分析结论：显然通过比对，B项目的标准差更低。说明B项目的风险系数较低，在收益率相同的前提下，如果要投资的话，分析师会建议选择B项目。

【例1.8】实施步骤：

该题涉及组数据，我们采用公式分步计算的方法，对照图1-23实施以下步骤。

	A	B	C	D
16	成年男子的血清含量			
17				
18	组段	频数	组中值	分子分项值
19	6~8	1	7	121
20	8~10	3	9	243
21	10~12	6	11	294
22	12~14	8	13	200
23	14~16	12	15	108
24	16~18	20	17	20
25	18~20	27	19	27
26	20~22	12	21	108
27	22~24	10	23	250
28	24~26	8	25	392
29	26~28	4	27	324
30	28~30	1	29	121
31	总计	112		2208
32	样本均值	18		
33	方差	19.89189		
34	标准差	4.460033		

图1-23 组数据的方差和标准差计算

（1）组中值计算：出现的人数即为频数，组中值即为组段的中间值，如组段为6~8，那么组中值为7。

（2）计算组中值的均值：用AVERAGE()函数求出组中值的平均值，即样本均值，为18。

（3）分子的分项值计算：分子的分项值即为公式1.5中$f\times(X_i-\bar{X})^2$各个部分的值。

（4）D19单元格中输入=(C19-$B$32)^2*B19，即可求得组段为6~8的分项值，拖拉填充柄求出所有组段的分项值。

（5）用 SUM()函数分别求得频数和分子分项值的和，分别为 112 和 2208。

（6）有了上述结果，对照公式 1.5，将 2208 除以(112-1)即可求得方差，在 B33 单元格中输入=D31/(B31-1)即可。

（7）将 B33 的结果用 SQRT()函数开方即求得标准差，值为 4.46。

分析结论：通过分析得出该地区男子血清含量的标准差为 4.46，如果正常人群血清含量标准差为 5，则由此可见该地区男子的血清含量并未出现大的落差。

注意：标准差只能反映数据与中心线的离散水平，而不能反映高低水平。

1.5.5 总结

（1）方差和标准差都是从绝对量的角度衡量风险的大小，被广泛应用于金融风险的测定中，预期收益相同前提下，方差和标准差越大，风险也越大，反之风险就越小。

（2）方差和标准差用来表示数据的稳定性，而平均值反映整体的高低水平，在平均值差别不大的前提下，用方差和标准差的大小来作为判断选择的依据才有实际意义。

（3）对非组数据的方差和标准差的计算可以直接通过 Excel 中的函数来求得。

（4）对于组数据的方差和标准差计算则只能通过公式来求得。

1.5.6 拓展练习

（1）已知有 2 台包装机，包装糖的标准重量是 500g，现对 2 台机器包装的糖分别抽 55 包进行了测定，结果如图 1-24 所示，请通过方差来判断 2 台机器包装重量的稳定性。

a

重量	506	508	499	503	504	510	497	512	总计
频数	5	8	10	8	6	5	9	4	55

b

重量	514	505	493	496	506	502	509	496	总计
频数	3	5	6	6	9	12	6	8	55

图 1-24　包装糖的重量称重

（2）表 1-6 是 3 种水稻在土地、施肥、灌溉等全部相同的情况下测得的历年亩产，如果你是种植户，请分析会选择哪种水稻当作今后的种子，说明理由。

表 1-6　水稻亩产记录表

年份	2009	2010	2011	2012	2013	2014	2015	2016	2017
A 品质亩产	640	635	560	610	620	580	635	580	650
B 品质亩产	640	620	590	600	630	590	640	550	640
C 品质亩产	600	610	530	550	580	560	580	540	600

（3）生活小测试：我们日常做身体检查时有心电图项目，一般情况下心电图出现有规律的上下变动，当人比较激动时心电图的峰谷值会出现比较大的上下起伏，从方差角度来说就是方差变大。所以，可以通过方差的大小来判断人的心情是否处于亢奋或激动状态。

第 2 章 概率分布

在自然界、科学试验和生产实践中，人们会观察到各种各样的现象，把它们归纳起来，大体上可分为两大类：一类是可预言其结果的，即在保持条件不变的情况下，重复进行试验，其结果总是确定的，必然发生（或必然不发生）。例如，在标准大气压下，水加热到 100℃ 必然沸腾；步行条件下必然不可能到达月球等。这类现象称为必然现象（inevitable phenomena）或确定性现象（definite phenomena）。另一类是不可预言其结果的，即在保持条件不变的情况下，重复进行试验，其结果未必相同。例如，掷一枚质地均匀对称的硬币，其结果可能是出现正面，也可能出现反面；孵化 6 枚种蛋，可能"孵化出 0 只雏鸟"，也可能"孵化出 1 只雏鸟"，……，也可能"孵化出 6 只雏鸟"，事前不可能断言其孵化结果。这类在个别试验中其结果呈现偶然性、不确定性，称为随机现象（random phenomena）或不确定性现象（indefinite phenomena）。

人们通过长期的观察和实践并深入研究之后，发现随机现象或不确定性现象有如下特点：在一定的条件下，随机现象有多种可能的结果发生，事前人们不能预言将出现哪种结果；对一次或少数几次观察或试验而言，其结果呈现偶然性、不确定性；但在相同条件下进行大量重复试验时，其试验结果却呈现出某种固有的特定的规律性——频率的稳定性，通常称之为随机现象的统计规律性。例如，对于一头临产的妊娠母牛产公犊还是产母犊是事前不能确定的，但随着妊娠母牛头数的增加，其产公犊、母犊的比例逐渐接近 1:1 的比例规律。

研究随机试验，仅知道可能发生哪些随机事件是不够的，还需了解各种随机事件发生的可能性大小，以揭示这些事件内在的统计规律性，从而指导实践。这就要求有一个能够反映事件发生可能性大小的数量指标，这个指标应该是事件本身所固有的，且不随人的主观意志而改变，人们称之为概率（probability）。事件 A 的概率记为 P(A)。

本章从二项分布、泊松分布、正态分布三个概率分布来讲述概率分布。

2.1 二项分布

大家都掷过硬币，硬币只有正反两面，投掷的结果也只有两种，而且每次投掷获得正面的概率始终是 50%，如果连投 10 次，获得 8 次正面的可能性（概率）有多大？

上述问题就是个二项分布问题，即硬币获得正面的概率服从二项分布。

二项分布又称为伯努利分布，用来描述不连续的离散，满足二项分布的条件有 3 个，分别为：

（1）在每次试验中只有两种可能的结果，发生或者不发生，两种结果互相对立。

（2）每次试验相互独立，与其他各次试验结果无关。

（3）每次试验成功的概率保持稳定不变。

2.1.1 案例提出

【例 2.1】星爷和发哥小时候经常在一起玩投硬币游戏，有一次他们决定这样玩：连续投掷若干次硬币,两人猜有几次出现正面,如果两人都猜错,则两人猜的数与实际数最为接近者赢。多次游戏后星爷发现发哥总是赢多输少,这里面到底有什么奥秘?

【例 2.2】根据统计,全国生猪死亡率(排除瘟疫等传染病性质的情况)基本稳定在 15% 左右,某养猪场养猪 100 头,请你帮农场主要估算下这 100 头猪的死亡概率情况。

【例 2.3】比如某电子产品部件缺陷率为 0.2,该电子产品由 8 个部件构成,现在需要 80% 概率保证该电子产品合格,那么有缺陷的部件最多是几个?

2.1.2 相关知识点

(1)计算二项分布的概率我们可以用 Excel 2010 中的 BINOM.DIST()函数来实现,BINOM.DIST()函数有 4 个参数,如图 2-1 所示。

函数功能:返回二项分布的概率值。

参数说明:Number_s:用来计算频数的数组。
　　　　　Trials:试验进行的次数。
　　　　　Probability_s:独立 1 次试验成功的概率。
　　　　　Cumulative:逻辑值,True 或 1 为累积概率,False 或 0 为非累积概率。

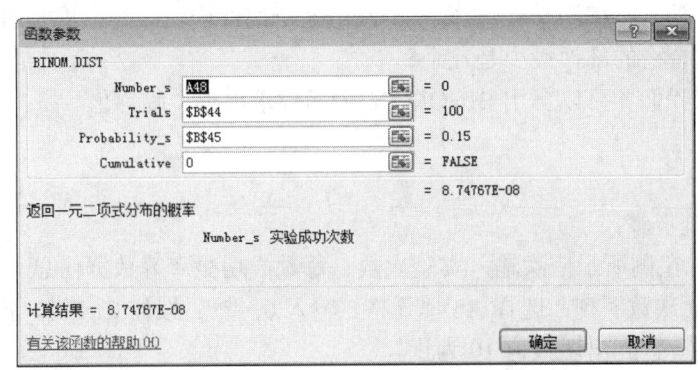

图 2-1　BINOM.DIST()函数参数

(2)BINOM.INV()函数实际是 BINOM.DIST()函数的反函数,已知事件发生的累积概率求发生的次数,如图 2-2 所示。

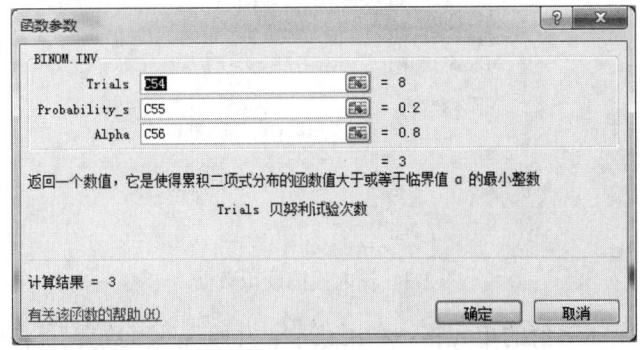

图 2-2　BINOM.INV()函数参数

函数功能:返回一个数值,使得二项分布的函数值大于或等于临界值 Alpha 的最小整数。

参数说明：Trials：贝努利试验（二项分布试验）次数。
Probability_s：一次试验中成功的概率。
Alpha：临界值，即为 BINOM.DIST() 中的累积概率值。

2.1.3 案例分析

【例 2.1】根据二项分布的三个条件，硬币正面出现的概率显然是服从二项分布的，我们可以用 BINOM.DIST() 函数轻松求得硬币出现正面的概率和次数。案例中我们假设连续投掷 10 次硬币。

【例 2.2】从全国统计看，生猪死亡率为 15%左右，比较稳定，这个数字可以作为每头猪的死亡概率，而试验结果是"生"或"死"两种对立的结果，假设每头猪的死亡跟其他猪的生死没有关系（排除传染病的情况），那么这个情况就符合二项分布的条件。

【例 2.3】电子产品的各个部件相互独立，并且部件出现缺陷的概率稳定，所以判定是服从二项分布的。电子产品由 8 个部件组成，有一个部件不合格，那么整个电子产品就不合格。题目中意思不够顺，为了应用二项分布函数，参数范围需要理顺，在保持原意不变的前提下将题目进行如下更改。

某电子产品部件合格率为 0.8，该电子产品由 8 个部件构成，现在需要 80%概率保证该电子产品合格，那么合格的部件最少是几个？

那么，接下来我们才可以套用 BINOM.INV() 函数求出那个临界值。

2.1.4 案例实施

【例 2.1】实施步骤：

（1）如图 2-3 左侧所示依次输入实验次数、每次成功概率等数据信息。

（2）硬币正面次数罗列：选择 A6 单元格，输入 0，然后按住 Ctrl 键，拖住 A6 单元格的填充柄向下拖拉，一直到出现数值 10 为止。

（3）求二项分布值：在 B6 单元格里输入 BINOM.DIST() 函数，对照图 2-1 输入 4 个参数的值，如图 2-3 所示，公式编辑栏里打钩后按住填充柄向下拖拉，求出出现不同正面次数的概率值。

	A	B
1	投掷硬币	
2	实验次数	10
3	每次成功概率	0.5
4		
5	正面次数	概率
6	0	=BINOM.DIST(A6,$B$2,$B$3,0)
7	1	
8	2	
9	3	
10	4	
11	5	

图 2-3 输入投掷硬币数据

（4）选择这 10 个概率值的单元格，利用菜单"开始"→"数字"，将概率值变成百分数。

（5）画出概率分布图：依次选择"插入"→"图表"→"散点图"→"带平滑线和数据标记的散点图"。

（6）单击"选择数据"，选择单元格区域 A5:B16，单击"确定"按钮，即出现如图 2-4 所示的概率分布图。

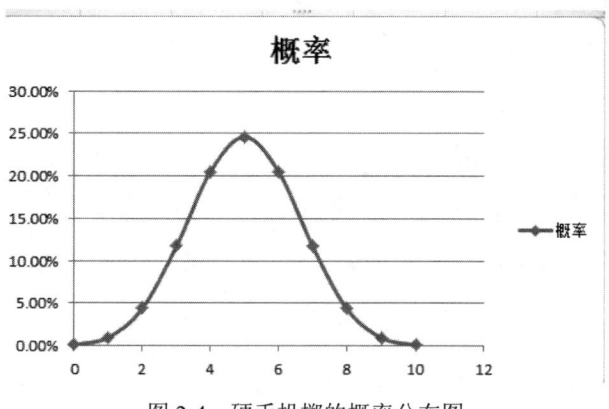

图 2-4　硬币投掷的概率分布图

分析结论：我们发现，投掷 10 次硬币，出现正面次数最高的是 5 次，为 24.61%，最低的为 0 次和 10 次，只有 0.1%，呈现出中间最高，左右对称的分布图形。

发哥赢多输少的秘密我们找到了，原来当投 10 次硬币的时候发哥坚持猜 5 次出现正面，当投 20 次硬币的时候，坚持猜 10 次出现正面。而星爷则显得比较随意，所以发哥赢的概率远大于星爷。

【例 2.2】实施步骤：

（1）做法跟例 2.1 基本类似，同样使用 BINOM.DIST()函数，但是参数 Cumulative 要变成 1 或 true。

（2）这时求出的概率为累积概率，结果如图 2-5 所示。

实验次数	100
每头猪死亡概率	0.15

死亡头数	累积概率
0	0.00%
1	0.00%
2	0.00%
3	0.01%
4	0.04%
5	0.16%
6	0.47%
7	1.22%
8	2.75%
9	5.51%
10	9.94%
11	16.35%
12	24.73%
13	34.74%
14	45.72%

图 2-5　求出的累积概率

分析结论：从累积概率中可以看出养猪场的生猪死亡情况（见图 2-5）。

我们发现死亡 6 头的累积概率为 0.47%，说明死亡头数<=6 的概率较小，只有 0.47%，可以基本上认定死亡头数会在 6 头以上。

我们还发现死亡头数达到 23 头时，累积概率达到了 99.39%，也就是说死亡<=24 头的概

率达到了 99.39%，也就是说死亡超过 24 头的概率只有 1-99.39%=0.61%，属于极小概率事件，几乎不会发生，由此可以断定死亡头数基本在 24 头以下。

【例 2.3】实施步骤：

（1）首先列出 BINOM.INV()函数所需的各个参数值（见图 2-6 上部）。

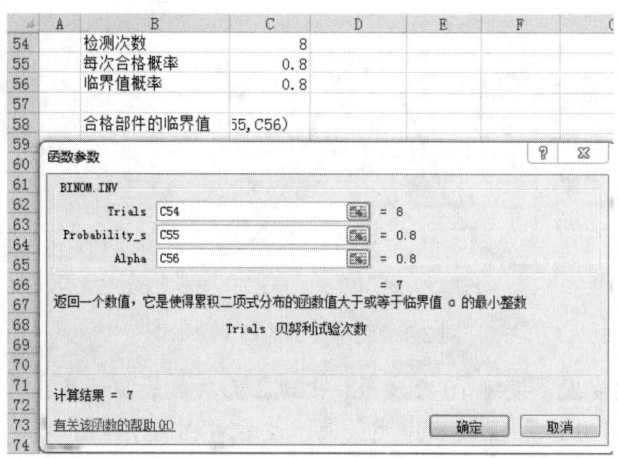

图 2-6　BINOM.INV()函数参数及相关数据

（2）如图 2-6 参数对话框所示，输入 BINOM.INV()函数的参数，单击"确定"按钮，结果是 7。

分析结论：也就是说，若要保证这个电子产品有 80%的合格率，那么这个电子产品中 8 个部件必须至少有 7 个合格部件。

反过来我们用不合格情况来估算，部件有 20%的缺陷率，那么为了保证电子产品的不合格率低于 20%，最多 8 个部件中只能最多有 1 个部件不合格。

小知识：所谓累积概率就是该项数据前面所有概率之和，比如上述例题中求得死亡 6 头的累积概率为 0.47，也就是说 0.47 为死亡正好是 1，2，3，…，6 头的概率（非累积）之和，其含义就是<=6 的概率。

2.1.5　总结

（1）二项分布需要知道总的试验次数、每次试验成功的概率（该概率要保持稳定），即可求出试验成功不同次数下的概率。

（2）累积概率的含义是小于等于某个值下的概率。

2.1.6　拓展练习

（1）假设某彩票公司设立某彩票项目，中 2 元的概率是 20%，中 10 元的概率是 15%，中 100 元的概率是 0.1%。某人买了 30 张彩票，成本 2 元一张，请分析下他的中奖情况。

（2）老板让你做个市场调查，分析下在某数码市场里开设苹果手机专卖店的可行性。调查已知某数码市场出售苹果手机的有 9 家店铺，平均每周约有 90 位顾客来到市场购买苹果产品，假设不考虑价格、服务等额外因素，每位顾客进哪家店都是随机的，试分析下开专卖店后进店光顾的顾客人数情况。假设有数据表明，店铺雇佣一位美女做导购员，顾客进入店铺的概率可以增加30%，再分析下店铺的顾客人数情况。

（3）假设某彩票公司设立某彩票项目，中奖（不分奖金多少）的概率为1%，为了保证一次购买100张彩票的人中奖概率不低于90%，那么必须保证至少有几张彩票中了奖？

2.2 泊松分布

泊松分布适合于描述单位时间（或空间）内随机事件发生的次数。如某一服务设施在一定时间内到达的人数、电话交换机接到呼叫的次数、汽车站台的候车人数、机器出现的故障数等。

服从泊松分布的条件有3个，分别为：
（1）发生是小概率事件。
（2）各个事件发生是独立的，不会互相影响。
（3）每次发生的概率是稳定的，不会发生变动。

2.2.1 案例提出

【例2.4】已知某消防中心每天接到报警次数服从泊松分布，平均每天接到报警次数为5起，请分析该消防中心接到报警不同次数发生的概率，并绘出概率分布图。

【例2.5】某居民区有家小杂货店，该店出售一种小众水果罐头，已知平均每周售出2个水果罐头。不考虑季节因素，请问该店水果罐头的最佳库存量应该是多少？

2.2.2 相关知识点

计算泊松分布的概率我们可以使用Excel 2010中的POISSON.DIST()函数来实现，POISSON.DIST()函数有3个参数，如图2-7所示。

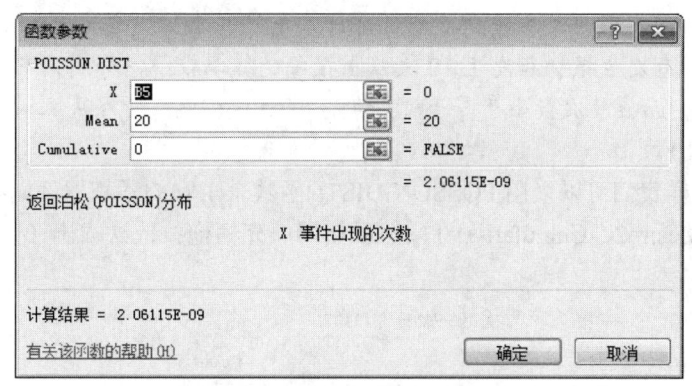

图2-7 POISSON.DIST()函数参数

函数功能：返回二项分布的概率值。
参数说明：X：事件出现的次数。
　　　　　Mean：数学期望值，就是期望出现的值，一般数据的平均值可以作为期望值。
　　　　　Cumulative：逻辑值，True或1为累积概率，False或0为非累积概率。

2.2.3 案例分析

【例2.4】已经明确服从泊松分布，根据题意直接用POISSON.DIST()函数即可求得。

在实际中，消防中心服务范围是较大的，一般起码要服务一个街镇，人口几十万，也就是说 n 值较大。而每天接到报警均值是 5，显然可以判断该地区发生火灾的概率较小。所以，我们认定消防报警次数是服从泊松分布的。

【例2.5】我们先要验证下是否服从泊松分布，我们发现：
（1）该罐头比较特殊，每周只售出 2 个，因此顾客购买水果罐头是小概率事件。
（2）购买水果罐头的顾客显然是独立的，不会互相影响。
（3）顾客购买水果罐头的概率近似可以认为是稳定的。

综上所述，我们可以认为顾客购买水果罐头事件是近似服从泊松分布的。

2.2.4 案例实施

【例2.4】实施步骤：

用POISSON.DIST()函数分别求出发生不同报警次数的概率和累积概率，如图2-8所示。

接到报警次数	发生概率	累计概率
0	0.67%	0.67%
1	3.37%	4.04%
2	8.42%	12.47%
3	14.04%	26.50%
4	17.55%	44.05%
5	17.55%	61.60%
6	14.62%	76.22%
7	10.44%	86.66%
8	6.53%	93.19%
9	3.63%	96.82%
10	1.81%	98.63%

图2-8 不同报警次数的概率和累积概率

分析结论： 我们发现一天中接到报警正好是 4 次或 5 次的概率为最大，达到了 17.55%；而累积概率说明没有发生报警和发生 10 次以上报警的概率较小，分别只有 0.67%和 1.36%(即1-98.63%=1.36%)；而接警次数小于等于 10 的概率为 98.63%。所以基本认定一天当中不太可能接警次数高于 10 次。

【例2.5】同样我们可以采用POSSON.DIST()函数来求它的累积概率，参数：X 为对应的售出罐头数量，Mean=2，Cumulative=1，然后使用填充柄拖拉依次求出 0～10 的累积概率，如图2-9所示。

售出罐头数量	累积概率
0	=POISSON.DIST(B18,2,1)
1	40.60%
2	67.67%
3	85.71%
4	94.73%
5	98.34%
6	99.55%
7	99.89%
8	99.98%
9	100.00%
10	100.00%

图2-9 求得累积概率

分析结论：结果我们发现，售出 4 个累积概率达到了 94.73%，也就是说可超过 4 个的可能性只有不到 5%（约为 1/19），发生缺货的概率是不到 1/20，也就是说平均不到 20 周会发生一次缺货现象。

售出 5 个的累积概率为 98.34%，每周售出超过 5 个的概率只有 1.66%（约为 1/59），也就是说发生缺货现象平均 59 周才会发生一次。

综上所述，库存最佳为 4 或者 5，设 4 个不容易遗留库存，设 5 个则比较保险点，不太会出现缺货状态。

2.2.5 总结

（1）泊松分布在日常生活中应用比较普遍，很多社会现象服从或近似服从泊松分布，需要我们去认真观察，比如某快递服务点每天丢失快递的件数，某机场候机的人数等。

（2）与二项分布不同，泊松分布需要知道期望值（Mean）。

2.2.6 拓展练习

（1）已知某小城市的长途汽车站日均运送旅客人数为 120 人，请分析该汽车站的日运送能力应该达到多少？

（2）某高校食堂某个时间段就餐人数均值为 350 人，请分析该食堂应对就餐人数应该具备的能力？

2.3 正态分布

正态分布又名高斯分布，是一个在数学、物理及工程等领域都非常重要的概率分布，在统计学的许多方面有着重大的影响力。

若随机变量 X 服从一个数学期望为 μ、方差为 σ^2 的高斯分布，记为 $X \sim N(\mu, \sigma^2)$，则其概率密度函数为：

$$f(x) = \frac{1}{\sigma\sqrt{2\pi}} e^{-(x-\mu)^2/2\sigma^2}$$

（公式 2.1）

从公式得知，只要知道数学期值 μ 和标准 σ 即可求出概率分布值。

几乎与社会相关的大多是偏态分布，比如一定时间一定空间里的人、车的流量，人口增长与消亡的分布等。几乎与自然相关的大多是近似的正态分布，比如人或动物的身高分布、体重分布，同种植物的种子重量等。另外，在天文、生态、医学等领域存在众多正态分布现象，这是很奇特的现象。

从数学原理上来说，如果影响某事件的因素有无穷多个，而每个因素的影响又是无穷小，那么这个事件就服从正态分布。

2.3.1 案例提出

【例 2.6】某城市成年男子身高服从均值为 170cm，标准差为 6cm 的正态分布，请问该城市成年男子身高大于 165cm 的比例是多少？为了使男子与公交车门碰头的几率小于 0.01，请问车门高度应该是多少？

【例2.7】某公司产品年销量服从均值为250，标准差为20的正态分布，公司需要根据历史数据推测明年各种销量数据的概率，如表2-1所示。某销售经理说我们明年销量目标是要超过280，请问该经理的目标实现的可能性有多大？

图2-1 销售数据概率

销售数据	概率
销量少于220	
销量介于200~250	

2.3.2 相关知识点

1. 正态分布概率分布图形

正态曲线下面积的意义：正态曲线下一定区间的面积代表变量值落在该区域的概率，整个曲线下的面积为1，代表总概率为1。

2. 3σ原则

μ±σ范围内的面积（概率）为68.3%。

μ±2σ范围内的面积（概率）为95.4%。

μ±3σ范围内的面积（概率）为99.7%。

其中，μ为数据的均值，σ为数据的标准差。也就是说μ±3σ出现的概率达到了99.7%，几乎囊括了所有数据。例如，某地区成年男子人均身高为165cm，标准差为2cm，那么该地区97.7%的成年男子身高在（165±6）cm 范围内。

3. 正态分布的常用函数

（1）NORM.DIST()函数。

已知数学期望，标准差，求试验成功不同次数下的概率，即公式2.1。

函数功能：返回二项分布的概率值。

参数说明：X：事件出现的次数。

　　　　　Mean：数学期望值，一般数据的平均值即可期望值。

　　　　　Cumulative：逻辑值，True 或 1 为累积概率，False 或 0 为非累积概率。

（2）NORM.INV()函数。

已知数学期望，标准差，求不同试验成功概率下的试验次数。它是 NORM.DIST()函数的反函数。

函数功能：返回给定概率正态分布的区间点。

参数说明：Probability：正态分布的概率。

　　　　　Mean：分布的算术平均值。

　　　　　Standard_dev：分布的标准差。

2.3.3 案例分析

【例2.6】题目要求身高大于165cm 的比例，由于人群身高在人数分布上服从正态分布，实际人群中身高出现在 165cm 以上的概率。而 NORM.DIST()函数求得的是小于等于某个值的累积概率，因此只要总概率1减去累积概率即为所求。

为了使男子碰头概率小于 0.01，也就是说只有不到 1%的人会碰头，也就是说 99%的人身高低于车门高度，我们用 NORM.INV()函数可以求得累积概率<=99%的对应区间点。

【例 2.7】求销量介于 200～250 的概率，我们只要用 NORM.DIST()函数分别求出<=250 的概率和<=200 的概率，然后两者相减即可。而对于经理的说法，我们只要求出销量>280 的概率即可，这个概率可以认证经理说法实现的可能性。

2.3.4 案例实施

【例 2.6】实施步骤：

（1）按照如图 2-10 所示输入平均身高、标准差等数据。

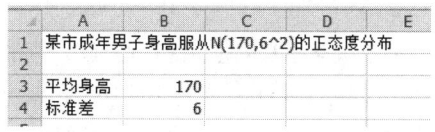

图 2-10　输入数据

（2）在 B5 单元格中输入 NORM.DIST()，然后按照图 2-11 所示输入相关参数。

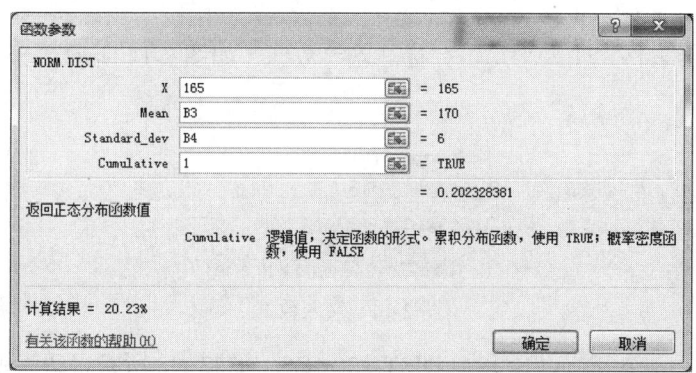

图 2-11　NORM.DIST()函数参数

（3）单击"确定"按钮后求得<=165 人群的概率为 20.23%，要求出>165 的概率，只需在 B6 单元格输入=1-B5 即可，如图 2-12 所示。

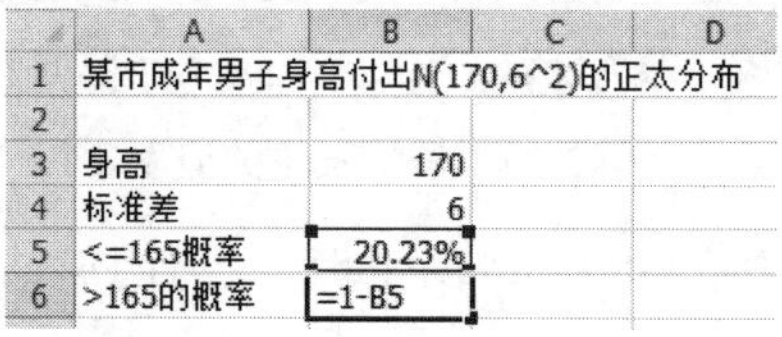

图 2-12　输入计算公式

（4）接下来用 NORM.INV()函数来求累积概率在 99%的区间点，如图 2-13 所示在函数参数对话框中输入相应的参数值，单击"确定"按钮即可求得，其值为 183.9581，表明身高低于 183.9581 的人占了这个城市成年男子的 99%。

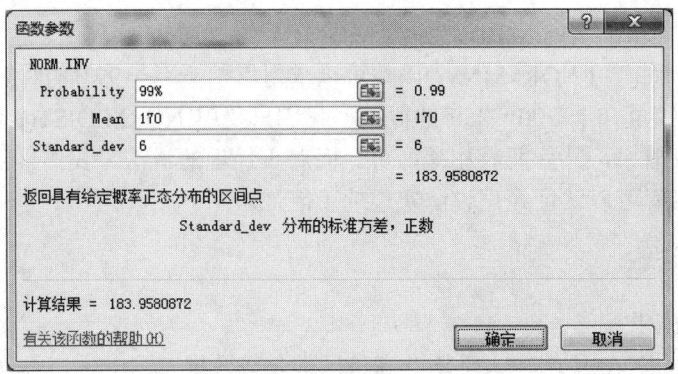

图2-13　函数参数对话框

分析结论：我们通过正态分布概率 NORM.DIST()函数，求出了<=165cm 人群的分布概率为 20.23%，总的概率为 1，所以该城市成年男子身高>165cm 的概率为 1-20.23%=79.77%。

通过分析我们得知了 99%的成年男子身高低于 183.9581cm，那么设计车门高度时我们只要设成 184cm，就可以使得只有不到 1%的人碰头了，也就是题中所说的该城市男子车门碰头的几率<0.01。

【例 2.7】实施步骤：

（1）在 Excel 表格中输入平均值、标准差等数据，如图 2-14 所示。

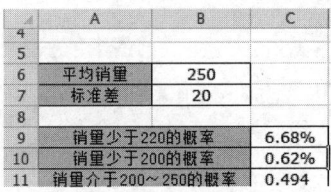

图 2-14　输入数据

（2）在 C9 单元格中输入=NORM.DIST(220,$B$6,$B$7,1)，所求得即为销量少于 220 的概率，同理可以求得销量少于 200 的概率。

（3）根据正态分布的对称属性，销量<=250（正好是均值）的概率就是 0.5，所以用 0.5-(销量<=200 的概率)，即为销量在 200~250 之间的概率，如图 2-15 所示。

销量少于220的概率	6.68%
销量介于200~250的概率	=0.5-NORM.DIST(200,250,20,1)

图 2-15　销量发生的概率

（4）同理，我们用 1-(销量<=280 的概率)即可求得明年销量超过 280 的概率，通过求解得到结果为 6.68%。

分析结论：通过正态分布的概率求解，对今年的销售数据进行分析，如果按照今年的趋势，经理所定的目标实现的可能性是很低的，概率只有 6.68%。

2.3.5　总结

（1）很多随机现象可以用正态分布来描述或近似描述，正态分布是很多统计方法的理论基础。

（2）当我们运用正态分布曲线、直方图、控制图等工具对质量特性数据进行分析和控制时，正态分布是其中最为关键的工具。因为在正常情况下产品质量特性值的分布，一般都服从正态分布或近似正态分布，并且在控制图的使用上也要求抽取的数据符合正态分布，作为前提在最后进行的过程能力分析时也必须符合先要达到正态分布这个条件。所以正态分布已经贯穿整个质量特性数据分析的过程。

2.3.6 拓展练习

（1）某公司准备购买一批生产滚珠的机器，经过测试，这批机器生产的滚珠直径大小服从均值为 10.15mm，标准差为 0.12mm 的正态分布。现在采购商要求标准是直径在 10.2mm ±0.15mm 范围内，公司认为不合格率必须保持在 40%范围才有利润。请问这批机器是否符合公司的要求？

（2）质量控制是分析质量的稳定性，以便及时发现分析中的异常情况，随时采取校正措施。我们检测某种指标，其值的大小在生产过程中一般处于稳定状态，服从正态分布。通常用质量控制图来表示：中心线对应均数 x，上下警告线对应 $x±2s$（s 为数据标准差），上下控制线为 $x±3s$。如果监测的样本点落在警告线之外，应作为警告予以注意，若出现了控制线之外的点，就要考虑停产检查。请根据以下数据判断这批产品生产线应作何处理，说明理由并作图画出检测数据带点连线图以及警告线、控制线。

对某质量控制水样中某重金属含量在一定时间内连续进行 20 次测定，结果如表 2-2 所示。

表 2-2 金属含量测定表

序号	1	2	3	4	5	6	7	8	9	10
值	1.00	0.99	1.00	1.04	1.01	0.98	1.00	1.02	0.97	0.99
序号	11	12	13	14	15	16	17	18	19	20
值	1.00	1.02	0.99	1.00	1.00	1.01	0.99	1.00	0.98	1.01

（3）某地 2013 年抽样调查了 100 名 18 岁男大学生的身高（cm），其均值=172.70cm，标准差 s=4.01cm。①估计该地 18 岁男大学生身高在 168cm 以下者占该地 18 岁男大学生总数的百分数；②分别求 $x±1s$、$x±1.96s$、$x±2.58s$ 范围内 18 岁男大学生占该地 18 岁男大学生总数的实际百分数，并与理论百分数比较，将结果填入表 2-3。

表 2-3 大学生身高理论与实际分布对照表

分布 $x±s$	身高范围（cm）	实际分布人数	实际分布百分数（%）	理论分布（%）
$x±1s$	168.69～176.71	67		
$x±1.96s$	164.84～180.56	95		
$x±2.58s$	162.35～183.05	99		

第 3 章　假设检验

假设检验也称为显著性检验，是用来判断样本与样本、样本与总体的差异是由抽样误差引起的还是由本质差别造成的统计判断方法。

其基本原理是先对总体的特征作出某种假设，然后通过抽样研究的统计推理对此假设应该被拒绝还是接受进行推断。

在假设检验之前我们先来看个例子，某药品商宣传能治愈某病的概率是90%。（即原假设）一个医生不相信宣传，于是做个了实验验证，15 个人治好了 11 个人。而 15 个人应该能够治愈 13.5 个人。那么，宣传是不是骗人的呢？

这时候用假设性检验来验证（采用显著性水平 α 为 5%检验），假设这 15 个人服从二项分布，P(X<11)的概率求得等于 5.6%，而我们的显著性水平 α 是 5%，也就是说 P>α，我们认为只有小于 5%才是个小概率事件，5.6%>5%说明治愈了 11 个人并不是一个小概率事件，在治愈率 90%的情况下你是有可能刚好抽到治愈 11 个人的情况。我们没有足够的证据证明药品商是骗人的，所以我们接受他的宣传（接受原假设），即治愈率 90%。

有人会问，如果 15 个人治愈了 9 个人呢？我们经过计算发现 P<α，这时候处于拒绝域。因为，你们宣传治愈率 90%，可是我做了抽样，发现 15 个人只治好了 9 个人，概率太小了，基本不可能遇到的情况。所以，我们有足够的证据证明宣传是假的。这时我们采用备择假设，推翻原假设。

说明：

（1）α 是假设当中犯错误的概率，其值的大小可以根据实际情况来设定（具体信息可自行查阅相关资料）。若实际的 P<α，说明实际检验发生的概率属于小概率，也就是说假设几乎不太会发生，因此拒绝原假设。若实际的 P>α，则接受原假设。在计算时 P 也记作 *p*。

（2）1-α 就是置信水平（或称为置信度），表明假设的可靠性。若实际得到的 1-P<1-α，说明实际得到的可靠性不如假设，也就说明不能拒绝原假设；反之拒绝原假设。

（3）最后接受原假设还是拒绝原假设，都需要有个前提：在显著性水平 α 的情况下。不同的 α 取值有可能得到相反的结论。

3.1　z-检验和 t-检验

t-检验适合检验样本来自正态总体，总体标准差未知且样本数量较少（*n*<30）的情况。

z-检验适合检验样本来自正态总体，总体标准差已知或者总体标准差未知，但是样本数量较多（*n*>30）的情况。t-检验和 z-检验又分单样本和双样本的情况。

（1）单样本正态总体均值检验如表 3-1 所示。

即某组数组服从正态分布，然后从中抽取一组样本数据，然后检验下该组数据均值与正态总体均值的关系（等于、大于等于、小于等于）。

表 3-1 单样本正态总体均值检验

假设	双侧检验		单侧检验	
			左侧检验	右侧检验
原假设	$H_0: \mu=\mu_0$		$H_0: \mu \geqslant \mu_0$	$H_0: \mu \leqslant \mu_0$
备择假设	$H_1: \mu \neq \mu_0$		$H_1: \mu < \mu_0$	$H_1: \mu > \mu_0$
统计量	σ 已知	$z = \dfrac{\overline{x}-\mu_0}{\sigma/\sqrt{n}}$		
	σ 未知	$t = \dfrac{\overline{x}-\mu_0}{s/\sqrt{n}}$		
拒绝域	$\|z\| > z_{1-\alpha/2}$		$z < -z_{1-\alpha}$	$z < z_{1-\alpha}$
	$\|t\| > t_{1-\alpha/2}$		$t < -t_{1-\alpha}$	$t > t_{1-\alpha}$
P 值	$P = 2P\{X>C\}$		$P = P\{X<C\}$	$P = P\{X>C\}$
P 值决策	$P<\alpha$,拒绝 H_0			

（2）双样本正态总体均值差检验，双样本有多种情况。

1）成对二样本均值差 t-检验，以下几种情况按成对二样本处理。

- 两种同质对象分别接受两种不同的处理，如性别、年龄、体重、病情程度相同配成对。
- 同一受试对象或同一样本的两个部分，分别接受两种不同的处理。
- 自身对比：即同一受试对象处理前后的结果进行比较。

2）双样本等方差 t-检验。

如果两组样本来自同一正态总体，那么它们的方差应该看作相同，如某医院糖尿病患者中随机分成甲乙两组对比。

3）双样本异方差 t-检验。

如果两组样本来自同一正态总体，一般情况下它们的方差应该是不同的，当然也可能正好相等，需要先通过 3.2 节中的 F-检验来检验它们的方差是否有差异。

4）双样本平均差 z-检验。

如果两组样本来自不同的正态总体，且各自的方差已知，那么采用双样本 z-检验。

小知识：

如何判断是双侧检验还是单侧检验？

若只要求判断两样本有无差异，用双侧检验；若要判断两样本总体的大小关系，则用单侧检验。

如何建立原假设和备择假设？

一般检验者总是抱着怀疑的态度，原假设与检验者的意图一致。如某公司宣称产品的合格率大于 90%，检验者不相信，看能不能推翻这个结论，所以建立的原假设为 $H_0: \mu \leqslant \mu_0$，那么备择假设正好相反，为 $H_1: \mu > \mu_0$，根据假设判断为右侧检验。

3.1.1 案例提出

【例 3.1】某批镍矿镍含量服从均值为 3.25，标准差为 0.01 的正态分布，现从中抽取了

10 个样本，测得它们的镍含量如表 3-2 所示。请问在显著性水平为 0.01 时能否认为这批镍矿的镍含量为 3.25？

表 3-2　镍矿样本含量表

3.28	3.27	3.25	3.27	3.25
3.24	3.26	3.24	3.24	3.25

【例 3.2】某引擎公司称其生产的引擎平均速度高于 250km/h，现将生产的 20 台引擎装入汽车进行测试，数据如表 3-3 所示。请问样本数据在显著性水平为 0.025 时是否支持引擎生产商的说法？

表 3-3　汽车引擎测试表

250	236	245	261	256	258	242	262	249	251
254	250	247	245	256	256	258	254	262	263

【例 3.3】为了检验儿童用两种结核菌的皮肤反应，对 12 名儿童进行了测试，数据如表 3-4 所示。请问在显著性水平为 0.05 的情况下新制品与标准品有无显著差异？

表 3-4　结核菌皮肤测试数据表

编号	标准品	新制品
1	12	10
2	14.5	10
3	15.5	12.5
4	12	13
5	13	10
6	12	5.5
7	10.5	8.5
8	7.5	6.5
9	9	5.5
10	15	8
11	13	6.5
12	10.5	9.5

【例 3.4】某调查机构想调查下 A、B 两个城市的消费水平，已知两地的消费水平指数均服从正态分布，但是标准差不一样，A 地为 9，B 地为 8。现从两地分别随机抽取 15 名消费者，记录他们的消费指数，如表 3-5 所示。请问在显著性水平为 0.05 的情况下，A 地消费水平是否高过 B 地？

表 3-5　两地消费指数对照表

A 地	133	119	128	152	97	118	103	122	143	127	139	137	145	130	133
B 地	127	114	116	119	106	114	118	124	119	111	97	108	124	103	102

3.1.2 相关知识点

1. 单样本正态总体均值检验

需要根据 σ 是否已知，计算统计量 z 或者 t。

（1）求 z-检验的临界值。

比如求 $z_{1-\alpha/2}$，直接采用 NORM.S.INV()函数，参数代入 1-α/2 即可求得。

（2）求 t-检验的临界值。

比如求 $t_{1-\alpha/2}$，采用 T.INV()函数，在 Probability 中输入 1-α/2 的值，Deg_freedom 中输入自由度，自由度值为 n-1（n 为样本总数），如图 3-1 所示。

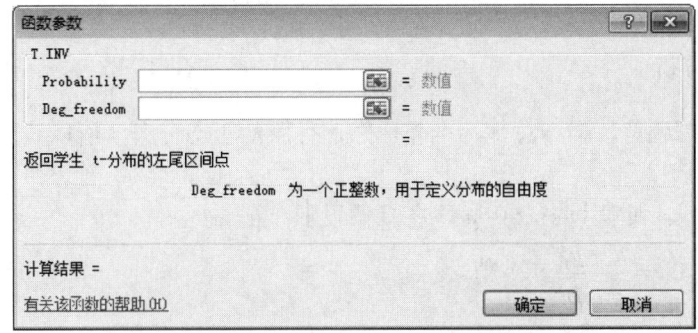

图 3-1 T.INV()函数参数

（3）求 P 值。（注意该方法只适合 z-检验）

双侧检验：2*Z.TEST()

左侧检验：1-Z.TEST()

右侧检验：Z.TEST()

Z.TEST()函数参数如图 3-2 所示。

参数说明：Array：测试的数据区域，即样本的数据区域。

X：要测试的值，即检验的标准值 μ_0。

Sigma：总体标准差（已知），若忽略，则默认使用样本的标准差。

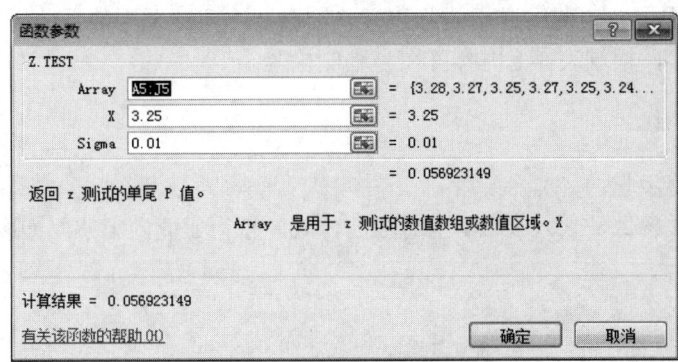

图 3-2 Z.TEST()函数参数

2. 双样本正态总体均值检验

根据双样本的不同情况直接使用"数据分析"中的分析工具进行分析，如图 3-3 所示，具体在例题中介绍。

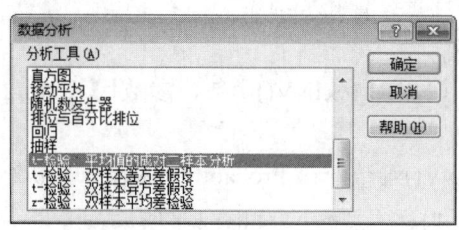

图 3-3　"数据分析"对话框

3.1.3　案例分析

【例 3.1】根据题意，样本总体标准差已知，且服从正态分布，所以该题是单样本双侧 z-检验，分析步骤如下：

（1）建立假设，原假设 $H_0 : 0=\mu_0$，备择假设 $H_1 : \mu \neq \mu_0$。

（2）利用公式 $z = \dfrac{\bar{x} - \mu_0}{\sigma/\sqrt{n}}$ 求 z 值。

（3）判断 $|z| > z_{1-\alpha/2}$ 或者判断 $2P\{X>C\}<\alpha$ 是否成立，若成立，则拒绝原假设，否则接受原假设。

【例 3.2】根据题意，我们抱着对生产商怀疑的态度进行检验，所以采用单样本右侧 t-检验。（一般原假设与检验者的期望一致）

（1）建立假设，原假设 $H_0 : \mu \leq 250$，备择假设 $H_1 : \mu > 250$。

（2）利用公式 $t = \dfrac{\bar{x} - \mu_0}{s/\sqrt{n}}$ 求 t 值。

（3）判断 $t > t_{1-\alpha}$ 是否成立，若成立，则拒绝原假设，否则接受原假设。

【例 3.3】根据题意，总体方差未知，应该采用数据分析工具中的"t-检验：平均值的成对二样本分析"，根据表 3-1 内容可知为双侧检验。

【例 3.4】根据题意，两组样本的总体方差均已知，应该采用数据分析工具中"z-检验：双样本平均差检验"，根据表 3-1 内容可知为单侧检验。

3.1.4　案例实施

【例 3.1】实施步骤：

（1）已知相关参数，代入表 3-1 中对应的公式，求得 z 值为 1.58，如图 3-4 所示。

x平均	3.255
u₀	3.25
标准差σ	0.01
n	10
z值	1.5811388

图 3-4　求得 z 值

（2）在单元格中输入=NORM.S.INV(1-0.01/2)，求得 z 临界值（即 $z_{1-\alpha/2}$），值为 2.58。

（3）因为 $|z|<z_{1-\alpha/2}$，所以不拒绝原假设。

（4）在单元格中输入=2*Z.TEST()，其参数如图 3-5 所示，求得 P 值为 0.11。

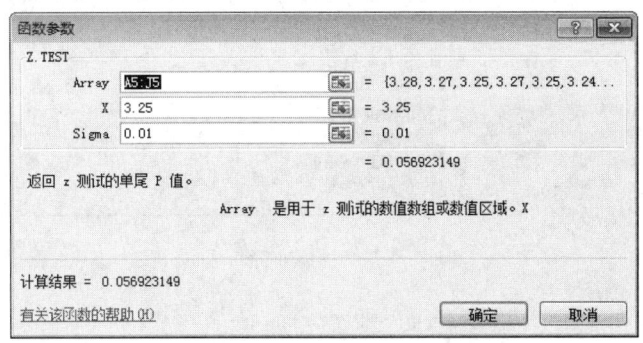

图 3-5　Z.TEST()函数参数

（5）因为 P>α=0.01，所以同样得出"不拒绝原假设"的结论。

分析结论：通过临界值法和 P 值法都不拒绝原假设 H_0，也就是说接受 $H_0:\mu=\mu_0$，可以认为这批矿砂的镍含量达到了 3.25。

【例 3.2】实施步骤：

（1）由于样本总体标准差未知，我们采用了 t-检验，很容易求得样本的均值和标准差 S，代入表 3-1 中对应的公式，求得 t 值为 1.68，如图 3-6 所示。

x均值	252.75
u	250
标准差s	7.3116706
n	20
t	1.6820197

图 3-6　求得 t 值

（2）使用 T.INV()函数求 t 临界值（即 $t_{1-\alpha}$），其中函数的参数 α=0.025，自由度为 20-1=19，求得 t 临界值为-2.09。

分析结论：由于 1.68<-(-2.09)，即 $t>t_{1-\alpha}$ 不成立，所以接受原假设，认为这批引擎没有超过 250km/h，所以公司的说法不可信。

【例 3.3】实施步骤：

（1）建立原假设 $H_0:\mu=\mu_0$，备择假设 $H_1:\mu\neq\mu_0$。

（2）在数据分析工具中选择"t-检验：平均值的成对二样本分析"，输入参数，如图 3-7 所示。

（3）单击"确定"按钮后，得到的结果如图 3-8 所示。

（4）我们发现 df（自由度）=11，由于是双侧检验，t 值为 4.52，t 双尾临界值为 2.20。

（5）由于 t>临界值，所以拒绝原假设；同样 P 双尾<α（0.05），也是拒绝原假设。

分析结论：既然拒绝了原假设，也就选择备择假设 $H_1:\mu\neq\mu_0$，试验表明采用新制品后在疗效上与原制品有显著差异，如果有证据表明新制品比原制品效果要好，那么说明新制品的研制还是取得成功的。

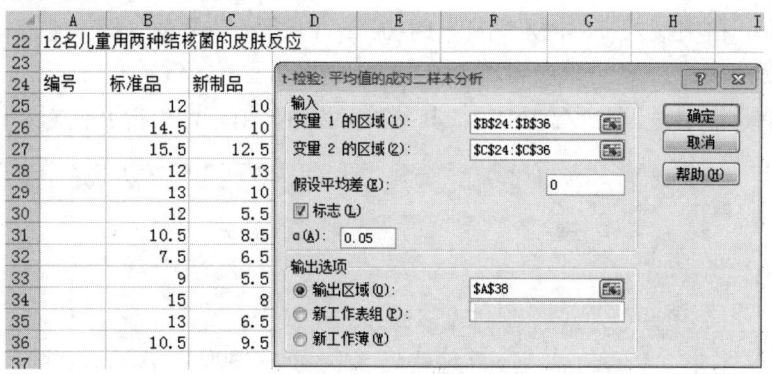

图 3-7 输入参数

	t-检验：成对双样本均值分析		
39			
40		标准品	新制品
41	平均	12.04167	8.791667
42	方差	5.748106	6.293561
43	观测值	12	12
44	泊松相关系数	0.485242	
45	假设平均差	0	
46	df	11	
47	t Stat	4.519798	
48	P(T<=t) 单尾	0.000436	
49	t 单尾临界	1.795885	
50	P(T<=t) 双尾	0.000872	
51	t 双尾临界	2.200985	

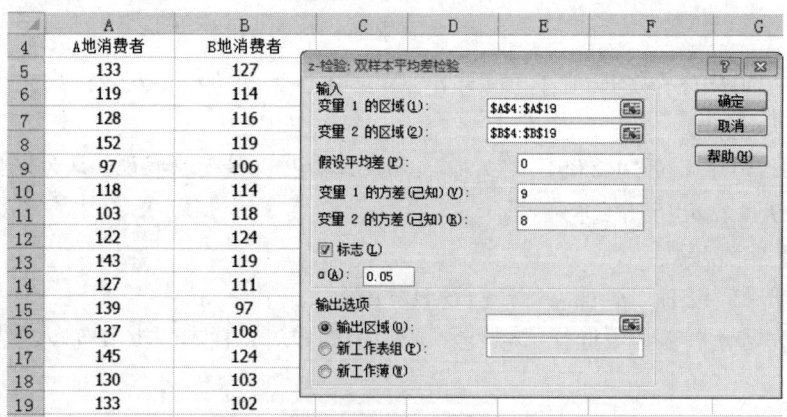

图 3-8 结果数据

【例 3.4】实施步骤：

（1）建立原假设 $H_0 : \mu_A >= \mu_B$，备择假设 $H_1 : \mu_A < \mu_B$，为左侧检验；

（2）在数据分析工具中选择“z-检验: 双样本平均差检验”，输入参数，如图 3-9 所示。

图 3-9 输入参数

（3）单击“确定”按钮，得到的结果如图 3-10 所示。

（4）单侧检验，我们发现 z=14.03，z 单尾临界值=1.644。

（5）左侧检验中 $z < -z_{1-\alpha}$，拒绝原假设，显然 14.02<1.64 不成立，所以接受原假设；在单侧检验中，P 值法这里不适用。

```
z-检验：双样本均值分析

                    A地消费者    B地消费者
平均                  128.4      113.46667
已知协方差              9            8
观测值                 15           15
假设平均差              0
z                   14.02742
P(Z<=z) 单尾           0
z 单尾临界            1.644854
P(Z<=z) 双尾           0
z 双尾临界            1.959964
```

图 3-10　结果数据

分析结论：从上述数据可知，A 地的消费水平高于 B 地的消费水平，而且这种差距是显著的。

3.1.5　总结

（1）z-检验适合于总体方差已知，或者总体方差未知，但属于大样本（n>30）的情况。
（2）t-检验适合于总体方差未知，且属于小样本（n<=30）的情况。
（3）如果是单样本，可以用公式函数来求，如果是双样本，需要用数据分析工具。

3.1.6　拓展练习

（1）假设某苗木平均 1.6m 以上可以出圃，现从某批苗木中随机抽取 10 株，测定的高度如表 3-6 所示。假设苗高服从正态分布，请问这批苗木高是否达到出圃要求？（显著性水平为 0.05）

表 3-6　样本苗木高度表

1.75	1.58	1.71	1.64	1.55
1.72	1.62	1.83	1.63	1.65

（2）已知全国 10 岁儿童标准身高 120cm，标准差 4cm，现从某贫困地区随机抽样 10 名 10 岁儿童，量出他们的身高如表 3-7 所示。请问在显著性水平为 0.05 的情况下能否认为该地区的 10 岁儿童身高低于全国标准？

表 3-7　儿童身高数据表

98	100	110	90	105
98	102	112	123	128

（3）某种子公司对其生产种子的平均重量进行检验，种子重量的总体方差未知，随机抽取 40 个样本，重量如表 3-8 所示。请在显著性水平为 0.05 的情况下判断该批种子的平均重量是否为 10.1g？

表 3-8　样本种子重量表

9.8	9.8	11	10	9.4
9.6	10.4	9.2	10.2	10.2
10.4	10.4	9.6	10.4	9.8

续表

10.8	9.4	9.8	10.8	10.4
9.8	10.8	10.2	9.4	10.4
10.4	10.4	11.0	11.2	9.8
10.2	9.4	9.6	9.8	10.0
9.4	10.2	9.6	10.8	10.5

（4）两台机器生产的零件进行抗压强度对比数据如表 3-9 所示，已知两台机器生产的零件抗压强度均服从正态分布，机器 A 标准差为 12，机器 B 标准差为 16。请在显著性水平为 0.05 的情况下判断两台机器生产的零件抗压性有无差别？

表 3-9　零件抗压强度对比数据表

A 机器		B 机器	
201	196	205	198
204	194	208	203
208	192	199	203
201	198	206	195
200	199	203	196
196	208	201	198
199	200	210	197

（5）按行业规定，某食品每 100g 中维生素（VC）的含量不少于 21mg，设 VC 含量的测定值总体 X 服从正态分布，现从生产的这批食品中随机抽取 18 个样品，测得每 100g 食品中 VC 的含量，如表 3-10 所示。（单位：mg）

表 3-10　每 100g 食品中 VC 的含量数据表

16	22	21	20	23	21	19	15	18
13	23	17	20	29	18	22	16	25

检验该批食品的含量是否合格？（显著性水平为 0.025）

（6）某车间用一台包装机包装糖，包得的袋装糖重是一个随机变量，它服从正态分布。当机器正常时，其均值为 0.5kg，标准差为 0.015。某日开工后检验包装机是否正常，随机抽取所包装的糖 9 袋，称得净重如表 3-11 所示。（单位：kg）

表 3-11　抽取袋装箱的数据表

0.497	0.506	0.518	0.524	0.498	0.511	0.52	0.515	0.512

试在显著性水平为 0.05 的情况下判断机器是否正常？

3.2 F-检验

在上一节中提到双样本等方差 t-检验和双样本异方差 t-检验。那么，如何判断是等方差还是异方差呢？我们可以通过 F-检验来检测。

F-检验又叫方差齐次性检验，是英国统计学家 Fisher 提出的，主要通过比较两组数据的方差 S^2，以确定它们的精密度是否有显著性差异。简单来说，就是检验两个样本的方差是否有显著性差异，这是选择何种 t-检验的前提。

3.2.1 案例提出

【例 3.5】 随机抽取两台机器 A、B 生产的零件各 20 个，其直径如表 3-12 所示，用样本直径的方差作为检验机器生产零件的方法，方差越大质量越差，试在 0.05 的显著性水平下判断 A、B 机器质量优劣。

表 3-12 零件直径数据

机器 A 零件直径（单位：mm）				机器 B 零件直径（单位：mm）			
125	131	129	137	135	136	132	145
125	127	130	134	131	128	130	129
122	124	128	131	138	136	131	120
133	132	126	124	128	142	122	120
126	135	133	131	125	127	138	131

【例 3.6】 某种子公司对两块试验田种的是同品种种子，随机各抽取了 14 株，分别进行了称重（单位：g），数据如表 3-13 所示。请检验 A、B 两块试验田的产量均值是否有显著性差异。（α=0.05）

表 3-13 种子重量数据

A 试验田		B 试验田	
9.6	10.4	9.2	10.2
10.4	10.4	9.6	10.4
10.8	9.4	9.6	10.8
9.8	10.8	10.2	9.4
10.4	10.4	11.0	11.5
10.2	9.4	9.6	12.0
9.4	10.2	9.6	11.8

提示：由于两块试验田的标准差未知，所以先要通过 F-检验来检测两组数据方差有无显著差异，然后再决定用"双样本等方差 t-检验"或"双样本异方差 t-检验"。

3.2.2 相关知识点

F-检验分双侧检验和单侧检验，检验的分类及方法如表 3-14 所示。

表 3-14 F-检验的分类及方法

假设	双侧检验	单侧检验	
		左侧检验	右侧检验
原假设	$H_0: \sigma_1 = \sigma_2$	$H_0: \sigma_1 \geqslant \sigma_2$	$H_0: \sigma_1 \leqslant \sigma_2$
备择假设	$H_1: \sigma_1 \neq \sigma_2$	$H_1: \sigma_1 < \sigma_2$	$H_1: \sigma_1 > \sigma_2$
拒绝域		F<=临界值	F>=临界值
P 值（拒绝）	$p < \alpha$		

我们需要求得 F 值，临界值或者 P 值，即可判断样本方差的大小。

F-检验相关函数及分析工具如下：

（1）F.TEST()函数，如图 3-11 所示。

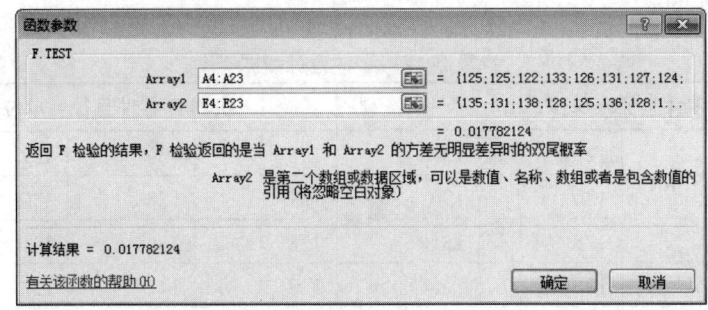

图 3-11 F.TEST()函数

函数功能：返回两组样本方差无明显差异的双尾概率。

参数说明：Array1：第一组样本的数据区域。

　　　　　Array2：第二组样本的数据区域。

（2）分析工具："F-检验 双样本方差"。打开 Excel 菜单"数据"→"数据分析"，可以找到"F-检验 双样本方差"，如图 3-12 所示。

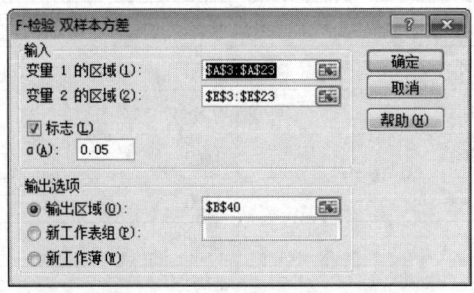

图 3-12 "F-检验 双样本方差"对话框

3.2.3 案例分析

【例 3.5】我们先使用双侧检验来检测方差是否相同。

（1）建立假设，$H_0: \sigma_1 = \sigma_2$，$H_1: \sigma_1 \neq \sigma_2$。

（2）使用 F.TEST()函数求得两组样本方差无显著差别的概率 P。

（3）若 P<σ 成立，则拒绝 H_0，否则接受 H_0。

（4）如果确定 σ1≠σ2，那么我们再用单侧检验来检测两组样本数据方差的大小；否则，就没有必要再进行判断了。

【例 3.6】

（1）由于两块试验田种子重量数据的标准差未知，所以选择 t-检验。

（2）用 F-检验来检测两组样本数据方差有无显著差异。

（3）若有显著差异，用"双样本异方差 t-检验"，否则用"双样本等方差 t-检验"。

3.2.4 案例实施

【例 3.5】实施步骤：

（1）使用 F.TEST()函数，参数中输入两组样本数据区域，求得 P 值为 0.04。

（2）由于 P<α=0.05，所以拒绝 H_0。

（3）所以认定 $σ_1 ≠ σ_2$，即认为 A、B 机器生产的零件直径方差有显著性差别，也就是说两台机器在优劣上存在显著差异。

接下来再使用左侧检验来判断哪组数据的方差大。

（1）建立假设，H_0：σ1 ≥σ2，H_1：σ1<σ2。

（2）使用分析工具求得 F 值和 F 单尾临界值。

（3）求得 F=0.378，F 临界=0.461。

（4）左侧检验的拒绝域是 F<=临界值，显然 0.378<0.461，所以拒绝 H_0，接受 H_1。

分析结论：方差越小说明机器越佳，以上证明了两台机器在性能上存在明显的差异，但并不知道哪台性能好。

同时，证明了 σ1<σ2，即第一组数据（A 机器）的方差明显小于第二组数据（B 机器）。

数据证明了 A 机器比 B 机器在性能上有明显的优势。

【例 3.6】实施步骤：

（1）建立假设，H_0：$σ_1 = σ_2$，H_1：$σ_1 ≠ σ_2$。

（2）用 F.TEST()函数测得 P 值为 0.036。

（3）由于 P<α=0.05，所以拒绝 H_0，接受 H_1：$σ_1 ≠ σ_2$，认为两块试验田的种子重量方差存在显著差异。

所以用 t-检验来检测两块试验田均值大小时要用"双样本异方差 t-检验"。

（1）建立假设，H_0：$μ_A=μ_B$，H_1：$μ_A≠μ_B$。

（2）选择分析工具中的"双样本异方差 t-检验"，其分析结果如图 3-13 所示。

（3）由于 P{T<=t}双尾>α=0.05，所以接受 H_0：$μ_A=μ_B$。

分析结论：即认为两块试验田种子的平均重量没有明显差异，证明了两块试验田种植同种品种的种子，在产量上没有显著差别。

```
t-检验: 双样本异方差假设
                    A试验田      B试验田
平均              10.11428571  10.36428571
方差              0.250549451  0.848626374
观测值                    14           14
假设平均差                 0
df                       20
t Stat           -0.89221689
P(T<=t) 单尾      0.191443098
t 单尾临界        1.724718243
P(T<=t) 双尾      0.382886196
t 双尾临界        2.085963447
```

图 3-13 结果数据

3.2.5 总结

（1）F-检验是用来判断方差是否相同或者谁大谁小的，可以使用临界值法和 P 值法，考虑到简略性，所以只讲了一部分方法。

（2）双侧检验时用 P 值法，用 F.TEST() 函数来求；单侧检验时用分析工具，求得 F 值和临界值，再通过比较大小来判断。

3.2.6 拓展练习

糖尿病患者随机分成 2 组，甲组单纯用药物治疗，乙组用药物+饮食治疗，两个月后测得空腹血糖（单位：mmol/L）如表 3-15 所示，请问两种治疗法是否显著不同？

表 3-15 空腹血糖数据

编号	甲组数据	乙组数据
1	8.4	5.4
2	10.5	6.2
3	12.0	7.5
4	13.4	7.4
5	15.3	8.1
6	16.4	8.2
7	17.2	9.0
8	18.1	11.1
9	20.1	6.9
10	20.9	7.8
11	15.2	10.6
12	12.0	9.0

3.3 卡方检验

卡方检验是一种用途很广的计数资料的假设检验方法，主要是比较两个及两个以上样本率（构成比）以及两个分类变量的关联性分析。其根本思想就是比较理论频数和实际频数的吻合程度或拟合优度问题。

3.3.1 案例提出

【例 3.7】在正常情况下骰子投掷产生的点数是随机的，6 个面出现的概率是基本相同的，但是如果有人出老千，给投掷的骰子做过手脚，则可以实现其获得更大的赢率目的。我们随机对某骰子投掷 120 次，各点数共出现次数如表 3-16 所示，请判断下该骰子是否有问题？（α 取 0.05）

表 3-16 骰子各点数出现次数

点数	观察值
1	18
2	19
3	23
4	20
5	24
6	16

【例 3.8】某建筑材料商调查了不同小区选用的不同地板材料的家庭数目，如表 3-17 所示。请问地板材料的品种选用与小区有无相关？（α 取 0.01）

表 3-17 不同小区选用不同地板材料的家庭数目

选用材料	小区 1	小区 2	小区 3	小区 4
大理石	7	10	14	19
地砖	26	10	16	33
木地板	72	8	12	23

3.3.2 相关知识点

卡方检验的根本思想就是比较理论频数和实际频数的吻合程度，实际频数就是观察值、真实值，因此我们首先要求得它们的理论值（数学期望值），然后进行卡方检验。

数学期望值计算公式：

$$e_{ij} = \frac{r_i c_j}{n}$$ （公式 3.1）

说明：r_i 为行数据的总频数；c_j 为列数据的总频数；n 为总频数。

1. 检验方法

（1）临界值法。

求得卡方统计量和卡方临界值（α 水平下），然后比较两个值。

卡方统计量<α 水平下的卡方临界值，说明真实值与理论值没有显著性差异（接受零假设），若卡方统计量=0，说明真实值与理论值完全一致。

卡方统计值的计算公式：

$$\chi^2 = \sum_{i=1}^{r}\sum_{j=1}^{c}\frac{(f_{ij}-e_{ij})^2}{e_{ij}}$$ （公式3.2）

说明：f_{ij} 为观察值（真实值），其中 i、j 是表明数据所在行、列的下标；e_{ij} 为数学期望值。

（2）P 值法。

卡方概率值和显著性水平 α 比较，若卡方概率值>α，说明真实值与理论值没有显著性差异（接受原零假设），否则说明两者有显著性差异。

2．卡方检验相关函数

（1）CHISQ.TEST()函数。

功能：返回卡方分布的概率值。

参数说明：Actual_range：观察值（实际值）的数据范围。
　　　　　Expected_range：理论值（数学期望值）的数据范围。

（2）CHISQ.INV()函数。

功能：返回卡方分布的给定概率的区间点。

参数说明：Probability：卡方分布的概率，求临界值时，取 1-α。
　　　　　Deg_freedom：自由度。

说明：

自由度：通常用 df 表示，指的是计算某一统计量时取值不受限制的变量个数。卡方检验中自由度的计算公式为：

$$df = (r-1)\times(c-1)$$ （公式3.3）

r、c 分别表示数据区域的行、列总数。

P 值法步骤比临界值法步骤要简单。

3.3.3　案例分析

【例 3.7】计算骰子出现各个点数的数学期望值，我们发现骰子各个点（6 个面）出现的概率是均等的，均为 1/6，所以投掷 120 次，每个点出现次数的数学期望值应该都是 20，不需要通过公式 3.1 计算了。

自由度 df=(6-1)*(2-1)=5。（有 6 行，2 列数据）

【例 3.8】该题的数学期望值是无法直接知道的，需要通过公式 3.1 求得。

自由度 df=(4-1)*(3-1)=6。

3.3.4　案例实施

【例 3.7】实施步骤：

1．临界值法步骤

（1）求数学期望值，由案例分析已知为 20。

（2）求卡方统计量，根据公式 3.2 在 D12 单元格输入如图 3-14 所示公式，然后填充柄向下拖拉，求得各行数据的卡方统计值，最后求和，求得卡方统计量为 2.3。

	A	B	C	D
10				
11	点数	观察值	期望值	统计量
12	1	18	20	=(B12-C12)^2/C12
13	2	19	20	0.05
14	3	23	20	0.45
15	4	20	20	0
16	5	24	20	0.8
17	6	16	20	0.8
18	总计	120	120	2.3

图 3-14 输入公式求相关值

（3）求 α 下的临界值，在某个单元格中输入=CHISQ.INV(1-0.05,5)，求得值为 11.07。

分析结论：由于 2.3<11.07，即卡方统计量<临界值，说明骰子实际值与数学期望值差异不显著，所以不能认为这个骰子有问题。

2. P 值法步骤

（1）求卡方分布的概率值，在某个单元格输入=CHISQ.TEST(B12:B17,C12:C17)，求得值为 0.81。

（2）判断卡方值与显著性水平的大小，由于 0.81>0.05，即卡方概率值>α。

分析结论：认为骰子实际值与数学期望值差异不显著，也就说明了骰子各个点数出现的次数是正常的，所以尚无证据证明该骰子被人做过手脚。

【例 3.8】实施步骤：

建立假设：零假设 H_0，选用地板材料与小区无关，下面用两种方法来求解。

1. 临界值法步骤

（1）求行数据和列数据的总频数：用 SUM() 函数即可求得。

（2）求数学期望值：根据公式 3.1，如图 3-15 所示，在 B2 单元格输入=F2*B5/F5，即求得小区 1 用大理石的数学期望值；同理在 C8 单元格输入=F4*C5/F5，即求得小区 2 用木地板的数学期望值。为了方便，我们将 B2 单元格的公式变为=$F3*B6/$F$6，然后将填充柄横向纵向拖拉，即求得各个小区不同地板材料的数学期望值，如图 3-16 所示。

	A	B	C	D	E	F
1	真实频数	小区1	小区2	小区3	小区4	总行数
2	大理石	7	10	14	19	50
3	地砖	26	10	16	33	85
4	木地板	72	8	12	23	115
5	列总数	105	28	42	75	250
6						
7	期望频数	小区1	小区2	小区3	小区4	总行数
8	大理石	=F2*B5/F5				21
9	地砖					0
10	木地板					0
11	列总数	21	0	0	0	21

图 3-15 输入公式求相关值

期望频数	小区1	小区2	小区3	小区4	总行数
大理石	21	5.6	8.4	15	50
地砖	35.7	9.52	14.28	25.5	85
木地板	48.3	12.88	19.32	34.5	115
列总数	105	28	42	75	250

图 3-16 拖拉填充柄求得不同的数学期望值

（3）求卡方统计值：按例 3.7 的方法显然比较麻烦，我们可以采用组数据的方法：在某个单元格输入=SUM((B3:E5-B9:E11)^2/B9:E11)，然后将光标定位到公式编辑栏，按下

Ctrl+Alt+Enter，即可求得，值为 42.75。

（4）求临界值：输入=CHISQ.INV(1-0.01,6)，求得值为 16.81。

（5）由于 42.75>16.81，即卡方统计量>临界值，所以实际数值与期望数值有显著差异，也就拒绝零假设。

2．P 值法步骤

（1）求卡方分布的概率值：在某个单元格输入=CHISQ.TEST(B3:E5,B9:E11)，求得值为 1.31E-07，表明如果小区与所选材料无关，获取的样本概率只有 1.31E-07，极小，几乎不可能发生。

（2）由于 1.31E-07 远远小于 0.01，所以认为实际值与数学期望值差异显著，拒绝零假设。

分析结论：上述论证均拒绝原假设，说明地板用材与小区显著有关，高档楼盘的小区用高价的地板、大理石较多。高档楼盘与一般楼盘在地板用材上存在显著差别。

3.3.5　总结

（1）卡方检验的根本思想就是于比较理论频数和实际频数的吻合程度，可以采用临界值法和 P 值法来检验，其中 P 值法相对比较简单。

（2）卡方检验最常见的用途就是考察某无序分类变量各水平在两组或多组间的分布是否一致，如检验某组数据是否服从泊松分布或正态分布。

3.3.6　拓展练习

（1）某实验测试了 1000 个人的色盲情况，其统计数据如表 3-18 所示，请在 α=0.05 水平下检验色盲与性别是否有关。

表 3-18　色盲统计表

色觉 \ 性别	男	女	合计
正常	442	514	956
色盲	38	6	44
合计	480	520	1000

（2）某机构想了解现代社会性别与收入是否有关，随机抽样 500 人并询问其对此的看法，结果如表 3-19 所示。请在 α=0.05 水平下检验性别与收入是否有关。

表 3-19　收入统计表

性别	有关	无关	不知道	合计
男	120	60	50	230
女	100	110	60	270
合计	220	170	110	500

（3）苹果公司出品了 iPhone 7 后，想了解 iPhone 7 与原先的 iPhone 6s 在顾客心目中满意度是否相同，随机调查了 2550 名购买过 iPhone 7 和 iPhone 6s 的顾客，统计数据如表 3-20 所

示，请问消费者对两种手机的满意度是否相同？（取 α=0.01）

表 3-20　手机满意度调查表

满意程度	iPhone 7	iPhone 6s	合计
非常满意	320	300	620
满意	550	600	1150
不满意	180	200	380
非常不满意	300	100	400
合计	1350	1200	2550

第 4 章 参数估计

人们常常需要根据手中的数据分析或推断数据反映的本质规律,即根据样本数据如何选择统计量去推断总体的分布或数字特征等。

统计推断是数理统计研究的核心问题。所谓统计推断是指根据样本对总体分布或分布的数字特征等作出合理的推断。

参数估计是根据从总体中抽取的样本估计总体分布中包含的未知参数的方法。

例如,我们要估算购进的一批苹果单个的重量,一般先随机挑选几十个样本并逐个进行称重记录,然后通过参数估计的方法估算整批苹果中单个苹果的重量。

4.1 总体均值估计

所谓均值估计,就是根据样本估算平均值的范围区间,其统计公式如表 4-1 所示,我们把 $z_{\alpha/2}\frac{\sigma}{\sqrt{n}}$ 和 $t_{\alpha/2}\frac{s}{\sqrt{n}}$ 称为抽样误差。

表 4-1 总体均值估计计算公式

前提条件	总体均值区间估计
σ 已知或大样本	$\bar{x} \pm z_{\alpha/2}\frac{\sigma}{\sqrt{n}}$
σ 未知且小样本	$\bar{x} \pm t_{\alpha/2}\frac{s}{\sqrt{n}}$

注释:$\bar{x}$ 为样本的平均值;$z_{\alpha/2}$ 为标准正态分布下的区间点,可以用 NORM.S.INV() 函数求得;$t_{\alpha/2}$ 为 t 分布状态下的区间点,可以用 T.INV() 函数求得;σ 为总体标准差;s 为样本标准差;n 为样本数量。

4.1.1 案例提出

【例 4.1】某快递公司要对包裹的平均重量进行估计,已知货物总体标准差为 0.5kg,在随机抽取 60 个样本称重后,计算得出每个包裹的平均重量为 2.5kg,求在 95%置信水平下的置信区间。

【例 4.2】有一大批糖果,现从中随机地取 16 袋,称得的重量如表 4-2 所示。(单位:g)

表 4-2 糖果的重量数据

506	508	499	503	504	510	497	512
514	505	493	496	506	502	509	496

设袋装糖果的重量近似地服从正态分布,试求总体均值 μ 的置信水平为 0.95 的置信区

间。

4.1.2 相关知识点

（1）CONFIDENCE.NORM()函数。

函数功能：使用正态分布，返回总体平均值的置信区间。

参数说明：Alpha：显著性水平 α，显著性水平=1-置信水平。

Standard_dev：总体标准差，若是大样本（$n>30$），可以用样本标准差替代。

Size：样本数量。

（2）CONFIDENCE.T()函数。

函数功能：使用 t 分布，返回总体平均值的置信区间。

参数说明：Alpha：显著性水平 α，显著性水平=1-置值水平。

Standard_dev：样本标准差。

Size：样本数量。

4.1.3 案例分析

【例 4.1】根据题意知总体标准差已知，为 0.5kg，所以可以采用正态分布下的总体均值区间估计，用公式 $\bar{x} \pm z_{\alpha/2} \dfrac{\sigma}{\sqrt{n}}$ 来求。

【例 4.2】根据题意知总体标准差未知，且样本数量不足 30，所以采用 t 分布下的总体均值区间估计，用公式 $\bar{x} \pm t_{\alpha/2} \dfrac{s}{\sqrt{n}}$ 来求。

4.1.4 案例实施

【例 4.1】实施步骤：

（1）已知相关参数，公式的 4 个参数用已学知识很容易求得，如图 4-1 所示。

（2）再使用 NORM.S.INV()函数求得 $z_{\alpha/2}$ 值为-1.95996。

α	0.05
x平均	2.5
标准差 σ	0.5
样本数	60
$Z_{\alpha/2}$	-1.95996

图 4-1 参数数据

（3）求抽样误差值：将值代入公式 $z_{\alpha/2} \dfrac{\sigma}{\sqrt{n}}$，求得抽样误差为-0.12652，同样，使用 CONFIDENCE.NORM()函数求得值为 0.12652，两数的绝对值一样。

（4）$\bar{x} \pm$ 抽样误差（$\bar{x} \pm t_{\alpha/2} \dfrac{s}{\sqrt{n}}$）即为总体均值区间，如图 4-2 所示。

	公式法	函数法
抽样误差	-0.126515	0.126515
区间上限	2.6265151	
区间下限	2.3734849	

图 4-2　总体均值区间

分析结论：我们有 95%的把握认为该快递公司包裹的平均重量位于 2.37kg～2.63kg 之间。

【例 4.2】实施步骤：

（1）已知相关参数，前 4 个参数很容易得到，再使用 T.INV()函数求得 $t_{\alpha/2}$ 值为-2.13145，如图 4-3 所示。

α	0.05
x平均	503.75
标准差 s	6.20215
样本数	16
$t_{\alpha/2}$	-2.13145

图 4-3　参数数据

（2）将值代入公式 $t_{\alpha/2}\dfrac{s}{\sqrt{n}}$，求得抽样误差为-3.30489，同样，使用 CONFIDENCE.T()函数求得值为 3.30489，两数的绝对值一样。

（3）求得 $\bar{x}\pm$抽样误差：$\bar{x}\pm t_{\alpha/2}\dfrac{s}{\sqrt{n}}$，即为总体均值区间，如图 4-4 所示。

	公式法	函数法
抽样误差	-3.30489	3.304893
区间上限	507.0549	
区间下限	500.4451	

图 4-4　总值均值区间

分析结论：我们有 95%的把握认为该批糖果每袋的重量位于 500.45g～507.05g 之间。

4.1.5　总结

（1）总体均值估计是根据样本的均值估计出总体的均值，是个区间范围，这个范围是由于抽样误差造成的。

（2）抽样误差的值有的情况下服从 t 分布，有的情况下服从正态分布，要注意区分。

4.1.6　拓展练习

（1）经过调查发现 100 名被调查者每天看电视平均时间为 45 分钟，样本标准差为 20 分钟，求总体民众看电视时间的置信区间。（置信水平为 99%）

（2）某市对当地 10～12 岁儿童的身高进行抽样调查，随机抽取了 300 名儿童，测得他们的身高均值是 143.7cm，标准差是 5.5cm，该地区 10～12 岁儿童总体身高区间是多少？（置信水平为 95%）

4.2 总体比例估计

所谓比例估计,就是根据抽样样本中符合条件的样本占据总样本的比例,估算出总体中符合条件的比例数据。

4.2.1 案例提出

【例 4.3】某调查公司通过随机抽样调查了某市 1500 名市民,发现有 55.8%的人收看了《人民的名义》这部电视剧,该市居民收看该部电视剧比例的置信区间是多少?(置信水平设为 95%)

【例 4.4】某大学对校内玩《王者荣耀》游戏的学生进行摸底排查,通过随机调查 30 名学生,发现有 23 人在玩此款游戏,请问该大学里玩家比例是多少?(置信水平设为 95%)

4.2.2 相关知识点

估算平均值的范围区间,其计算方法见表 4-3 所示。

表 4-3 总体比例估计计算公式

	总体比例区间估计
σ 已知或大样本	$p \pm z_{\alpha/2}\sqrt{\dfrac{p \times q}{n}}$
σ 未知且小样本	$p \pm t_{\alpha/2}\sqrt{\dfrac{p \times q}{n}}$

注释:p 为样本比例;$z_{\alpha/2}$ 为标准正态分布下的区间点,可以用 NORM.S.INV()函数求得;$t_{\alpha/2}$ 为 t 分布状态下的区间点,可以用 T.INV()函数求得;$q=1-p$;n 为样本数量。

4.2.3 案例分析

【例 4.3】根据题意知该案例属于大样本情况,所以可以采用正态分布下的总体均值区间估计,用表 4-3 所示的第一个公式计算。

【例 4.4】根据题意知总体标准差未知,且样本数量不足 30,属于小样本情况,所以采用 t 分布下的总体均值区间估计,用表 4-3 所示的第二个公式计算。

4.2.4 案例实施

【例 4.3】实施步骤:

(1)我们很容易获得如图 4-5 所示的几个数据,因为题目规定置信水平为 95%,所以显著性水平 α=0.05,$z_{\alpha/2}$ 可以用 NORM.S.INV(α/2)函数来求得,值为-1.95996;p=55.8%,q=1−p=44.2%。

(2)根据上述数据,我们很容易得到抽样误差 $z_{\alpha/2}\sqrt{\dfrac{p \times q}{n}}$ 的值,代入后得到-2.513%。

(3)p±抽样误差即可得到抽样比例区间为 55.8%±2.513%。

a	0.05
$Z_{a/2}$	-1.95996
P	55.80%
q	44.20%
n	1500

图 4-5　参数数据

数据结论：我们有 95%的把握确信该市居民总体收看电视剧《人民的名义》的比例在 53.29%～58.31%之间。

【例 4.4】实施步骤：

（1）显著性水平 α=1-95%=0.05，$t_{α/2}$ 可以用 T.INV()函数来求得，求得 $t_{α/2}$=2.045，p=23/30=76.67%，q=1−p=23.33%，其他参数数据见图 4-6 所示。

a	0.05
$t_{α/2}$	-2.04523
P	0.766667
q	0.233333
n	30

图 4-6　参数数据

（2）根据上述数据，我们很容易得到抽样误差 $t_{α/2}\sqrt{\dfrac{p \times q}{n}}$ 的值，代入后得到-15.79%。

（3）再将 p±抽样误差即可得到抽样比例区间为 76.67%±15.79%。

分析结论：我们有 95%的把握确信该大学玩《王者荣耀》游戏的人数比例在 60.87%～92.46%之间。

4.2.5　总结

（1）在进行比例估计前，需要确定样本容量，大样本的情况下我们认为近似服从正态分布。

（2）计算时有两个公式，需要根据具体情况而使用。

4.2.6　拓展练习

（1）某食品公司调查了 500 名消费者，发现有 280 名消费者对公司产品感到满意，有 100 名消费者感到一般，那么总体消费者中对产品满意和一般的比例区间是多少？（置信水平为 95%）

（2）某大学学生会组织对大学食堂进行满意度调查，随机咨询了 300 名学生，有 120 名学生感到很满意，80 名学生感到一般，还有 52 名学生感到不满意，剩余的学生感到很不满意，请问在 95%的置信水平下，全校学生中对食堂感到很不满意的比例区间是多少？

4.3　样本容量估计

要分析数据，必须先要收集数据。数据从哪里来？从调研样本中来。那么，需要确定多少数量的样本呢?

从一般概念来说样本数量是越多越好,越多越能反映事物的真实面貌。但是由于样本多了,收集数据的成本也高了,所以精明的数据收集者必须在两者之间找到平衡点。事实上,一开始随着样本数量的增加精确度得到了极大提高,但是到了一个点后随着样本数量增加精确度没有增加,如图4-7所示。

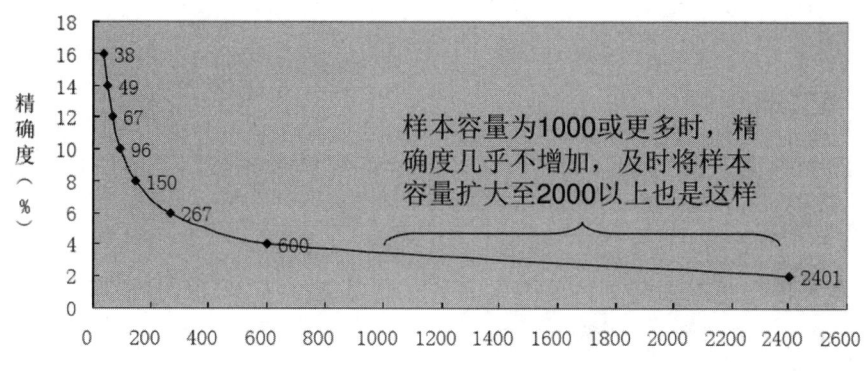

图 4-7 样本容量与统计精确度的关系图

4.3.1 案例提出

【例 4.5】立顿茶饮公司去年在全国 6 个主要购物中心进行了一次拦截访谈,发现有 20%的公众更愿意用袋装茶叶来替代普陀茶叶作为饮料。立顿公司今年想进行一次全国性的随机电话调查,为确保在 99%的置信水平下获得±2.5%的精确度,样本容量应该是多少?95%的置信水平下,样本容量应该是多少?

【例 4.6】工商管理本科毕业的大学毕业生年薪标准差大约是 5000 元,假定想要估计年薪 95%的置信区间,希望允许误差为 600 元,应抽取多大的样本容量?

【例 4.7】某地有 1000 家医院,假定我们想知道有多大比例的医院对我们的新药有兴趣,我们决定采取 95%的置信水平,精确度的要求是±5%,请问样本容量是多大?

4.3.2 相关知识点

我们在前面例子里有:

均值估计时,抽样误差=$z_{\alpha/2}\dfrac{s}{\sqrt{n}}$

比例估计时,抽样误差=$z_{\alpha/2}\sqrt{\dfrac{p\times q}{n}}$

我们将抽样误差确定后,用 e 表示,将公式转换后得到以下两个样本容量的公式:

$$n=\left(\dfrac{z_{\alpha/2}\times s}{e}\right)^2,\quad n=\dfrac{z_{\alpha/2}^{\;2}(pq)}{e^2}$$

根据这两个公式可以轻松求得抽样样本容量 n 的值,但要注意以下两点:

(1)若 p 未知,做如下处理:

1)用过去近期的数据代替。

2）用样本数据代替。

3）取 $p=0.5$ 或接近 0.5 的值，目的是使 $p*(1-p)$ 的值保持最大，这是一种谨慎的估计。

（2）有时总体样本较少，计算抽样样本数量时需要进行微调。当从小总体抽样时（样本容量超过总体容量 5%的情况），需要用有限乘数进行调节，公式如下：

$$\text{小总体样本容量} = \text{样本容量公式} \times \sqrt{\frac{N-n}{N-1}}$$，其中 N 为样本总体数量，n 为由样本容量公式得到的数量。

4.3.3 案例分析

【例 4.5】根据题意知是总体比例估计情况下的样本容量估计，所以需要采用公式 $n = \dfrac{z_{\alpha/2}^{2}(pq)}{e^{2}}$ 来求。

【例 4.6】根据题意知是总体均值区间估计情况下样本容量估计，所以需要采用公式 $n = \left(\dfrac{z_{\alpha/2} \times s}{e}\right)^{2}$ 来求。

【例 4.7】根据题意知是总体均值区间估计情况下的样本容量估计，由于总体容量较小，确定计算出来的样本容量肯定会大于总体容量的 5%，所以需要用公式调整下。

4.3.4 案例实施

【例 4.5】实施步骤：

（1）根据案例分析，容易求得公式中所需参数的值，如图 4-8 所示。

（2）然后根据公式，将上述参数代入即可求得样本容量为 1698.534，取值为 1699。

分析结论：要确保在 99%的置信水平下获得±2.5%的精确度，立顿茶饮公司需要拦截访谈不少于 1699 个客户。95%的置信水平下求样本容量方法相同。

【例 4.6】实施步骤：

（1）根据案例分析，我们容易求得公式中所需参数的值，如图 4-9 所示。

P	20%
q	80%
α	1.00%
e	2.50%
$z_{\alpha/2}$	-2.57583

图 4-8　参数数据

s	5000
e	600
α	5%
$z_{\alpha/2}$	-1.95996
n	266.768

图 4-9　参数数据

（2）根据公式，将上述参数代入即可求得样本容量为 266.768，取值为 267。

分析结论：估计毕业生年薪时，在 95%的置信区间下，要达到允许误差为 600 元，在调查对象上必须不少于 267 个毕业生。

【例 4.7】实施步骤：

（1）根据题意，我们需要用公式 $n=\dfrac{z_{\alpha/2}^{2}(pq)}{e^{2}}$ 来计算，如图 4-10 所示。

P	50%
q	50%
α	5.00%
$z_{\alpha/2}$	-1.95996
e	5.00%
n	384.1459
n修正	301.6146

图 4-10　参数数据

（2）由于 p 未知，所以我们将 p 值取为 50%，那么根据公式很容易求得 n 的值。

（3）由于该地区总共才 1000 家医院，求出来的样本容量数远大于总数的 5%，所以需要用公式修正，我们将样本容量 $\times\sqrt{\dfrac{N-n}{N-1}}$ 即可求得最终的结果。

分析结论：最后求得样本容量应该是 302，也就是说需要对该地区 302 家医院进行调研。

4.3.5　总结

（1）计算样本容量可以在保证不影响结论的精确度前提下尽可能地减少统计的工作量，这是十分有效的方法。

（2）均值估计和比例估计情况下样本容量的计算公式是不同的，在比例估计时，若 p 未知，可以采用 0.5 来处理。

4.3.6　拓展练习

（1）立顿茶饮公司想进行一次全国性的随机拨号电话调查，想确保 95% 的置信水平下获得 ±2.5% 的精确度，请问需要调查多少位客户比较合适？

（2）某食品饮料公司想推出某款饮料，对某高校进行针对性营销，通过调研获得该款饮料的满意度。已知该高校有学生 3000 人，确保 95% 的置信水平下获得 ±2.5% 的精确度，请问需要调查多少个学生？

（3）某苗木种植公司想掌握某批苗木的株高数据，已知该批苗木标准差大约是 1.2m，假定想要确保 95% 的置信水平，希望允许误差为 0.5m，应抽取多大的样本容量？

第 5 章 方差分析

方差分析又称变异数分析,是由 Fisher 提出的,用于两个及两个以上样本均数差别的显著性检验,方差分析从观测变量的方差入手,研究诸多控制变量中哪些变量是对观测值有显著影响的变量。

比如一般我们认为居民消费水平跟收入水平、年龄层次、性别、职业等都有关系,方差分析可以找出哪些因素对消费有显著影响,哪些因素对消费影响不那么显著。

5.1 单因素方差分析

单因素方差分析是研究一个控制变量的不同水平是否对观测变量产生了显著影响,它是样本平均数比较的引申,用来检验多个平均数之间的差异,从而确定因素对试验结果有无显著性影响的统计方法。方差分析的方法除了用计算公式来求外还可以直接使用 Excel 2010 里的分析工具来求。

5.1.1 案例提出

【例 5.1】某饮料生产企业研制出一种新型饮料,颜色有 4 种,这 4 种颜色饮料的营养、味道、价格、包装等可能影响销量的因素都全部相同,现从地理位置相似、经营规模相仿的 5 家超市收集了前一时期该饮料的销售状况,如表 5-1 所示,试分析饮料的颜色是否对销量产生影响。(取显著性水平 α=0.05)

表 5-1 不同颜色饮料销量表

超市	无色	粉色	橘黄色	绿色
A	26.5	31.2	27.9	30.8
B	28.7	28.3	25.1	29.6
C	25.1	30.8	28.5	32.4
D	29.1	27.9	24.2	31.7
E	27.2	29.6	26.5	32.8

【例 5.2】为了对几个行业的服务质量进行评价,消费者协会在零售业、旅游业、航空公司、家电制造业抽取几家企业,数据记录如表 5-2 所示。假定每个行业抽取的企业在服务对象、服务内容、企业规模等方面基本相同,请在显著性水平 α=0.05 下判断最近一年中消费者对总共 23 家企业投诉的次数,行业对投诉次数有无显著影响?

表 5-2　各行业投诉次数

零售业	旅游业	航空公司	家电制造业
57	62	51	70
55	49	49	68
46	60	48	63
45	54	55	69
54	56	47	60
53	55		
47			

5.1.2　相关知识点

我们将方差分析归纳在一张表中，如表 5-3 所示，即方差分析表，该表可直观反映方差分析中各个参数的值。

表 5-3　方差分析表

方差	自由度	均方差	F 统计量
组间方差 $V_B = b\sum(\overline{x_i} - \overline{x})^2$	$a-1$	$\hat{s}_B^2 = \dfrac{V_B}{a-1}$	$F = \dfrac{\hat{s}_B^2}{\hat{s}_w^2}$
组内方差 $V_w = V - V_B$	$ab-a$	$\hat{s}_w^2 = \dfrac{V_w}{ab-a}$	
总方差 $V = \sum(x_{ij} - \overline{x})^2$	$ab-1$		

组内方差：一个组内数据的方差，如例 5.1 中，无色饮料在 5 个超市中也有不同的销量，那么这 5 个超市数据的方差就是组内方差。

组间方差：不同组之间数据的方差，如例 5.1 中，有 4 种不同颜色饮料的销售数据，就是有 4 组数据，4 个组之间数据的方差就叫组间方差。

自由度的概念在 3.3 节的卡方检验中已有详细描述，这里不再赘述。

表格中的"F 统计量"就是单因素分析中用来判断一个因素对另一个变量是否有显著影响的判断值。

上述是方差分析的原理，用来帮助大家理解。在 Excel 2010 中处理方差分析不需要懂得这些原理，"数据分析"选项中有专门的"方差分析"，做法很简单，详见"案例实施"。

5.1.3　案例分析

【例 5.1】只考察颜色一个因素对饮料销量是否有显著性影响，因此适合采用单因素方差分析。

【例 5.2】题目考察的是不同行业客户投诉次数有无显著差异，只考虑行业一个因素，所以也用单因素方差分析。

5.1.4 案例实施

【例 5.1】实施步骤：

(1) 在 Excel 中输入相关数据，如图 5-1 所示。

	A	B	C	D	E
1	超市	无色	粉色	橘黄色	绿色
2	A	26.5	31.2	27.9	30.8
3	B	28.7	28.3	25.1	29.6
4	C	25.1	30.8	28.5	32.4
5	D	29.1	27.9	24.2	31.7
6	E	27.2	29.6	26.5	32.8

图 5-1 输入数据

(2) 选择菜单"数据"→"数据分析"→"方差分析：单因素方差分析"，在出现如图 5-2 所示对话框中依次输入相应参数。(注意：输入区域中不要将 A 列数据选入，因为超市因素不是属于题目关注的颜色系列里的)

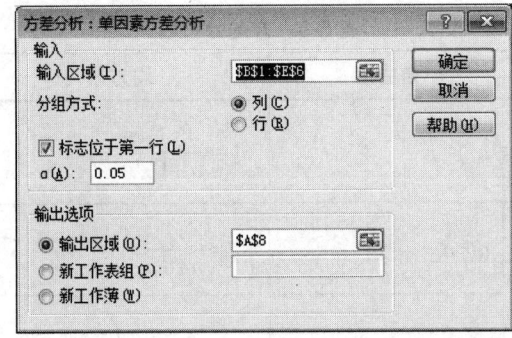

图 5-2 "方差分析：单因素方差分析"对话框

(3) 单击"确定"按钮，出现如图 5-3 所示结果。

10	SUMMARY					
11	组	观测数	求和	平均	方差	
12	无色	5	136.6	27.32	2.672	
13	粉色	5	147.8	29.56	2.143	
14	橘黄色	5	132.2	26.44	3.298	
15	绿色	5	157.3	31.46	1.658	
16						
17						
18	方差分析					
19	差异源	SS	df	MS	F	P-value	F crit
20	组间	76.8455	3	25.61517	10.4862	0.000466	3.238872
21	组内	39.084	16	2.44275			
22							
23	总计	115.9295	19				

图 5-3 结果数据

注释：图 5-3 中，SS 就是方差值，df 为自由度，MS 为均方差，MS=SS/df；对照相关知识点中的方差分析表，就可以找到对应数据的来源。

分析结论：从图 5-3 中发现 F 值=10.4862，而 F crit（F 临界值）=3.238872，显然 F> F 临界值，说明饮料的颜色因素对销量有显著影响。

同样，我们也可以通过 P-value 来判断，P 值=0.000466 远小于 α=0.05，说明不同颜色饮料的销量显著不同。

这个分析说明饮料企业在研制饮料时需要重视颜色因素，因为其对销量有显著影响。

【例 5.2】实施步骤：

（1）在 Excel 中输入相关数据，如图 5-4 所示。（注意：每一列数据个数不同不影响分析工具的使用）

	A	B	C	D
4				
5		消费者投诉次数		
6	零售业	旅游业	航空公司	家电制造业
7	57	62	51	70
8	55	49	49	68
9	46	60	48	63
10	45	54	55	69
11	54	56	47	60
12	53	55		
13	47			

图 5-4　输入数据

（2）选用数据分析工具中的"方差分析：单因素方差分析"，单击"确定"按钮，所得结果如图 5-5 所示。

方差分析：单因素方差分析

SUMMARY

组	观测数	求和	平均	方差
零售业	7	357	51	23.66667
旅游业	6	336	56	21.2
航空公司	5	250	50	10
家电制造业	5	330	66	18.5

方差分析

差异源	SS	df	MS	F	P-value	F crit
组间	845.2174	3	281.7391	14.78741	3.31E-05	3.12735
组内	362	19	19.05263			
总计	1207.217	22				

图 5-5　结果数据

分析结论：从图 5-5 中发现 F 值=14.78741 远大于 F crit（临界值）=3.12735。同样，P 值=3.31E-05，远小于 α=0.05，说明客户对不同行业的投诉在数量上显现出显著不同。这也印证了服务行业的投诉次数明显高于其他行业的说法。

5.1.5　总结

（1）单因素方差分析是只考虑一个因素前提下分析该因素对另一个变量是否有显著影响。

（2）判断的方法有临界值法和 P 值法两种。

5.1.6 拓展练习

（1）某印染厂要分析某种汗布酸液对布料的冲击，试验分 3 种不同浓度的酸液，分别做了 6 次试验，结果如表 5-4 所示。试分析酸液浓度对汗布的冲击影响是否显著。（$\alpha=0.05$）

表5-4　不同浓度酸液的 6 次试验结果

浓度	1	2	3	4	5	6
A1	16.2	15.1	15.8	14.8	17.1	15
A2	16.8	17.5	17.1	15.9	18.4	17.7
A3	19	20.1	18.9	18.2	20.5	19.7

（2）某银行决定对柜台客户等待时间对客户满意度的影响进行测验，每个客户处理完后对银行柜台进行打分，分为非常满意、满意、一般、不满意和很不满意 5 个等级，相应的分数分别为 10、8、6、4、2 分，研究发现银行柜台事务处理排队时间（5 分钟内）对满意度的打分如表 5-5 所示。

表5-5　排队时间在 5 分钟内的满意度打分

排队时间	1 分钟	3 分钟	5 分钟
第一天	9.3	9.2	8.8
第二天	8.9	8.7	8.6
第三天	8.5	8.9	8.5
第四天	8.4	8.5	8.4
第五天	8.6	8.2	8.8
第六天	9.3	9.6	8.9
第七天	8.6	9.6	8.8

当客户的排队时间被延长到了 10 分钟、15 分钟，收集到的这些客户的满意度如表 5-6 所示。请问排队等待时间因素对客户的满意度是否有显著影响？

表5-6　排队时间在 5～15 分钟内的满意度打分

排队时间	5 分钟	10 分钟	15 分钟
第一天	9.3	8.6	7.7
第二天	8.9	8.7	8
第三天	8.5	8.2	8.2
第四天	8.4	7.6	6.8
第五天	8.6	7	6.9
第六天	9.3	9	5.8
第七天	8.6	7.8	7.5

结合上述两组数据，试分析不同等待时间下客户对银行的满意度是否有显著影响，等待

时间在 5 分钟内和 15 分钟内有无区别。

（3）最近手机游戏比较流行，很多学生上课在玩手机，有的学生上课时间有 80%以上的时间在玩手机，以下是随机抽取了班级中 22 人在不同游戏时间占比情况下某门课期末考试的成绩，如表 5-7 所示。请问上课玩游戏对考试成绩有无显著影响？

表 5-7　游戏学生的成绩表

游戏时间占课堂时间比例	<20%	20%～40%	40%～60%	60%～80%	>80%
期末成绩	85	90	78	56	38
	75	70	68	68	53
	60	75	71	45	42
	76	62	61	50	
	85	69			
	78				

5.2　双因素方差分析

在实际问题中，不可能只有一个因素影响试验的结果，如果同时有两个因素对试验结果有影响即为双因素方差分析。根据双因素分析中两因素是否相互影响，分为无重复双因素分析和有重复双因素分析。

无重复双因素分析是试验结果受两个因素影响，分别称为行和列，或称因素 1 和因素 2，而不考虑两个因素的相互影响。

有重复双因素分析是两个因素自身相互影响，产生第三个新的因素，称为交互因素。这个交互因素可以看作第三个因素，也会对变量产生影响。

5.2.1　案例提出

【例 5.3】4 位工人操作 3 台不同型号的机器生产相同的零件，他们一天的产量如表 5-8 所示，在 95%的置信水平下判断工人与机器对产量的影响是否显著。

表 5-8　一天的产量数据表

工人＼机器	A	B	C
甲	50	63	52
乙	47	54	42
丙	47	57	41
丁	53	58	48

【例 5.4】考察超市位置在不同区域、存在不同竞争对手下的营业额，一共记录了 3 年的数据，如表 5-9 所示。请在 99%的置信水平下判断超市所在区域与存在的竞争对手数量对营业额的影响是否显著，并算出影响比例。

表 5-9　不同条件下的营业额数据表

所在地区	竞争对手数量 0	1	2	3
商业区	410	380	590	470
	305	310	480	415
	450	390	510	390
居民区	265	290	445	430
	310	350	480	428
	220	300	500	530
写字楼	180	220	290	246
	290	170	283	275
	330	256	260	320

5.2.2　相关知识点

无重复双因素方差分析同样可以归纳在一张表中，如表 5-10 所示，该表可直观反映方差分析中各个参数的值，读者可以从中理解双因素方差分析的原理。

表 5-10　无重复双因素方差分析表

方差	自由度	均方差	F 统计量
行方差 V_R	$a-1$	$\hat{s}_R^2 = \dfrac{V_R}{a-1}$	$F = \dfrac{\hat{s}_R^2}{\hat{s}_E^2}$
列方差 V_C $V_w = V - V_B$	$b-1$	$\hat{s}_C^2 = \dfrac{V_C}{b-1}$	$F = \dfrac{\hat{s}_C^2}{\hat{s}_E^2}$
随机方差 $V_E = V - V_R - V_C$	$(a-1)(b-1)$	$\hat{s}_E^2 = \dfrac{V_E}{(a-1)(b-1)}$	
总方差 V	$ab-1$		

有了 Excel 2010 工具，我们不必要再通过上述计算公式来计算，双因素方差分析同样可以通过分析工具中的"数据分析"选项来做，很方便，详见本节的案例实施。

5.2.3　案例分析

【例 5.3】根据题意，产品产量显然受到两个因素影响：一是机器工作效率，二是工人操作数量水平，所以用无重复双因素方差分析。

【例 5.4】根据题意，超市营业额显然受到两个因素影响，一是超市所在不同区域，二是超市周边的竞争对手数目。并且每个区域重复了 3 个数据，这 3 个数据是相同情况下（相同区域相同竞争对手，比如这 3 家超市都是位于商业区，竞争对手都是 1 个）收集了 3 家超市的数据。每一种情况存在重复数据，所以要用有重复双因素方差分析。

5.2.4 案例实施

【例 5.3】 实施步骤：

（1）在 Excel 中输入数据，如图 5-6 所示。A 为工人因素（行），A1、A2、A3、A4 代表 4 位不同操作水平的工人；B 为机器因素（列），B1、B2、B3 代表不同品种的机器。

	A	B	C	D
1	机器(B因素)			
2	工人（A因素）	B1	B2	B3
3	A1	50	63	52
4	A2	47	54	42
5	A3	47	57	41
6	A4	53	58	48

图 5-6　输入数据

（2）选择菜单"数据"→"数据分析"→"方差分析：无重复双因素分析"，输入"输入区域"，"标志"复选框打钩，α 取 0.05，如图 5-7 所示。

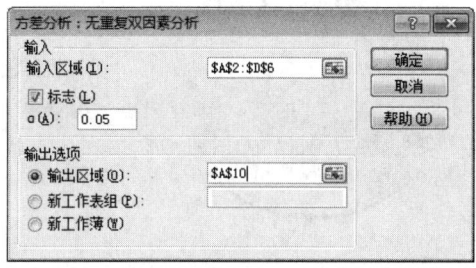

图 5-7　"方差分析：无重复双因素分析"对话框

（3）单击"确定"按钮后，出现如图 5-8 所示的分析结果。

方差分析：无重复双因素分析

SUMMARY	观测数	求和	平均	方差
A1	3	165	55	49
A2	3	143	47.7	36.33333
A3	3	145	48.3	65.33333
A4	3	159	53	25
B1	4	197	49.3	8.25
B2	4	232	58	14
B3	4	183	45.8	26.91667

方差分析

差异源	SS	df	MS	F	P-value	F crit
行	115	3	38.2	6.984772	0.022015	4.757063
列	319	2	159	29.10152	0.000816	5.143253
误差	33	6	5.47			
总计	466	11				

图 5-8　结果数据

分析结论：从图 5-8 看出 F（行）=6.98>4.757，F（列）=29.10>5.143，两者均大于各自的临界值，所以两个因素均对产品产量有显著影响。我们看到列因素的 F 值远大于临界值，而行因素的 F 值稍大于临界值，所以列因素的影响远大于行因素。

从原始数据可以看出：行因素为工人因素，列因素为机器因素。

由此可见，机器对产量的影响远大于工人。

它们的影响比例可以通过图 5-8 中 SS 值来判断，影响比例分别为 115/466=24.61%和 319/466=68.35%，另外还有 33/466=7.05%是误差。通过计算，我们可以得出两个因素的影响占比。

比例如图 5-9 所示，显然不同工人和不同的机器对产品产量都产生了显著影响。

其中，工人因素对产量影响不如机器因素影响较大，机器因素影响占比达一半以上。

如果这个企业要提高生产效率，那么必须出资引进先进的机器设备，而不必在工人技能培训上增加费用。

另外，还有 7.05%为数据统计中不可避免造成的误差引起的。

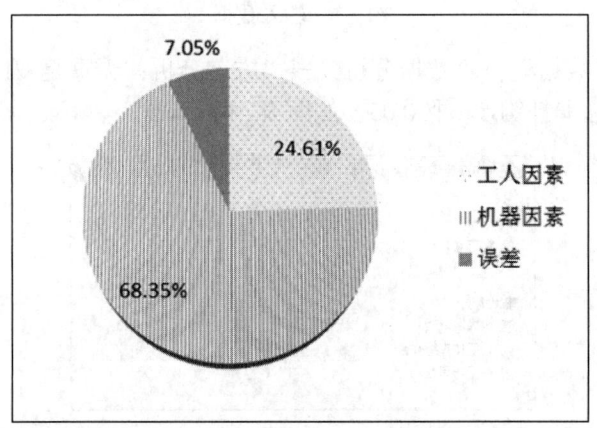

图 5-9　影响因素的比例图

【例 5.4】实施步骤：

（1）在 Excel 中输入数据，如图 5-10 所示。

	A	B	C	D	E	F
1	考察超市位置在不同区域，存在不同竞争对手下的营业额，每个区域3行数据					
2			竞争者数量			
3		不同区域	0	1	2	3
4		商业区	410	380	590	470
5			305	310	480	415
6			450	390	510	390
7		居民区	265	290	445	430
8			310	350	480	428
9			220	300	500	530
10		写字楼	180	220	290	246
11			290	170	283	275
12			330	256	260	320

图 5-10　输入数据

（2）选择菜单"数据"→"数据分析"→"方差分析：有重复双因素分析"，输入相关参数，如图 5-11 所示。

因为每个区域包含了 3 行数据，所以"每一样本的行数"中输入的参数为 3。

（3）单击"确定"按钮后，出现如图 5-12 所示结果。

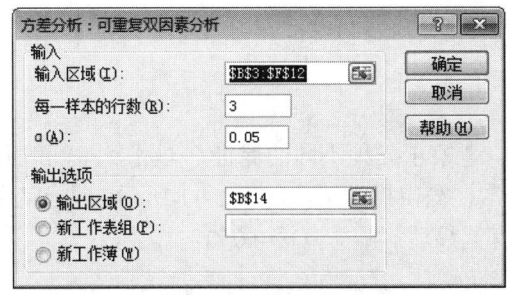

图 5-11 "方差分析：有重复双因素分析"对话框

方差分析						
差异源	SS	df	MS	F	P-value	F crit
样本	174008	2	87004	35.7714	6.31E-08	3.402826
列	108662.222	3	36220.74	14.89204	1.1E-05	3.008787
交互	47922.4444	6	7987.074	3.283859	0.016749	2.508189
内部	58373.3333	24	2432.222			
总计	388966	35				

图 5-12 结果数据

（4）根据分析结果，这次我们用 P 值判断法来判断，得出的结论如图 5-13 所示。

6.3e-08<0.05	说明不同区域对超市营业额差异影响显著
1.1e-5<0.05	说明不同竞争对手数目对超市营业额差异影响也很显著
0.016749<0.05	说明区域和对手数量两个因素交互作用下，对营业额差异影响也是显著的

图 5-13 得出的结论

分析结论：我们对图 5-12 中的 SS 值进行分析，可以计算几个因素对变量影响的比例。结论如图 5-14 所示。

Fa>Fa 临界很多，说明区域因素影响非常显著	
Fb>Fb 临界也很多，说明竞争者因素不如区域因素影响显著	
AB 交叉后，Fab<Fab 临界不多，说明两个因素交互作用下对营业额影响不是极其显著，即固定区域的超市营业额高低并不会因为竞争对手的变化而显著变化	
区域影响	44.74%
竞争对手影响	27.94%
交互因素影响	12.32%
内部误差	15.01%

图 5-14 分析得出的结论

F 值大于 F 临界越多，说明对变量的影响越显著。上述数据说明超市区域对超市的营业额影响很大，加入不同数量的竞争对手后对超市营业额影响不是特别大，从而证实了超市的地理位置对营业额的重要性。

5.2.5 总结

（1）双因素分析时要考虑同一组数据内有无重复，有则采用有重复双因素分析，无则采用无重复双因素分析。

（2）双因素方差分析的缺陷是当存在两个以上的因素影响时，双因素方差分析就无法分析了,这个时候需要用到第 7 章的回归分析。

5.2.6 拓展练习

(1)在某橡胶配方中,考察了三种不同的促进剂(因素 A)和四种不同分量的氧化锌(因素 B),每个配方各试验一次,测得橡胶强度如表 5-11 所示,请问不同的促进剂、不同分量的氧化锌分别对橡胶的强度有无显著影响?($\alpha=0.05$)

表 5-11 橡胶强度数据表

	B1	B2	B3	B4
A1	32	35	35.5	38.5
A2	33.5	36.5	38	39.5
A3	36	37.5	39.5	43

(2)在注塑形成过程中,成品尺寸与射出压力、模腔温度有关,某工程师根据不同水平设置的射出压力和模腔温度实验得出某成形品的关键尺寸如表 5-12 所示,试用方差分析法分析两因素及其交互作用对成形品关键尺寸是否存在重要影响。($\alpha=0.05$)

表 5-12 某成形品的关键尺寸数据表

		因素 A:射出压力		
		水平 1	水平 2	水平 3
因素 B:模腔温度	水平 1	30.51 30.62	30.47 30.67	30.84 30.88
	水平 2	30.97 30.80	30.29 30.42	30.79 30.89
	水平 3	30.99 31.26	29.86 30.11	30.62 30.56

第6章 相关分析

事物与现象之间总是相互联系的,并且可以通过一定的数量关系反映出来。有些关系比较明显,比如股票价格与公司利润、广告投入与商品销售额等;有些关系比较隐秘,比如洗衣机销量与房地产销售面积、啤酒销量与房地产项目开工数目等。一般情况下人们对这些隐秘的关系很难发现,但是通过数据分析却能发现它们之间确实存在紧密的联系,知道了这层联系我们才有可能去分析其背后隐藏的原因。

6.1 双变量相关分析

双变量相关分析是分析两个变量之间的相关关系,确定两个变量之间的相关性。

进行双变量相关分析时有以下几种方法:

(1)散点图法。初步确定两个变量之间是否存在相关趋势,该趋势是否为直线趋势,这个方法只能定性,不能定量。

(2)相关函数法。用 Excel 中 CORREL()函数确定两个变量的相关系数,根据系数大小确定变量的相关性。

(3)分析工具法。直接使用 Excel 分析工具中的"相关分析"确定相关系数。

(4)公式法。相关系数用 r 表示,它的求解公式:

$$r = \frac{\sum(X_i - \overline{X})(Y_i - \overline{Y})}{\sqrt{\sum(X_i - \overline{X})^2}\sqrt{\sum(Y_i - \overline{Y})^2}} = \frac{\text{cov}(X_i - Y_i)}{\sigma_X \sigma_Y} \quad \text{(公式 6.1)}$$

注:$\text{cov}(X_i - Y_i) = \frac{1}{n}\sum(X_i - \overline{X})(Y_i - \overline{Y})$,叫协方差,可以用 Excel 中的 COVARIANCE.S() 函数来求得。

$\sigma_X \sigma_Y$ 是 X、Y 变量数据的标准差。

用数学公式来求显得比较麻烦,上述中的相关函数法、分析工具法都可以求得相关系数的大小。

6.1.1 案例提出

【例 6.1】以下是某公司广告投入与商品销售额之间的数据,如表 6-1 所示,请判定下两者的相关程度。

表 6-1 某公司广告投入与商品销售额数据表

年份	广告投入	商品销售额
2008	44	525
2009	53	645

续表

年份	广告投入	商品销售额
2010	71	801
2011	98	861
2012	110	957
2013	138	1101
2014	159	1245
2015	177	1377
2016	197	1485

【例 6.2】表 6-2 是某服装公司去年一年的服装销售数据,请判定下温度与三类服装的相关程度。

表 6-2 某服装公司去年的服装销售相关数据表

月份	平均温度	衬衣销量	裤子销量	羽绒服销量
1	-3	1	103	230
2	2	4	100	150
3	6	21	101	95
4	14	42	105	31
5	21	79	112	12
6	26	112	108	5
7	30	160	104	2
8	28	230	103	11
9	26	160	107	31
10	15	75	117	59
11	9	34	105	134
12	2	3	114	190

6.1.2 相关知识点

1. 相关系数 r 的判定

(1) $r>0$,正相关,一个变量增加或减少时,另一个变量也增加或减少,r 越大说明两者正相关程度越高。

(2) $r=0$,完全不相关,r 越接近于 0,越说明两者不相关。

(3) $r<0$,负相关,一个变量增加或减少时,另一个变量却相反,是减少或增加。r 绝对值越大说明两者负相关程度越高。

2. 相关程度的判定

一般来说,将相关系数 r 取绝对值后进行判定。

(1) r 绝对值=0~0.09,没有相关性。

（2）r 绝对值=0.1～0.3，为弱相关。
（3）r 绝对值=0.3～0.5，为中等相关。
（4）r 绝对值=0.5～1.0，为强相关。

小知识：在实际应用中相关系数 r 的强弱仅仅看系数的大小是不够的。往往还需要做显著性差异检验，即 t-检验，来检测两组数据是否显著相关。

样本数越大，需要达到显著性相关的相关系数就会越小，所以这关系到样本大小。如果样本很大（比如说超过 300），往往分析出来的相关系数比较低（比如 0.2），这是因为样本量的增大造成了差异的增大，但显著性检验却认为这是极其显著的相关。

3. CORREL()函数

函数功能：返回两组数值的相关系数。

参数说明：Array1：第一组数值单元格区域。
　　　　　Array2：第一组数值单元格区域。

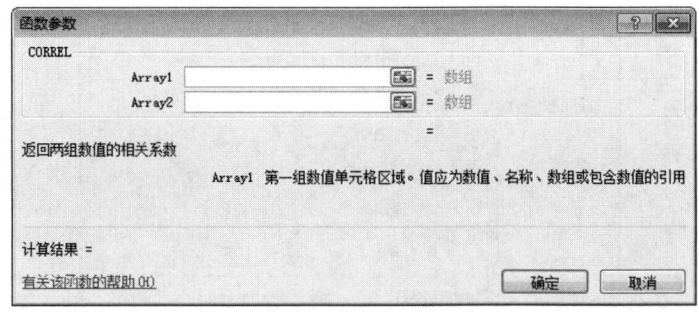

图 6-1　CORREL()函数参数

6.1.3　案例分析

【例 6.1】可以用散点图大致判断两者的相关程度，然后再用相关函数法求出相关系数，此例用 CORREL()函数来解显然更加方便。

【例 6.2】因为涉及变量较多，用函数法、公式法等来求相关系数都显得比较麻烦，直接采用分析工具来求解比较方便。

6.1.4　案例实施

【例 6.1】实施步骤：

（1）选择菜单"插入"→"图表"→"散点图"→"仅带数据标记的散点图"。

（2）"选择数据"→图表数据区域为"广告投入"和"商品销售额"两列数据，单击"确定"按钮。

（3）出现如图 6-2 所示的散点图，横坐标是广告投入，纵坐标为商品销售额，基本处于一条直线。

（4）单击菜单"图表工具"→"布局"→"分析"→"趋势线"→选择最底下的"其他线性趋势线选项"，出现如图 6-3 所示对话框。

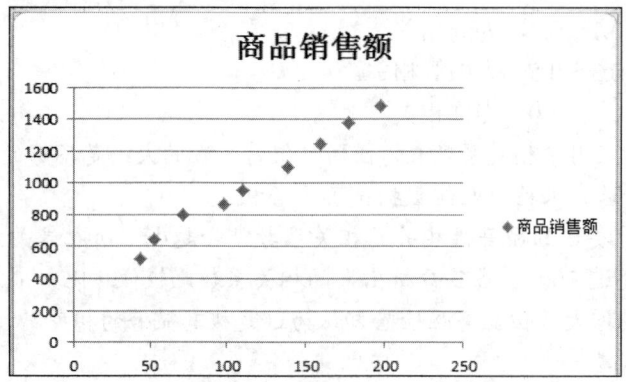

图 6-2　进行相关操作后出现的散点图

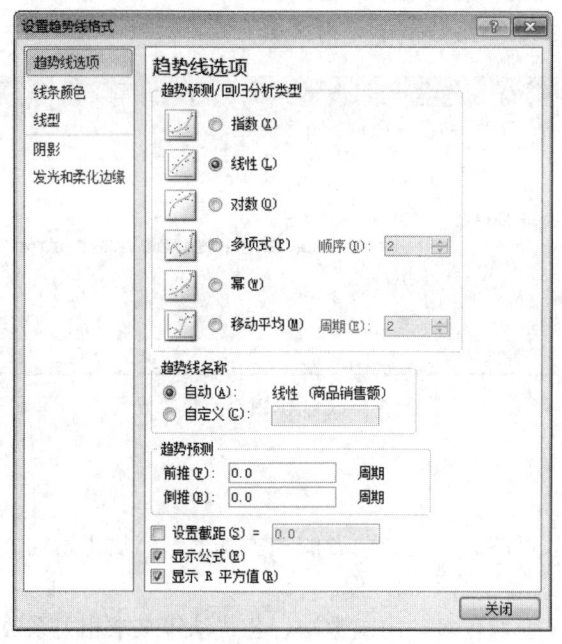

图 6-3　"设置趋势线格式"对话框

（5）在对话框中"趋势线选项"选择"线性"，在底下的"显示公式"和"显示 R 平方值"前打钩，然后单击"关闭"按钮。

（6）出现如图 6-4 所示图表，显示是个 $y=5.9341x+309.33$ 的直线方程，R 的平方值为 0.9889，R 即为相关系数，其值的平方越接近于 1，说明方程的拟合程度越好。

（7）用 CORREL()函数来求解 R，参数 Array1："广告投入"的数值单元格区域，参数 Array2："商品销售额"数值单元格区域，求得 $r=0.994446$，其平方即为步骤（6）中显示的 R^2，两者值一致。

分析结论：我们发现图 6-4 中的数据点基本上在直线 $y=5.9341x+309.33$ 附近，说明横坐标上的变量与纵坐标的变量呈显著的正比（线性）关系。另外，求得的 $r=0.994446$，非常接近于 1，所以我们认为广告投入与商品销售额存在高度的线性正相关。

小知识：所谓"线性关系"意思是说自变量与应变量之间是基本处于一条直线上，如果是非直线的,那么我们称作"非线性关系",这个在第 7 章回归分析中会详细讲到。

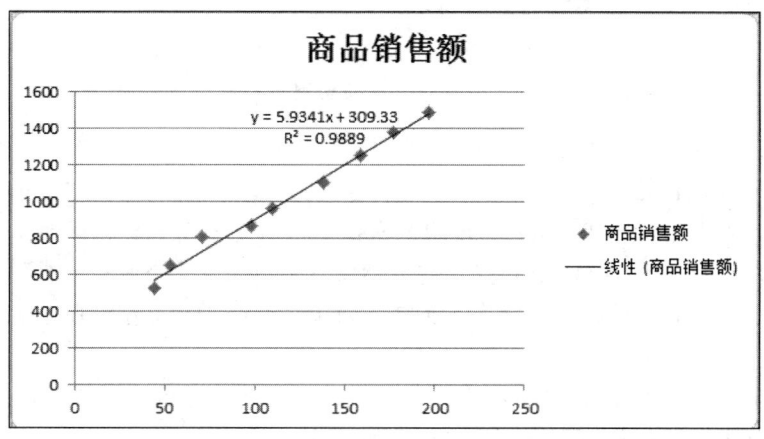

图 6-4　完成相关操作出现的图表

【例 6.3】实施步骤:

(1) 在 Excel 中输入数据,如图 6-5 所示。

	A	B	C	D	E
1	某服装公司的各类服装月销量				
2	月份	平均温度	衬衣销量	裤子销量	羽绒服销量
3	1	-3	1	103	230
4	2	2	4	100	150
5	3	6	21	101	95
6	4	14	42	105	31
7	5	21	79	112	12
8	6	26	112	108	5
9	7	30	160	104	2
10	8	28	230	103	11
11	9	26	160	107	31
12	10	15	75	117	59
13	11	9	34	105	134
14	12	2	3	114	190

图 6-5　输入数据

(2) 选择菜单"数据"→"数据分析"→"相关系数",出现如图 6-6 所示对话框,在对话框中输入相关参数,单击"确定"按钮。

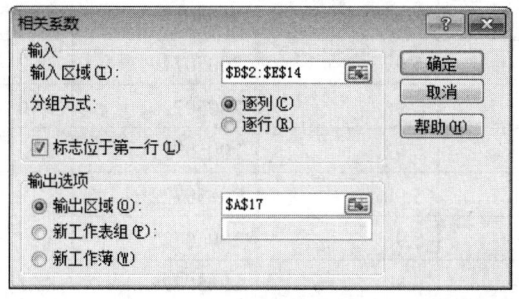

图 6-6　"相关参数"对话框

(3) 出现如图 6-7 所示的分析结果。

	平均温度	衬衣销量	裤子销量	羽绒服销量
平均温度	1			
衬衣销量	0.914663	1		
裤子销量	0.12339	-0.01113	1	
羽绒服销量	-0.92899	-0.76825	-0.11719	1

图 6-7　结果数据

分析结论：图 6-7 是个纵横交叉的相关系数表，我们发现"衬衣销量"和"平均温度"之间的相关系数为 0.914663，"裤子销量"与"平均温度"的相关系数为 0.1239，"羽绒服销量"与"平均温度"相关系数为-0.92899。说明衬衣销量与温度之间呈现显著的正相关，"裤子销量"与温度基本无关，而"羽绒服销量"则与温度高度负相关，这个结论跟我们的常识相一致。

注：图 6-6 中我们选择的数据区域一共有 4 列（温度和 3 种类型的服装），所以我们选择的分组方式为"逐列"。

由于选择数据时将标题行（Excel 表格第二行，即所选数据的第一行）也选入了，而它不是数据，只是标题，所以我们要给"标志位于第一行"打钩。

6.1.5　总结

（1）双变量相关分析是考察两个变量之间有无存在相关关系。

（2）用趋势线的方法求解相关系数时，可以直观显示数据点与直线的拟合程度，拟合程度越高，其相关系数的绝对值越接近于 1。

（3）另外，需要说明的是相关系数只表明两者之间存在关系，并不表明两者之间一定存在直接因果关系。比如我们发现房产销售面积与洗衣机销量存在高度相关，但是不能认定因为洗衣机销量提高了导致房产销售也增加了，它们之间更多是一种间接的影响关系。

6.1.6　拓展练习

（1）浦发银行（600000）和招商银行（600036）两只股票 20 个交易日的价格数据如表 6-3 所示，请绘出两只股票价格的散点图，并确定两者的相关系数。

表 6-3　股票的价格数据表

日期	浦发银行	招商银行	日期	浦发银行	招商银行
20050701	7.36	5.92	20050715	7.79	6.28
20050704	7.43	6.00	20050718	7.89	6.30
20050705	7.40	5.99	20050719	7.92	6.30
20050706	7.41	5.96	20050720	7.90	6.33
20050707	7.35	5.93	20050721	7.92	6.32
20050708	7.22	5.90	20050722	8.18	6.57
20050711	7.32	5.95	20050725	8.27	6.56
20050712	7.87	6.30	20050726	8.31	6.67
20050713	7.73	6.23	20050727	8.30	6.71
20050714	7.77	6.29	20050728	8.28	6.71

（2）表 6-4 是 2001 年到 2011 年全国 GDP 和用电量的数据，请分析相关系数，并得出结论。

表 6-4 全国 GDP 和用电数据表

年份	GDP（亿元）	GDP 增长率	全国用电量（亿千瓦时）	用电增长率
2001	109655	8.3	14683	9.04
2002	120333	9.1	16200	10.33
2003	135823	10	18916	16.77
2004	159878	10	21735	14.9
2005	184937	11.3	24940	14.75
2006	216314	12.7	28248	13.26
2007	265810	14.2	32458	14.9
2008	314045	9.6	34268	5.58
2009	340903	9.2	36595	6.79
2010	401202	10.3	41923	14.56
2011	471564	9.2	46928	11.94

6.2 多重相关和偏相关分析

多重相关是因变量与多个自变量之间的相关关系，例如，某商品的需求量与其价格水平、居民收入水平等现象之间呈现多重相关关系，学生的学习成绩与其学习动机、方法、习惯等方面的关系等。

在多要素所构成的系统中，当研究某一个要素对另一个要素的影响或相关程度时，把其他要素的影响视作常数（保持不变），即暂时不考虑其他要素影响，单独研究两个要素之间的相互关系的密切程度，所得数值结果为偏相关系数。

6.2.1 案例提出

【例 6.3】环保工业上对有毒有害污水的处理一般采用活性污泥法来处理污水，将剩余污泥与消化污泥以 1:1 的体积比充分混合后脱水，产生的泥饼含水质量分数数据如表 6-5 所示。试求泥饼含水质量分数与进泥流量、加药流量以及进泥含固质量分数的多重相关系数，泥饼含水质量分数和进泥流量的偏相关系数。

表 6-5 泥饼相关数据表

泥饼含水质量分数	进泥流量	加药流量	进泥含固质量分数
67.35	14	700	3.06
73.18	14	800	3.41
73.89	14	900	3.41
75.18	14	1000	3.06

续表

泥饼含水质量分数	进泥流量	加药流量	进泥含固质量分数
73.98	16	600	3.26
69.42	16	700	3.06
69.55	16	800	3.28
72.35	16	1000	3.06
74.47	20	700	3.06
74.1	20	800	3.06
73.57	20	900	3.26
73.55	20	920	3.28
75.25	25	700	3.06
77.29	25	800	3.41
77.94	25	910	2.83

6.2.2 相关知识点

1. 多重相关系数

又称为复相关系数，是度量相关程度的指标。

一般来说，第 i 个变量与其余 $k-1$ 个变量的多重相关系数为：

$$r_{i,(1,2,\ldots,i-1,i+1,\ldots,k)} = \sqrt{1 - \frac{R}{R_{ii}}} \qquad （公式6.2）$$

其中，R 是单相关系数矩阵的行列式的所求值，R_{ii} 是单相关系数矩阵的第 i 行第 i 列的代数余子式，多重相关系数越大，表明要素或变量的线性相关程度越密切。

2. 偏相关系数

偏相关是在诸多相关的变量中剔除了其中一个或几个变量的影响后，两个变量之间的相关关系。度量偏相关程度的统计量称为偏相关系数，偏相关系数的分布范围在 -1~1 之间，其绝对值越大表示偏相关程度越大。

偏相关系数考察变量 X_i 与 X_j 之间的相关关系，同时排除了其他变量的影响，计算公式为：

$$r_{i,(1,2,\ldots,i-1,i+1,\ldots,k)} = (-1)^{i+j} \frac{R_{ij}}{\sqrt{R_{ii}R_{jj}}} \qquad （公式6.3）$$

其中，R_{ii} 是单相关系数矩阵的第 i 行第 i 列代数余子式，其余 R_{ij}、R_{jj} 含义类似。

3. MDETERM()函数

MDETERM()函数，如图6-8所示，该函数的功能是求矩阵行列式的值，参数是所求的矩阵，在求偏相关系数时会用到。

6.2.3 案例分析

【例6.3】该题求多重相关系数和偏相关系数，需要理解公式。由于多重相关系数值很多，根据题意是要我们求第1个变量与其他变量的多重相关系数，根据公式6.2，需要求得根号里

的 R 和 R_{11}。

同样，对于偏相关系数，根据题意是要我们求第 1 个变量和第 2 个变量的偏相关系数，即 r_{12} 的值，根据公式 6.3 需要求出 R_{11}、R_{12} 和 R_{22} 的值。

图 6-8　MDETERM()函数参数

求行列式的值可以用 MDETERM()函数，参数是所求行列的矩阵。

6.2.4　案例实施

【例 6.3】实施步骤：

（1）Excel 中输入表格数据。

（2）打开数据分析工具栏中的"相关系数"，输入相关参数后单击"确定"按钮，得到如图 6-9 所示结果。

	泥饼含水质量分数(%)	进泥流量(m3.h-1)	加药流量(L.h-1)	进泥含固质量分数(%)
泥饼含水质量分数(%)	1			
进泥流量(m3.h-1)	0.658298027	1		
加药流量(L.h-1)	0.276301125	-0.0523894	1	
进泥含固质量分数(%)	-0.03802639	-0.251598	-0.032286	1

图 6-9　结果数据

（3）补充单相关矩阵。求出的相关系数只给出下三角部分，根据对称性将其补充，得到完整的单相关系数矩阵，如图 6-10 所示。去除标题部分，是一个 4×4 的矩阵，下面所说的 R_{ij} 中的下标 i、j 行列编号以 4×4 矩阵为参考。

1	0.65829803	0.2763011	-0.0380264
0.658298027	1	-0.052389	-0.251598
0.276301125	-0.0523894	1	-0.0322859
-0.038026388	-0.251598	-0.032286	1

图 6-10　完整的单相关系数矩阵

（4）求 R 的值，即求矩阵的行列式的值。在单元格中输入=MDETERM()，参数为图 6-10

中的矩阵，得到值为 0.417827384。

（5）求 R_{11} 的值（即求 R_{11} 的代数余子式），为如图 6-10 所示矩阵中去除第 1 行第 1 列后的矩阵所求得的值；我们将图 6-10 中的第 1 行第 1 列去除后得到以下矩阵，如图 6-11 所示。再在单元格输入=MDETERM()，参数为图 6-11 中的矩阵数据，得到值为 0.932060298。

1	-0.05239	-0.2516
-0.05239	1	-0.03229
-0.2516	-0.03229	1

图 6-11　矩阵数据

（6）与步骤（5）类似，可以求得 R_{12} 和 R_{22} 的值，其值分别为 0.664699806 和 0.921847742。

（7）将相关参数代入公式 6.2 和公式 6.3 可以求得第 1 个变量与其他变量的多重相关系数，以及偏相关系数 r_{12} 的值，如图 6-12 所示。

37	R	0.417827384
38	R11	0.932060298
39	R12	0.664699806
40	R22	0.921847742
41		
42	第1个变量与其他变量的多重相关系数	0.742776117
43	r_{12} 偏相关系数	-0.717090467

图 6-12　所得结果数据

分析结论：根据图 6-12，我们可以判断泥饼含水质量分数与进泥流量、加药流量以及进泥含固质量分数的多重相关系数（第 1 个变量与其他变量的多重相关系数），为 0.742776117；泥饼含水质量分数和进泥流量的偏相关系数（第 1 个变量与第 2 个变量的偏相关系数）值为 -0.717090467。

与上述方法类似，可以求得其他变量的多重相关系数和偏相关系数。

说明：我们看到这里变量 1 和变量 2 的偏相关系数为负值，而两者的简单相关系数为正值，为什么会出现相反呢？

相关系数与偏相关系数符号相反说明考虑了其他因素的影响后，变量 1 和变量 2 之间的相关性由原来的正相关变成负相关了，其他几个变量对它们有很大的影响，这种影响甚至可以改变一些原来不算强的相关性的方向。这表明数据存在偏相关、部分相关或伪相关等情况。

6.2.5　总结

（1）多重相关是因变量与多个自变量之间的相关关系。

（2）偏相关分析是指当两个变量同时与第 3 个变量相关时，将第 3 个变量的影响剔除，只分析另外两个变量之间相关程度的过程。

（3）多重相关系数和偏相关系数较为复杂，需要考虑行列式的值，代数余子式等概念。

6.2.6 拓展练习

（1）表 6-6 是浦发银行 2017 年 7 月 3 日至 8 月 7 日间各交易日的数据。试求：
1）成交量与振幅的多重相关系数。
2）收盘价与换手率的偏相关系数。
3）换手率与涨跌幅的偏相关系数。

表 6-6 浦发银行成交数据

日期	收盘价	涨跌幅（%）	成交量（手）	成交金额（万元）	振幅（%）	换手率（%）
2017/8/7	12.93	0.47	295284	38052	0.93	0.11
2017/8/4	12.87	-1.61	631820	81801	1.91	0.22
2017/8/3	13.08	-2.68	785819	103684	2.83	0.28
2017/8/2	13.44	0.07	616441	83043	1.56	0.22
2017/8/1	13.43	0.52	641981	86091	1.27	0.23
2017/7/31	13.36	-0.82	450831	60264	1.56	0.16
2017/7/28	13.47	0.67	249550	33411	1.42	0.09
2017/7/27	13.38	0	336121	44955	1.42	0.12
2017/7/26	13.38	-0.96	574954	77549	2.52	0.2
2017/7/25	13.51	-1.17	584781	79577	2.49	0.21
2017/7/24	13.67	1.64	658210	89203	2.83	0.23
2017/7/21	13.45	-1.25	522724	70300	1.84	0.19
2017/7/20	13.62	-0.51	400175	54418	1.24	0.14
2017/7/19	13.69	1.03	661087	90001	2.21	0.24
2017/7/18	13.55	-1.53	698959	94672	2.33	0.25
2017/7/17	13.76	1.25	1786612	244835	5.45	0.64
2017/7/14	13.59	2.41	1468654	199180	3.47	0.52
2017/7/13	13.27	3.19	1102192	143678	4.04	0.39
2017/7/12	12.86	0.47	804690	103961	2.5	0.29
2017/7/11	12.8	2.15	968353	123863	3.43	0.34
2017/7/10	12.53	-0.56	264115	33194	0.95	0.09
2017/7/7	12.6	-0.47	246673	31110	1.11	0.09
2017/7/6	12.66	0.32	374142	47158	1.66	0.13
2017/7/5	12.62	0.56	264705	33254	1.43	0.09
2017/7/4	12.55	-0.08	366591	45843	1.35	0.13
2017/7/3	12.56	-0.71	387789	48626	1.42	0.14

（2）已知某地历年的投资、进口和税收值，如表 6-7 所示。
1）请用相关工具分析相关系数，并给出结论。

2）分析投资与进口和税收之间的多重相关系数以及投资与进口、投资与税收之间的偏相关系数。

表 6-7 某地历年的投资、进口和税收数据

年份	投资	进口	税收
1999	1004	4640	990
2000	1039	5429	1013
2001	1110	6764	1080
2002	1249	7663	1142
2003	1371	8419	1229
2004	1467	8897	1314
2005	1617	11143	1443
2006	2007	12942	1604
2007	2398	14689	1772
2008	2858	15924	1862

第 7 章　回归分析

回归分析是在掌握大量观察数据的基础上，利用数据统计方法建立因变量与自变量之间的回归关系函数表达式，即回归方程式。

在第 5 章的方差分析中，银行客户等待时间对于客户满意度存在显著影响，是一种定性的分析。但是，对于这两个变量之间到底是哪个变量受哪个变量影响以及影响程度如何等问题，方差分析无法作出回答，需要通过回归分析来确定。

回归分析可以定量地显示变量之间的关系。

回归分析有一元线性回归、多元线性回归、非线性回归等多种情况。下面通过习题一一来讲解。

7.1　一元线性回归分析

设随机变量 Y 与普通变量 x 之间存在相关关系，且假设对于 x 的每一个取值都有 $Y \sim N(a+bx)$。因变量 Y 只对应一个自变量 x，而且 x 只有一阶（即 1 次方），那么这种关系我们称之为一元线性回归。

7.1.1　案例提出

【例 7.1】某社区由 100 个家庭组成，现要研究该社区每月家庭消费支出 Y 与每月家庭可支配收入 X 的关系，现将 100 个家庭分为组内收入差不多的 10 组，以分析每一组的家庭消费支出，数据如表 7-1 所示。

表 7-1　社区每月家庭收入与支出统计表（单位：元）

家庭收入	800	1000	1200	1400	1600	1800	2000	2200	2400	2600
家庭支出	650	760	890	1020	1130	1250	1380	1490	1610	1750

【例 7.2】某房地产开发商投资了 16 块地区，其土地面积不同，工程造价也各不同，忽略其他因素的影响，建筑开发商认为工程造价与造地面积存在线性相关关系，数据如表 7-2 所示。

表 7-2　工程造价造地面积数据表

地区	造地面积（平方米）	工程造价（百万元）	地区	造地面积（平方米）	工程造价（百万元）
1	4850	412	5	4287	358
2	4580	385	6	4060	338
3	3280	250	7	3702	308
4	3930	328	8	5035	432

续表

地区	造地面积（平方米）	工程造价（百万元）	地区	造地面积（平方米）	工程造价（百万元）
9	3215	242	13	4970	425
10	3312	256	14	3500	282
11	4125	355	15	3832	315
12	3100	230	16	5165	445

7.1.2 相关知识点

一元线性回归分析有 3 种方法：散点图+趋势线法、数据分析工具法和采用 LINEST()函数法。散点图+趋势线法、数据分析工具法这两种方法在前面已有讲述，这里不再赘述。

还可以采用 LINEST()函数法来求得一元线性回归方程的参数，具体做法请自行参阅有关资料。

7.1.3 案例分析

【例 7.1】我们采用两种方法来实现，即采用散点图+趋势线以及数据分析工具来进行回归分析。

【例 7.2】从表的原始数据可以看出两个变量的关系，当造地面积增加时，工程造价也会增加；反之造地面积减少时，工程造价也会减少。说明两者存在相关关系，但是究竟是什么样的关系还不能马上确定，需要通过线性回归来验证。

7.1.4 案例实施

【例 7.1】实施步骤：

先用散点图+趋势线的方法进行回归分析，实施步骤如下：

（1）将数据输入 Excel 表格，如图 7-1 所示；在"图表"选项卡→添加"散点图"→"仅带数据标记的散点图"，然后将图例项设置成位于图表下方，如 7-2 所示。

28	家庭收入	家庭支出
29	800	650
30	1000	760
31	1200	890
32	1400	1020
33	1600	1130
34	1800	1250
35	2000	1380
36	2200	1490
37	2400	1610
38	2600	1750

图 7-1　输入数据

（2）选择"图表工具"→"布局"→"坐标轴标题"，分别设置纵坐标和横坐标标题，如图 7-2 所示。

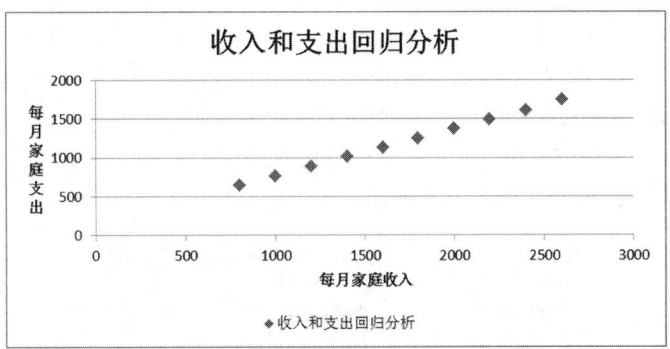

图 7-2 收入和支出回归分析

（3）选择"图表工具"→"布局"→"分析"中找到"趋势线"—"其他趋势线选项"，出现如图 7-3 所示对话框。

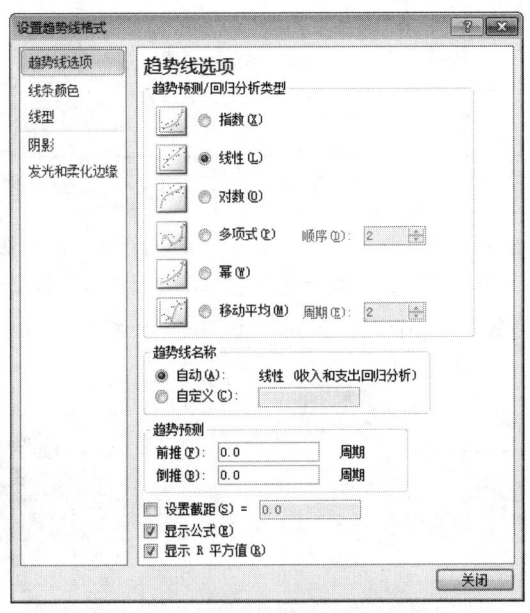

图 7-3 "设置趋势线格式"对话框

（4）在"趋势预测/回归分析类型"中选择"线性"，然后分别在下方的"显示公式"和"显示 R 平方值"处打钩，出现如图 7-4 所示的回归方程和判定系数。

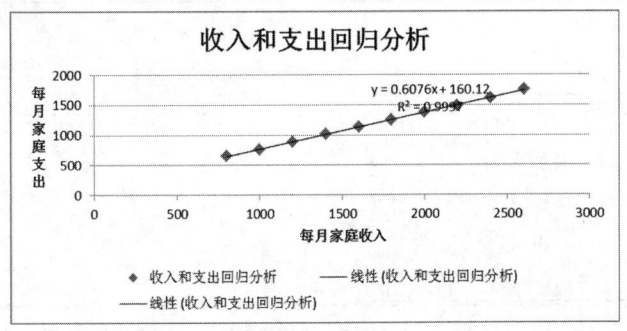

图 7-4 收入和支出回归分析

分析结论： 根据图 7-4 所示的数据，我们可以列出对应的回归方程为：y = 0.6076x + 160.12，R^2=0.9997，R 接近于 1，说明拟合程度很好，回归线可帮助解释的部分占到了 99.97%。

接下来再用分析工具来进行分析，实施步骤如下：

（1）选择分析工具中的"回归"，在"Y 值输入区域"输入"家庭支出数据"，"X 值输入区域"输入"家庭收入数据"，如图 7-5 所示。

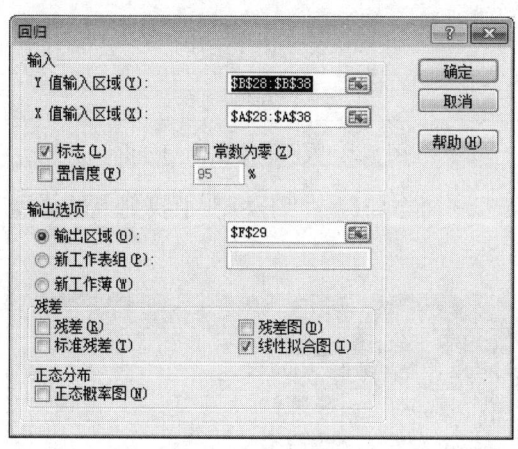

图 7-5 "回归"对话框

（2）因为将数据标题也引入了，所以"标志"需要打钩，置信度默认取值为 95%，选择好输出区域，在"残差"项里将"线性拟合图"打钩，如图 7-5 所示。

（3）单击"确定"按钮后，出现如图 7-6 所示的分析结果，我们发现里面有很多信息，后面我们将一一解读。

SUMMARY OUTPUT					
回归统计					
Multiple R	0.999827409				
R Square	0.999654848				
Adjusted R Square	0.999611704				
标准误差	7.250914258				
观测值	10				
方差分析					
	df	SS	MS	F	Significance F
回归分析	1	1218189	1218189	23170.17291	3.88116E-15
残差	8	420.6061	52.57576		
总计	9	1218610			
	Coefficients	标准误差	t Stat	P-value	Lower 95%	Upper 95%
Intercept	160.1212121	7.162485	22.35554	1.69553E-08	143.6044917	176.6379325
家庭收入	0.607575758	0.003991	152.2175	3.88116E-15	0.598371349	0.616780166
RESIDUAL OUTPUT					
观测值	预测 家庭支出	残差			
1	646.1818182	3.818182			
2	767.6969697	-7.69697			
3	889.2121212	0.787879			
4	1010.727273	9.272727			
5	1132.242424	-2.24242			
6	1253.757576	-3.75758			
7	1375.272727	4.727273			
8	1496.787879	-6.78788			
9	1618.30303	-8.30303			
10	1739.818182	10.18182			

图 7-6 结果数据

分析结论：

①R Square：R 的平方。

②Adjusted R Square：调整的 R 平方值，即考虑残差后的判定系数 R^2，避免增加自变量而高估 R^2，数值小于 R^2。

③方差分析：内容跟我们之前讲的方差分析类似，发现 F 值远大于 Significance F（显著性检验的 F 值），说明 X 变量对 Y 值的影响是非常显著的。

④Intercept：为线性回归方程的截距，其值为 160.1212121。

⑤Coefficients：系数，家庭收入系数为 0.607575758。

对数据作四舍五入处理后，可以得到线性拟合方程为 $y=0.6076x+160.12$，判定系数 $R^2=0.9997$，R^2 值较大，说明方程整体显著性较高。

⑥标准误差：线性回归方差的截距和家庭收入系数的标准误差。

⑦t Start：t-检验中的 t 值，用来判断检验的显著性，联系第 3 章里的 t-检验。

⑧P-value：家庭收入的系数 P 值为 3.88116E-15，值均远小于 α（0.05）值，所以认为家庭收入对家庭支出影响显著。

⑨Lower 95%、Upper 95%：95%置信水平下的参数估计区间的下限和上限，可以联系 4.1 中"总体均值估计"内容，由于统计误差，存在一个估计的区间。

⑩RESIDUAL OUTPUT：家庭支出的预测值及残差，我们发现预测值与实际值的差别相对来说是比较小的。

⑪Significance F：F 临界值，常与左边的 F 进行比较，验证回归方程的显著性。

（4）与上述类似，对线性拟合图添加趋势线，得到如图 7-7 所示的结果。

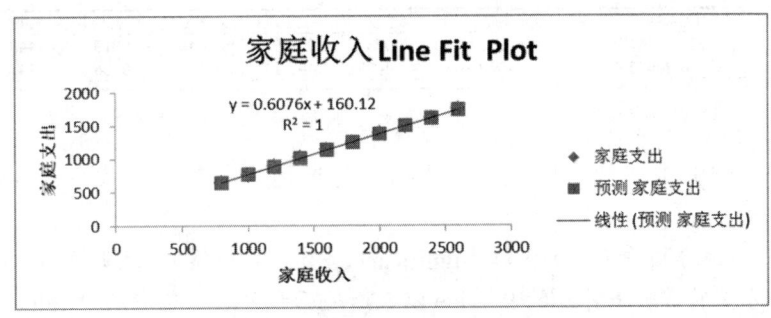

图 7-7 添加趋势线后的线性拟合图

【例 7.2】实施步骤：

直接采用"分析工具"中的"回归"来分析，实施步骤如下：

（1）在 Excel 中输入数据，如图 7-8 所示。

（2）使用"分析工具"中的"回归"后，输入如图 7-9 所示参数，并单击"确定"按钮，出现如图 7-10 所示结果。

	A	B	C
1	地区编号	造地面积（平方米）	工程造价Y（百万）
2	1	4850	412
3	2	4580	385
4	3	3280	250
5	4	3930	328
6	5	4287	358
7	6	4060	338
8	7	3702	308
9	8	5035	432
10	9	3215	242
11	10	3312	256
12	11	4125	355
13	12	3100	230
14	13	4970	425
15	14	3500	282
16	15	3832	315
17	16	5165	445

图 7-8　输入数据

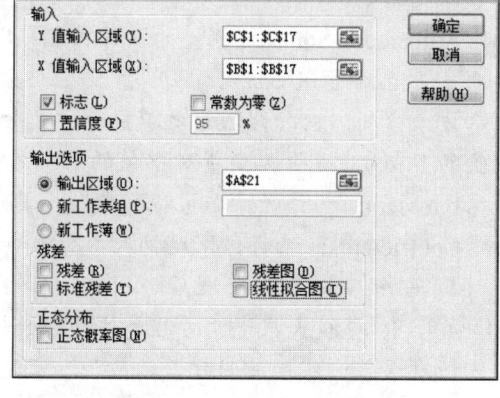

图 7-9　"回归"对话框

SUMMARY OUTPUT

回归统计	
Multiple R	0.996568516
R Square	0.993148808
Adjusted R	0.992659437
标准误差	6.102668401
观测值	16

方差分析

	df	SS	MS	F	Significance F
回归分析	1	75581.54164	75581.54	2029.44	1.49E-16
残差	14	521.3958626	37.24256		
总计	15	76102.9375			

	Coefficients	标准误差	t Stat	P-value	Lower 95%	Upper 95%	下限 95.0%	上限 95.0%
Intercept	-78.96334151	9.316277771	-8.47585	6.95E-07	-98.9448	-58.9819	-98.9448	-58.9819
造地面积X	0.102003503	0.002264264	45.04931	1.49E-16	0.097147	0.10686	0.097147	0.10686

图 7-10　结果数据

（3）从图 7-10 中我们可以得到工程造价与造地面积的回归关系：$y=0.102003503x-78.96334151$。

分析结论：上述分析中 F=2029.44>Significance F（F 临界值），说明该回归方程显著。

Intercept（方差的常数）对应的 P-value 以及造地面积系数 x 对应的 P-value 两者均远远小于我们设定的显著性水平 α（α=1-置信水平=0.05，置信水平我们设为 95%），说明得出的 x 的系数和常数均对 y（工程造价）影响显著。

同时，我们还发现 R 的值也非常接近于 1，多种情况证明建立的方程 $y=0.102003503x-78.96334151$ 是合适的。

7.1.5　总结

（1）一元线性回归分析是分析随机变量 y 与普通变量 x 之间存在关系，就是通常我们说的一元一次方程。

（2）一元线性回归的目的是通过已知的几组 x 数据和 y 数据估算出这个方程。一般情况下，数据量越大得出的方程越准确。

7.1.6 拓展练习

（1）已知某塑料产品制造过程中，温度对产品得率有影响，属于一元线性关系，测得数据如表 7-3 所示，试求出它们线性方程。

表 7-3　温度对某塑料产品得率的影响数据

温度 x/℃	100	110	120	130	140	150	160	170	180	190
产品得率 y/%	45	51	54	61	66	70	74	78	85	89

（2）请同学们自行调研收集数据，分析课堂玩手机时间与期末考试成绩之间是否存在线性关系。

7.2　多元线性回归分析

在市场的经济活动中，经常会遇到某一市场现象的发展和变化取决于几个影响因素的情况，也就是一个因变量与几个自变量有依存关系的情况。而且有时几个影响因素主次难以区分，或者有的因素虽属次要，但也不能略去其作用。例如，某一商品的销售量既与人口的增长变化有关，也与商品价格变化有关。这时采用一元回归分析预测法进行预测是难以奏效的，需要采用多元回归分析预测法。

多元回归分析预测法，是指通过对两上或两个以上的自变量与一个因变量的相关分析，建立预测模型进行预测的方法。当自变量与因变量之间存在线性关系时，称为多元线性回归分析。

7.2.1　案例提出

【例 7.3】经研究发现，家中书刊消费受家庭收入和户主受教育年数的影响，是一种线性回归关系，表 7-4 为对某地区部分家庭抽样调查得到的样本数据。

表 7-4　家庭书刊消费样本数据

家庭书刊年消费支出 y/元	家庭月平均收入 x/元	户主受教育年数 T
450.0	1027.2	8
507.7	1045.2	9
613.9	1225.8	12
563.4	1312.2	9
501.5	1316.4	7
781.5	1442.4	15
541.8	1641	9
611.1	1768.8	10
1222.1	1981.2	18

续表

家庭书刊年消费支出 y/元	家庭月平均收入 x/元	户主受教育年数 T
793.2	1998.6	14
660.8	2196	10
792.7	2105.4	10
580.8	2147.4	8
612.7	2154	10
890.8	2231.4	14
1121	2611.8	18
1094.2	3143.4	16
1253	3624.6	20

（1）建立家庭书刊消费的计量经济模型。
（2）利用样本数据估计模型的参数。
（3）检验户主受教育年数对家庭书刊消费是否有显著影响。
（4）分析所估计模型的经济意义和作用。

7.2.2 相关知识点

设 y 对 $x_1, x_2, \cdots, x_m$ 的 m 元线性回归方程为：

$$y = b_0 + b_1 x_1 + b_2 x_2 + \cdots + b_m x_m + \varepsilon$$

其中，b_0 为常数项，$b_1, b_2, \cdots, b_m$ 为回归系数，ε 为随机误差项。

我们可以通过最小二乘法来求得这些回归系数的数值，但是这种结果没有实际意义。只有在整个回归方程拟合良好的前提下这些回归系数才是有效的，所以用户需要对多元回归进行统计检验，主要包括拟合优度检验、回归方程显著性检验和回归系数额显著性检验。

多元回归分析的拟合优度主要通过决定系数和调整绝对系数度量，下面了解几个概念。

总离差平方和：

$$\text{TSS} = \sum (y_i - \bar{y})^2 \qquad \text{（公式 7.1）}$$

回归平方和：

$$\text{RSS} = \sum (\hat{y}_i - \bar{y})^2 \qquad \text{（公式 7.2）}$$

残差平方和：

$$\text{ESS} = \sum (y_i - \hat{y})^2 \qquad \text{（公式 7.3）}$$

决定系数：

$$R^2 = \frac{\text{RSS}}{\text{TSS}} = 1 - \frac{\text{ESS}}{\text{TSS}} \qquad \text{（公式 7.4）}$$

决定系数与样本容量有关，随着样本容量增大，R 也会增大，所以要对 R^2 进行调整，这就是我们之前看到的 Adjusted R^2。

调整决定系数：

$$\text{Adjusted } R^2 = 1 - (1 - R^2)\frac{n-1}{n-k}$$ （公式 7.5）

其中，n 为样本观测次数，k 为自变量个数。

有了上述概念后，我们可以进行以下 2 个检验。

（1）回归方程的显著性检验。

回归方程的显著性检验用于检验决定系数 R^2 是否显著，对应的 F 统计量为：

$$R = \frac{\text{RSS}/(n-1)}{\text{ESS}/(n-k)}$$ （公式 7.6）

该统计量服从分子自由度为 n-1、分母自由度为 n-k 的 F 分布，给定显著性水平下可以通过 F-检验方程总体是否显著。

（2）回归系数的显著性检验。

回归方程显著，并不能说明每个自变量对因变量的影响都重要，还需要进行检验，检验方法为 t-检验，对应的统计量为：

$$t_j = \hat{b}_i / S(\hat{b}_i)$$ （公式 7.7）

其中，j=1,2,…,n，在一定显著性水平下，通过 t-检验自变量 X_i 是否对 Y 有显著影响。

7.2.3 案例分析

【例 7.3】家庭书刊支出受到两个因素影响，分别是家庭月平均收入和户主受教育年数，显然是个多元回归，可以用多元线性回归来分析，但是得出的方程是不是显著，以及各个自变量的系数是不是显著还有待检验。

7.2.4 案例实施

实施步骤：

（1）在 Excel 中输入数据，如图 7-11 所示。

	A	B	C
1	家庭书刊年消费支出（元）y	家庭月平均收入x	户主受教育年数T
2	450	1027.2	8
3	507.7	1045.2	9
4	613.9	1225.8	12
5	563.4	1312.2	9
6	501.5	1316.4	7
7	781.5	1442.4	15
8	541.8	1641	9
9	611.1	1768.8	10
10	1222.1	1981.2	18
11	793.2	1998.6	14
12	660.8	2196	10
13	792.7	2105.4	10
14	580.8	2147.4	8
15	612.7	2154	10
16	890.8	2231.4	14
17	1121	2611.8	18
18	1094.2	3143.4	16
19	1253	3624.6	20

图 7-11 输入数据

（2）选择菜单"数据"→"数据分析"→选择"回归"，出现如图 7-12 所示对话框，Y 值输入区域是"家庭书刊年消费支出"数据，X 值输入区域为"家庭月平均收入"和"户主受教育年数"数据，其他参数见图 7-12 所示。

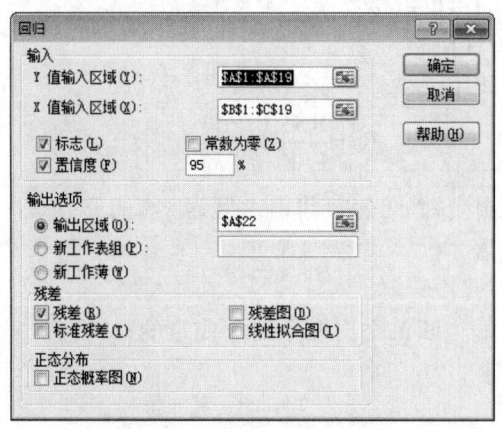

图 7-12　"回归"对话框

（3）单击"确定"按钮后，出现如图 7-13 所示的分析结果。

回归统计	
Multiple R	0.967963213
R Square	0.936952781
Adjusted R Square	0.928546485
标准误差	69.15804878
观测值	18

方差分析

	df	SS	MS	F	ignificance F
回归分析	2	1066174.995	533087.5	111.4585	9.94E-10
残差	15	71742.53567	4782.836		
总计	17	1137917.531			

	Coefficients	标准误差	t Stat	P-value	Lower 95%	Upper 95%	下限 95.0%	上限 95.0%
Intercept	-37.3251174	55.83096575	-0.66854	0.513948	-156.326	81.67577	-156.326	81.67577
家庭月平均收入x	0.097851478	0.032838141	2.979812	0.009349	0.027859	0.167844	0.027859	0.167844
户主受教育年数T	49.9627278	5.76958836	8.659669	3.2E-07	37.66514	62.26031	37.66514	62.26031

图 7-13　结果数据

（4）回归方程显著性验证。

1）线性方程变量系数及常数均可以从 Coefficients 下面找出，可以得出基本方程为 $y=0.097851478x+49.9627278T-37.3251174$。

2）我们看到决定系数 $R^2=0.936952781$，接近于 1。从图 7-13 中可以发现 F 值=111.4585>Significance F=9.94E-10，Significance F 即为 F 临界值，可以发现是远远大于，说明这个回归方程是显著的。

3）回归系数检验：我们发现 x（家庭月收入）以及 T（户主教育年数）的 t-检验对应的 P-value 均小于显著性水平 α，说明这 2 个系数对因变量的影响均显著。

分析结论：说明家庭书刊支出与家庭月平均收入和户主受教育年数都成正比。

R Square 就是 R^2，其值接近于 1，同样，方程的 F-检验值远远大于 F 临界值，都说明线性方程的拟合性较好。

回归系数的检验中 P 值均小于显著性水平 0.05，说明两个自变量对因变量的影响显著，均应列入影响因素参考范围。

通过方程我们可以发现，户主受教育年数每增加一年，其书刊支出增加 50 元左右，而月收入每增加 100 元，年书刊支出增加 10 元左右。

7.2.5 总结

（1）多元线性回归在回归分析中，如果有两个及两个以上的自变量就称为多元回归。事实上一种现象往往与多个因素相联系，由多个自变量的最优组合共同来预测或估计因变量，比只用一个自变量进行预测或估计更加符合实际。在实际经济问题中，一个变量就往往受到多个变量的影响。例如，家庭消费支出除了受家庭可支配收入的影响外，还受诸如家庭财富、物价水平、金融机构存款利息等多种因素的影响。

（2）多元线性回归中方程的显著性需要通过 F-检验来检测。

（3）自变量对因变量的影响是否显著也需要经过检测，检测判定的方法同 t-检验，我们可以用临界值法，同样也可以用 P 值法。由于 P 值法直接可以与显著性水平 α 比较，不必去求 t 临界值，显得更为简单。

7.2.6 拓展练习

（1）某公司的管理者认为每月的收入是广告收入的函数，想对每月总收入做出估计，试通过表 7-5 中数据给出广告费用与收入的回归方程，并在 0.05 的显著性水平下对方程的总体显著性和回归系数的显著性进行检验。

表 7-5 某公司的收入与广告费相关数据

每月的总收入/万元	电视广告费用/万元	报纸广告费用/万元
96	5.0	1.5
90	2.0	2.0
95	4.0	1.5
92	2.5	2.5
95	3.0	3.5
94	3.5	2.3
94	2.5	4.2
94	3.0	2.5

（2）某销售公司分析了该公司不同地区的销量情况，认为影响销售收入的主要因素是地区收入水平、地区产量、地区固定投资额度和地区广告投入 4 个因素，如表 7-6 所示，请写出回归方程，并在 95% 的置信水平下对系数进行显著性检验。

（3）为了研究空气中一氧化氮的浓度和汽车流量等因素的关系，有人测定了某城市交通点在单位时间内过往的汽车数、气温、空气湿度、风速以及空气中的 NO 浓度，数据如表 7-7 所示，请写出多元线性回归模型，并对整体回归效应及偏回归系数进行假设检验。

表 7-6 某销售公司销售的相关数据

地区编号	销售收入	地区收入水平	地区产量	地区固定投资额度	地区广告投入
1	4156	851	5781	1256	1149
2	5452	967	7264	1689	1267
3	5981	1094	8254	1534	1498
4	6140	1181	9073	1582	1702
5	7032	1305	10608	2067	1862
6	8294	1517	13119	3186	2112
7	9469	1875	17117	5432	2761
8	12511	2472	23179	7218	3413
9	15996	2983	29039	8558	4181
10	19319	3345	33742	9861	5055
11	21339	3554	37031	10773	5988
12	22822	3726	38972	12332	6906
13	24407	4005	40833	12984	8083
14	26822	4282	44521	14362	9546
15	29576	4658	47766	16296	11789

表 7-7 某城市交通点 NO 浓度相关数据

车流 X1	气温 X2	气湿 X3	风速 X4	一氧化氮 Y	车流 X1	气温 X2	气湿 X3	风速 X4	一氧化氮 Y
1300	20.0	80	0.45	0.066	948	22.5	69	2.00	0.005
1444	23.0	57	0.50	0.076	1440	21.5	79	2.40	0.011
786	26.5	64	1.5	0.001	1084	28.5	59	3.00	0.003
1652	23.0	84	0.40	0.170	1844	26.0	73	1.00	0.140
1756	29.5	72	0.90	0.156	1116	35.0	92	2.80	0.039
1754	30.0	76	0.80	0.120	1656	20.0	83	1.45	0.059
1200	22.5	69	1.80	0.040	1536	23.0	57	1.50	0.087
1500	21.8	77	0.60	0.120	960	24.8	67	1.50	0.039
1200	27.0	58	1.70	0.100	1784	23.3	83	0.90	0.222
1476	27.0	65	0.65	0.129	1496	27.0	65	0.65	0.145
1820	22.0	83	0.40	0.135	1060	26.0	58	1.83	0.029
1436	28.0	68	2.00	0.099	1436	28.0	68	2.00	0.099

（4）为了全面反映中国人口自然增长率的全貌，选择"人口自然增长率"作为被解释变量以反映中国人口的增长；选择"国名收入"及"人均 GDP"作为经济整体增长的代表；选择"居民消费价格指数增长率"作为居民消费水平的代表。暂不考虑文化程度及人口分布的影

响，数据如表 7-8 所示。请写出回归方程并进行方程检验，最后分析其经济意义。

表 7-8 中国人口增长率及相关数据

年份	人口自然增长率/%	国民总收入/亿元	居民消费价格指数（CPI）增长率/%	人均 GDP/元
1988	15.73	15037	18.8	1366
1989	15.04	17001	18	1519
1990	14.39	18728	3.1	1644
1991	12.98	21826	3.4	1893
1992	11.6	26937	6.4	2311
1993	11.46	35260	14.7	2998
1994	11.21	48108	24.1	4044
1995	10.55	59811	17.1	5046
1996	10.42	70142	8.3	5846
1997	10.06	78061	2.8	6420
1998	9.14	83024	-0.8	6796
1999	8.18	88476	-1.4	7159
2000	7.56	98000	0.4	7858
2001	6.95	108068	0.7	8622
2002	6.45	119096	-0.8	9398
2003	6.01	135174	1.2	10542
2004	5.87	159587	3.9	12336
2005	5.89	184089	1.8	14040
2006	5.38	213132	1.5	16024

7.3 非线性回归分析

实际问题中还存在非线性的情况，当变量之间不是线性关系的时候，不能用线性回归方程来描述，需要用非线性回归方程。

非线性回归分析的预测模型有：指数回归模型、对数回归模型、幂函数回归模型、多项式回归模型。

7.3.1 案例提出

【例 7.4】某销售公司经过市场分析和统计，认为公司的广告投入与销售额之间是非线性关系，具体数据如表 7-9 所示。请给出广告与销售额的非线性回归方程，并预测广告投入为 400 时销售额将达到多少。

表 7-9 某销售公司广告投入与销售额数据

销售地区编号	广告投入/万元	销售额/万元
1	86	410
2	113	438
3	139	530
4	166	598
5	192	667
6	219	687
7	245	788
8	272	808
9	298	976
10	325	1056
11	351	1196
12	378	1277

7.3.2 相关知识点

1. 指数回归分析

回归方程：$y = ae^{bx}$，其中，a、b 是常量，e 是自然对数的底数。

指数回归模型有两种分析方法：

（1）绘制数据散点图，添加趋势线拟合指数回归曲线，并得到拟合优度，这种方法很方便。

（2）将非线性回归问题转化为线性回归问题，对于指数曲线通过两边取对数即可转化为一元线性回归问题：$Ln(y) = Ln(a) + bx$，再用一元线性回归得到参数 a 和 b 的值。

2. 对数回归分析，幂函数回归分析，多项式回归分析

上述三种回归分析除了用数据散点图直接添加趋势线拟合外，还可以将对数归化为一元线性回归后，使用回归分析工具即可得到回归参数，具体做法将在案例实施中一一展现。

7.3.3 案例分析

【例 7.4】根据题意知广告投入是自变量（x），销售额是因变量（y）。

至于选择非线性回归中哪一种回归方法，这里不好事先判断，只能去尝试，该题我们选用了指数回归分析的方法，然后判定该回归分析是否合适。

7.3.4 案例实施

【例 7.4】实施步骤：

我们采用指数回归分析方法，一种是散点图+趋势线的方法，还有一种是通过转换，先转成一元线性回归分析再变回指数方程的方法。

（1）散点图+趋势线的方法。

这个比较简单方便，操作方法在前面案例已经讲过，只需要在“趋势预测/回归分析类型”中选择“指数”，在“显示方程”和“显示 R 平方值”前打钩即可，如图 7-14 所示。

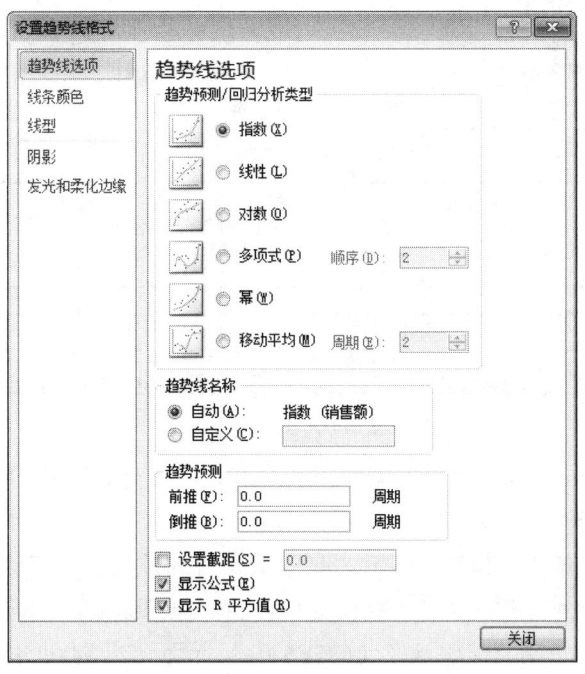

图 7-14　“设置趋势格式”对话框

（2）指数转成一元线性回归的方法。

1）用 *Ln()*函数求得销售额的对数值，结果如图 7-15（a）所示。

	A	B	C	D
1	销售地区编号	广告投入	销售额	销售额的对数
2	1	86	410	6.01615716
3	2	113	438	6.08221891
4	3	139	530	6.272877007
5	4	166	598	6.393590754
6	5	192	667	6.502790046
7	6	219	687	6.532334292
8	7	245	788	6.66949809
9	8	272	808	6.694562059
10	9	298	976	6.883462586
11	10	325	1056	6.962243464
12	11	351	1196	7.086737935
13	12	378	1277	7.152268856

（a）

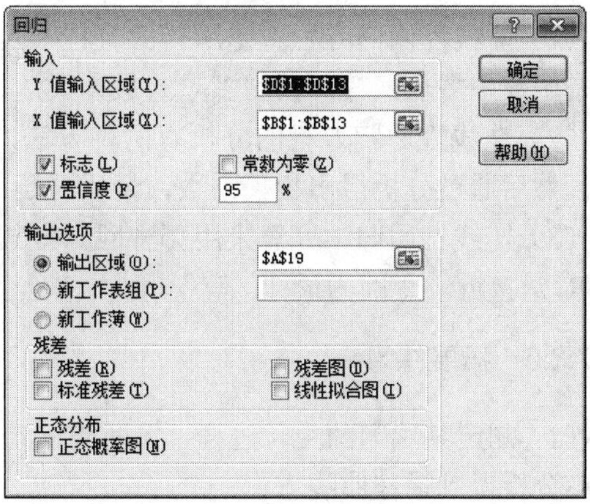

（b）

图 7-15　销售额的对数“回归”对话框

2）选择分析工具中的“回归”，Y 值输入区域是“销售额的对数”，X 值输入区域为“广告投入”，置信度设为 95%，如图 7-15（b）所示。

3）单击“确定”按钮后得到如图 7-16 所示的分析结果。

4）解读分析结果，得到的是一元线性回归方程：$y'=0.003894x+5.700765$。注意这里的 y'

是 y 变成对数转化的,接下来需要进行还原。

回归统计	
Multiple R	0.994754
R Square	0.989536
Adjusted R Square	0.988489
标准误差	0.040139
观测值	12

方差分析

	df	SS	MS	F	Sgnificance F
回归分析	1	1.523561	1.523561081	945.6443	3.101E-11
残差	10	0.016111	0.001611135		
总计	11	1.539672			

	Coefficien	标准误差	t Stat	P-value	Lower 95%	Upper 95%
Intercept	5.700765	0.031577	180.5353109	6.681E-19	5.6304068	5.77112272
广告投入	0.003894	0.000127	30.75132999	3.101E-11	0.0036114	0.00417563

图 7-16 结果数据

5)我们要对照 $Ln(y) = Ln(a) + bx$ 还原原来的系数,有 $Ln(a)$=5.700765,b=0.003894,用 EXP()函数经过计算得到 a=299.0961。

分析结论:将 a、b 值代入指数方程 $y = ae^{bx}$,最后得到该指数方程为 $y = 299.0961e^{0.003894x}$,判定系数为 0.9885,F 值远大于 F 临界值,说明回归方程总体显著。

注:另外,还可以用指数回归函数 LOGEST()和指数预测函数 GROWTH()直接进行回归和预测。其中,LOGEST()函数是用数组操作,以数组形式输出,读者可以自行进行研究,本书不再进行论述。

7.3.5 总结

(1)非线性回归方程就是所得的方程不是直线方程,而是曲线方程,常见的有指数、对数、幂函数、多项式等,其中多项式最为灵活,只要项数够多就可以模拟出更复杂的曲线。

(2)非线性回归方程的分析有两种方法,一是通过散点图+趋势线,二是先转换成线性方程,然后通过分析得出相关系数,最后再还原成非线性方程。

(3)非线性回归中究竟采用哪种回归方式需要进行不同的尝试,数据点最贴近曲线,得到的 R^2 最接近于 1 的为最佳。

7.3.6 拓展练习

(1)测定某鸡肉的生长过程,每两周记录一次鸡的重量,数据如表 7-10 所示,试用非线性回归分析得到最佳曲线方程。

表 7-10 记录鸡生长过程中的重量数据

x/周	2	4	6	8	10	12	14
y/kg	0.3	0.86	1.73	2.2	2.47	2.67	2.8

(2)某生产企业在 1981 年至 1995 年间每年的产量和总成本如表 7-11 所示,试用回归分析法确定其成本函数。根据成本理论,成本函数可以用产量的三次多项式近似表示。

表 7-11　某企业 1981 年至 1995 年的产量和总成本

年份	总成本	产量	年份	总成本	产量
1981	10000	100	1989	74100	800
1982	28600	300	1990	100000	1000
1983	19500	200	1991	133900	1200
1984	32900	400	1992	115700	1100
1985	52400	600	1993	154800	1300
1986	42400	500	1994	178700	1400
1987	62900	700	1995	203100	1500
1988	86330	900			

第 8 章　时间序列分析

时间序列，是将某种统计指标的数值按时间先后顺序排列所形成的数列。

时间序列分析，是以时间数列所能反映的社会经济现象的发展过程和规律性进行引申外推，预测其发展趋势的方法。其内容包括收集和整理某种社会现象的历史资料，并对这些资料检查鉴别，排成数列；时间序列分析就是从中寻找该社会现象随时间变化而变化的规律，得出移动的模式，并以此模式去预测该社会现象将来的情况。时间序列分析有以下两大特征：

（1）时间序列分析是根据过去的变化趋势预测未来的发展，它的前提是假定事物的过去延续到未来。

时间序列分析正是根据客观事物发展的连续规律性，运用过去的历史数据通过统计分析，进一步推测未来的发展趋势。事物的过去会延续到未来，这个假设前提包含两层含义。

1）不会发生突然的跳跃变化，是以相对小的步伐前进。

2）过去和当前的现象可能表明现在和将来活动的发展变化趋向。

这就决定了在一般情况下，时间序列分析对于短、近期预测比较显著，但若延伸到更远的将来，就会出现很大的局限性，预测值偏离实际较大而导致决策失误。

（2）时间序列数据变动存在着规律性与不规律性。

时间序列中的每个观察值大小，是影响变化的各种不同因素在同一时刻发生作用的综合结果。从这些影响因素发生作用的大小和方向变化的时间特性来看，这些因素造成的时间序列数据的变动分为四种类型。

1）趋势性。某个变量随着时间进展或自变量变化，呈现一种比较缓慢而长期的持续上升、下降、停留的同性质变动趋向，但变动幅度可能不相等。

2）周期性。某因素由于外部影响随着自然季节的交替出现高峰与低谷的规律。

3）随机性。个别为随机变动，整体呈统计规律。

4）综合性。实际变化情况是几种变动的叠加或组合。预测时设法过滤除去不规则变动，突出反映趋势性和周期性变动。

根据对资料分析方法的不同，时间序列预测的主要方法又分为：移动平均法、指数平滑法、趋势预测法、季节变动预测法、市场寿命周期预测法等。

限于篇幅，本章只讲解移动平均法、指数平滑法和季节变动预测法。

8.1　移动平均法

在股市中我们经常要查看 5 日均线、10 日均线、月线、年线等股市术语，所谓 5 日均线就是股票 5 天的成交价格或指数的平均值，所对应的是股价的 5 日均线和指数的 5 日均线。均线指标是判断股票买入卖出的一项重要指标，这里的均线指标实际上是移动平均线指标的简称。

移动平均法分为简单移动平均法和加权移动平均法。简单移动平均法是若干时期的算术平均数作为下期的预测值;加权移动平均法是在简单移动平均基础上进行加权计算,近期观察值的权数大点,远期观察值的权数小点。

该方法是根据时间数列的各期数值作出非直线长期趋势线的一种比较简单的方法,连续地求其平均值,再计算相邻两期平均值的变动趋势,然后计算平均发展趋势,进行预测。

8.1.1 案例提出

【例 8.1】某产品过去 12 个月的销售额如表 8-1 所示,试用简单一次移动平均法预测下一个月的市场需求量。

表 8-1 某产品 12 个月销售额

月份	销售额/万元	月份	销售额/万元
1	1034	7	1053
2	1051	8	1072
3	1067	9	1080
4	1043	10	1083
5	1051	11	1087
6	1043	12	1069

【例 8.2】表 8-2 给出了 2013 年 7 月至 2017 年 6 月四年间的投资,试运用中心移动平均法测定其长期趋势,并绘制长期趋势线。

表 8-2 四年间的投资数据

月份	投资额	月份	投资额	月份	投资额	月份	投资额
201307	1747.68	201407	1938.55	201507	2122.45	201607	2471.58
201308	1777.23	201408	1967.05	201508	2157.78	201608	2507.20
201309	1940.73	201409	2152.75	201509	2366.80	201609	2778.85
201310	2071.98	201410	2310.48	201510	2546.43	201610	2953.30
201311	2130.85	201411	2366.28	201511	2599.83	201611	2952.03
201312	2560.00	201412	2824.98	201512	3103.30	201612	3351.78
201401	2299.60	201501	2497.08	201601	2730.55	201701	3227.05
201402	2085.33	201502	2293.30	201602	2579.80	201702	2958.55
201403	1957.08	201503	2136.10	201603	2421.10	201703	2837.35
201404	1915.68	201504	2089.15	201604	2355.18	201704	2801.35
201405	1997.20	201505	2201.58	201605	2397.48	201705	2924.58
201406	1981.53	201506	2169.10	201606	2482.68	201706	2987.88

8.1.2 相关知识点

1. 移动平均法原理

（1）简单一次移动平均预测法原理。

设时间序列为$\{y_t\}$，取移动平均的项数为n，则第$t+1$期预测值的计算公式为：

$$\hat{y}_{t+1} = M_t^{(1)} = \frac{y_t + y_{t-1} + \cdots + y_{t-n+1}}{n} = \frac{1}{n}\sum_{j=1}^{n} y_{t-n+j} \quad \text{（公式 8.1）}$$

其中，y_t表示第t期实际值；$M_t^{(1)}$表示第t期第一次移动平均数；$\hat{y}_{t+1}$表示第$t+1$期预测值。其预测标准误差为：

$$S = \sqrt{\frac{\sum(y_{t+1} - \hat{y}_{t+1})^2}{N - n}} \quad \text{（公式 8.2）}$$

上式中N为时间序列中心移动平均$\{y_t\}$所含原始数据的个数。

对于移动项数n的取值，要根据时间序列的特点而定，不宜过大或过小。n值过大会降低移动平均的敏感性，影响预测的准确性；n值过小，移动平均数易受随机变动影响，难以反映实际趋势。

一般n的取值尽量与现象的发展周期一致。n值太大，虽然趋势更为光滑，但是会失掉更多观测值；n值太小，则不能消除其他因素的影响。

所以，n能包含季节变动和周期变动的时期为好，这样可以消除它们的影响。对于没有季节变动和周期变动的时间序列，项数n的值可以取较大的数；如果历史数据的类型呈上升（或下降）趋势，则项数n的值应取较小的数。

（2）中心移动平均法原理。

中心移动平均法是将时间变量值以当前时期为中心，依次作n项的滚动平均。平均的项数n为奇数和偶数时会不同，分开讨论。

若n为奇数，则中心移动平均法进行一次平均即可，公式如下：

$$M_t^{(1)} = \frac{y_{t-\frac{n-1}{2}} + \cdots + y_{t-1} + y_t + y_{t+1} + \cdots + y_{t+\frac{n-1}{2}}}{n} \quad \text{（公式 8.3）}$$

其中，t表示移动平均中间项的时间，$M_t^{(1)}$表示一次中心移动平均数。

若n为偶数，则中心移动平均法进行一次平均的公式为：

$$M_t^{(1)} = \frac{y_{t-\frac{n-1}{2}} + \cdots + y_{t-1} + y_{t+1} + \cdots + y_{t+\frac{n-1}{2}}}{n} \quad \text{（公式 8.4）}$$

其中，$M_t^{(1)}$表示一次中心移动平均数，但t此时为$\frac{n+1}{2}, \frac{n+1}{2}+1,\ldots$，代表两个时间项的中间值。为得到时间项对应的移动平均值，需要进行二次移动平均，公式为：

$$M_t^{(2)} = M_{(t-1)/2}^{(1)} + M_{(t+1)/2}^{(1)} \quad \text{（公式 8.5）}$$

此时，式中t为$\frac{n}{2}+1, \frac{n}{2}+2,\ldots$

2. 移动平均法的操作

（1）Excel 2010 中可以用分析工具直接来实现简单一次移动平均预测。

（2）用散点图+趋势线的方法来实现中心移动平均预测。

8.1.3 案例分析

【例 8.1】该题要求用简单一次移动平均法，我们直接采用"数据分析"工具中的"移动平均"来实现。

【例 8.2】该题要求用中心移动平均法，由于分析工具中没有专门的中心移动平均，所以我们依据相关知识点中提到的中心移动平均原理来实施，详见实施步骤。

8.1.4 案例实施

【例 8.1】实施步骤：

（1）将数据输入 Excel 表格，在 A2:A13 输入月份，B2:B13 输入对应的销售额，如图 8-1 所示。

	A	B
1	月份	销售额
2	1	1034
3	2	1051
4	3	1067
5	4	1043
6	5	1051
7	6	1043
8	7	1053
9	8	1072
10	9	1080
11	10	1083
12	11	1087
13	12	1069

图 8-1 输入数据

（2）选择菜单"数据"→"数据分析"工具→"移动平均"，出现如图 8-2 所示对话框。

（3）在对话框中"输入区域"输入"销售额"数据，间隔为 3（即移动平均的项数 $n=3$），表明每 3 个月做个平均数，并且将"图表输出"和"标准误差"打钩，单击"确定"按钮后出现如图 8-3 所示结果。

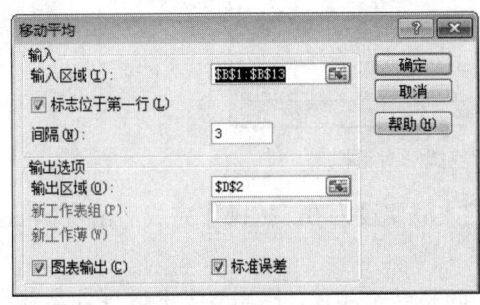

图 8-2 "移动平均"对话框

#N/A	#N/A
#N/A	#N/A
1050.667	#N/A
1053.667	#N/A
1053.667	11.3676
1045.667	6.531973
1049	3.173968
1056	9.645571
1068.333	11.66349
1078.333	11.74576
1083.333	7.557189
1079.667	7.047458

图 8-3 结果数据

分析结论：图 8-3 中末尾一行的数据分别代表预测的下一个月的销售额、预测的误差。实际上，移动平均是将过去 3 个月的平均数作为下一个月的预测值，所以从图中可以看出下一个月的销售额应该是 1079.667 万元，误差为 7.047458 万元。

【例 8.1】我们也可以采用趋势线的方式来绘制移动平均线，步骤如下：

（1）绘制销售额曲线：如图 8-4 所示，横坐标为月份，纵坐标为销售额。

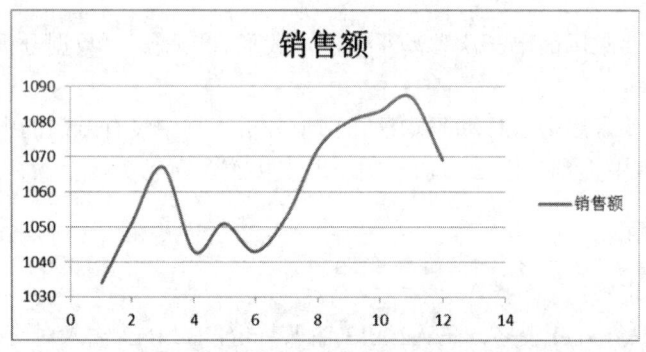

图 8-4　绘制销售额曲线

（2）单击"图表工具"→"布局"→"趋势线"→"其他趋势线选项"，出现如图 8-5 所示对话框。

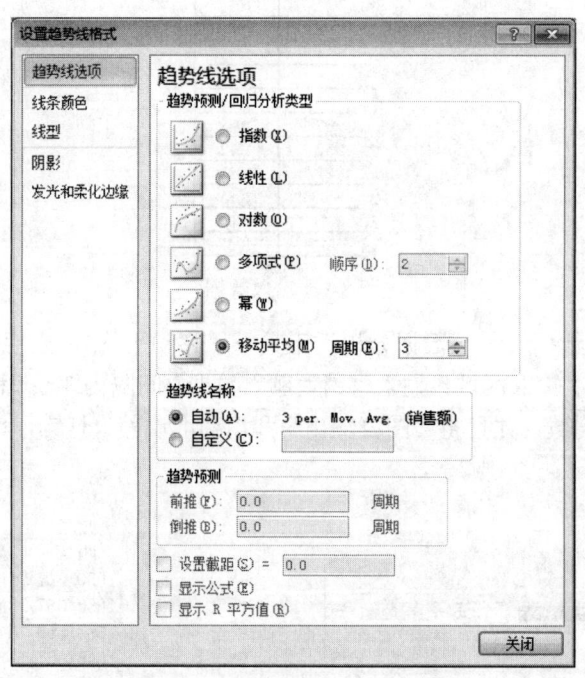

图 8-5　"设置趋势线格式"对话框

（3）在图 8-5 所示对话框中选择"移动平均"，周期设为 3，按操作完成后出现如图 8-6 所示的图表。

分析结论：图 8-6 中的细线即为移动项数 $n=3$ 的移动平均值，跟图 8-3 中通过计算获得的移动平均数是一致的。

我们发现如果要绘制移动平均线的话，用直接添加趋势线的方式显得更为快捷。

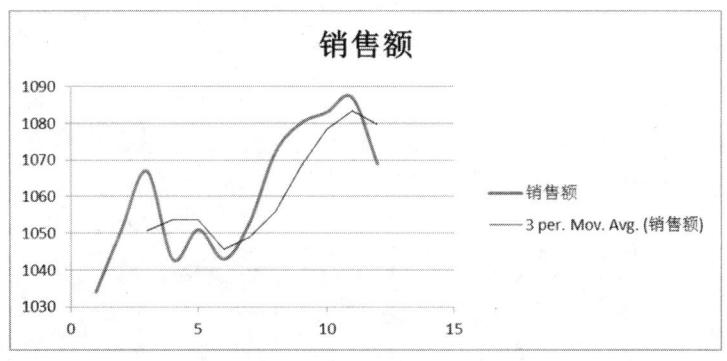

图 8-6　销售额移动平均线图表

【例 8.2】实施步骤：

（1）将表中原始数据录入 Excel 表格，A 列为月份，B 列为投资总额，一共 48 行数据。由于是月度统计，本例中选取移动平均的项数为 12，为偶数，所以要进行二次移动平均。

（2）计算第一次移动平均值 $M^{(1)}$：单击 C7 单元格，在编辑框中输入=AVERAGE(B2:B13) 求出前 12 个月的均值，然后将 C7 单元格填充柄拖拉至 C43，这样求出了所有的 $M^{(1)}$ 值。

（3）计算第二次移动平均值 $M^{(2)}$：单击 D8 单元格，在编辑框中输入=AVERAGE(C7:C8)，求得均值后将 D8 单元格填充柄拖拉至 D43，这样求出了所有的 $M^{(2)}$ 值，结果如图 8-7 所示（只列出了 18 行数据）。

	A	B	C	D
1	月份	投资总额	$M^{(1)}$	$M^{(2)}$
2	200407	1747.68		
3	200408	1777.23		
4	200409	1940.73		
5	200410	2071.98		
6	200411	2130.85		
7	200412	2560	2038.74	
8	200501	2299.6	2054.65	2046.69
9	200502	2085.33	2070.47	2062.56
10	200503	1957.08	2088.13	2079.30
11	200504	1915.68	2108.01	2098.07
12	200505	1997.2	2127.63	2117.82
13	200506	1981.53	2149.71	2138.67
14	200507	1938.55	2166.17	2157.94
15	200508	1967.05	2183.50	2174.83
16	200509	2152.75	2198.42	2190.96
17	200510	2310.48	2212.87	2205.64
18	200511	2366.28	2229.90	2221.39

图 8-7　结果数据

（4）绘制投资总额曲线：选择菜单"插入"→"图表"→"散点图"→"带平滑线的散点图"，选择"数据区域"为 A1:B49，单击"确定"按钮出现如图 8-8 所示图表。

（5）绘制移动平均曲线：在图 8-8 所示图表中"右击"→"选择数据"，出现如图 8-9 所示对话框，单击"添加"按钮，弹出如图 8-10 所示对话框，在对话框中输入相应的参数：X 轴系列值为 A8:A43，Y 轴系列值为 D8:D43。

（6）单击"确定"按钮，我们将图例项移动到底部后出现如图 8-11 所示图表。

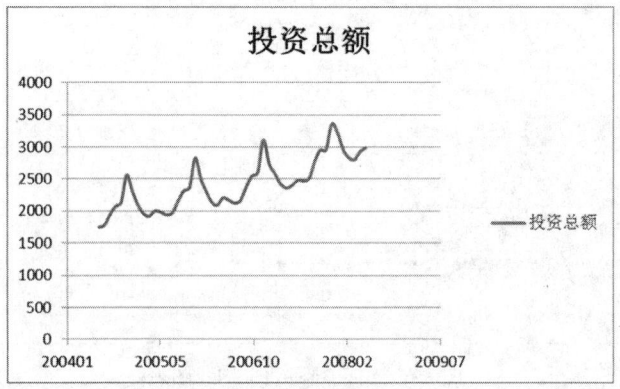

图 8-8　投资额曲线图表

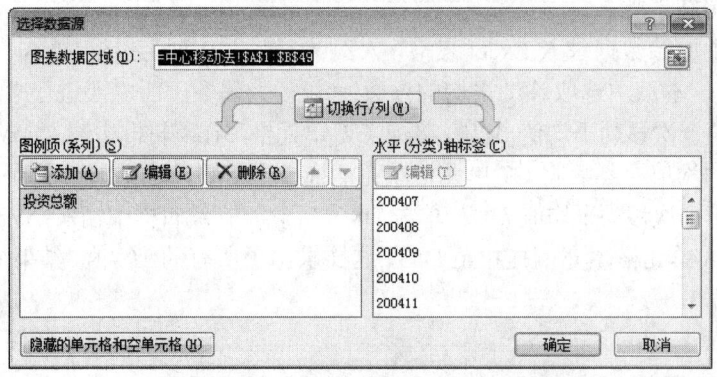

图 8-9　"选择数据源"对话框

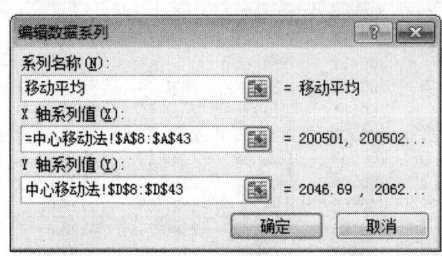

图 8-10　"编辑数据系列"对话框

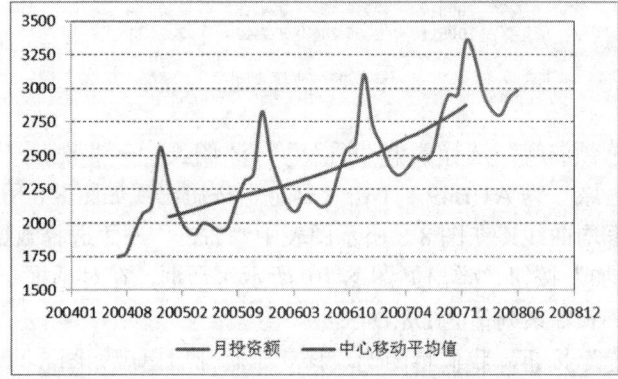

图 8-11　投资额移动平均曲线图表

分析结论：从图 8-11 中可以看出原始的月投资额呈现出周期变动，基本上以 12 个月为一个周期，移动平均时尽量与原有周期保持一致，所以我们选用移动项数 $n=12$。

由于 n 为偶数，所以经过了二次移动平均，经过中心移动平均后得到的长期趋势线基本消除了变动，图 8-11 直接可以看出月投资额呈现出上升趋势，可以初步预测出未来几年投资额范围。

8.1.5 总结

（1）移动平均法有简单一次移动平均、中心移动平均和历史移动平均，由于篇幅关系，只介绍了前两种。

（2）我们发现 Excel 中有两个地方可以实现简单一次移动平均：一是"分析工具"里有"移动平均"，求出的是移动平均数据；二是通过绘制原始数据的曲线图，然后添加"趋势线"，在"趋势线"中设立"移动平均"。

小知识：股市软件中用 MA5、MA10、MA60 等线分别表示 5 日均线、10 日均线、60 日均线。MA5 线代表了过去 5 日股价的平均成本，如果你购买的股票均价在均线以下，说明暂时是安全的。当股价处于上升趋势时，几条均线呈现多头并列向上的趋势，就是构成几条平行向上的线，只要股价没有跌破 5 日或者 10 日均线，那么至少说明在未来数日内股价还不会连续下跌。为什么会出现这种情况？因为主力近 10 日或者近 60 日购买的成本如果高于 10 日均线或者 60 日均线，那么他们不可能让自己亏损的，未来一定还会拉升股票，当然有时也会作假，让均线好看，引诱你上钩，这个需要从多方面去分析。

8.1.6 拓展练习

（1）某商场过去 12 周的某品牌冰箱销售统计数据如表 8-3 所示，请用移动平均法对下一周的数据进行预测。

表 8-3 冰箱销售数据

周	1	2	3	4	5	6	7	8	9	10	11	12
销售量	50	52	47	51	49	48	51	40	48	52	51	53

（2）某品牌汽车 2017 年 1 月至 12 月实际市场销售额如表 8-4 所示，试运用移动平均法和二次移动平均法，采用近 4 期数据预测 2018 年 1 月的市场需求量。

表 8-4 某品牌汽车 2017 年销售数据（单位：百万元）

月份	销售额	月份	销售额	月份	销售额
1	1038	5	1052	9	1080
2	1051	6	1043	10	1083
3	1067	7	1058	11	1087
4	1043	8	1072	12	1069

（3）某公司 1997 年 1 月至 12 月销售额的统计资料如表 8-5 所示，请用简单一次移动平均法预测 1998 年 1 月的销售额，并求出预测值的标准误差。

表 8-5 某公司月销售数据（单位：万元）

月份	销售额	月份	销售额
1	33	7	50
2	34	8	46
3	37	9	47
4	34	10	52
5	41	11	45
6	44	12	55
1998 年 1 月份			

（4）请收集某只股票最近 30 个交易日的收盘价，然后利用分析工具中的"移动平均"统计 5 日均价和 10 日均价，并绘制均线图。

8.2 指数平滑法

指数平滑法是布朗（Robert G.Brown）所提出，布朗认为：时间序列的态势具有稳定性或规则性，所以时间序列可被合理地顺势推延；最近的过去态势，在某种程度上会持续到最近的未来，所以将较大的权数放在最近的资料。

指数平滑法是生产预测中常用的一种方法，也用于中短期经济发展趋势预测，在所有预测方法中，它是用得最多的一种。简单的全期平均法是对时间数列的过去数据一个不漏地全部加以同等利用；移动平均法则不考虑较远期的数据，并在加权移动平均法中给予近期资料更大的权重；而指数平滑法则兼容了全期平均和移动平均所长，不舍弃过去的数据，但是仅给予逐渐减弱的影响程度，即随着数据的远离赋予逐渐收敛为零的权数。

也就是说，指数平滑法是在移动平均法基础上发展起来的一种时间序列分析预测法，它是通过计算指数平滑值，配合一定的时间序列预测模型对现象的未来进行预测。其原理是任一期的指数平滑值都是本期实际观察值与前一期指数平滑值的加权平均。

8.2.1 案例提出

【例 8.3】已知某冰箱产量与时间的原始数据如表 8-6 所示，对未来 5 年的冰箱产量进行长期趋势预测。

表 8-6 冰箱销售数据

周	1	2	3	4	5	6	7	8	9	10	11	12
销售量	50	52	47	51	49	48	51	40	48	52	51	53

（1）试分析统计数据，选择合适的模型来估计下一年度产品销量。

（2）若确定平滑系数 α=0.2，$s_0^{(1)} = (x_1 + x_2)/2$ 采用一次指数平滑法进行预测，并分析其预测精度。

（3）请选择一个合适的平滑指数 α，使预测精度较高？

8.2.2 相关知识点

（1）指数平滑公式为：

$$s_t^{(1)} = \alpha Y_t + (1-\alpha)s_{t-1}^{(1)} \qquad \text{（公式 8.6）}$$

公式中，$s_t^{(1)}$ 为 t 期的一次指数平滑值；$s_{t-1}^{(1)}$ 为 t-1 期的一次指数平滑值；α 为平滑系数；(1-α)为阻尼系数。

（2）平滑指数取值。

平滑指数一般取值为 0.2～0.3 之间，表明当前预测调整 20%～30%，以对以前的预测进行修正。当平滑系数过小时，会导致预测值滞后；当平滑系数过大时，会导致预测值变得不稳定。根据给定时间序列的历史数据，会存在一个最佳的阻尼系数使得误差最小，所以要先确定最佳阻尼系数再进行指数平滑预测。

（3）最佳阻尼系数确定。

最佳阻尼系数的确定原则为时间序列的实际值和预测值误差最小，因为可以使误差平方和 s^2 最小阻尼系数数值作为最佳阻尼系数，公式如下：

$$s^2 = \frac{1}{n-1}\sum_{i=1}^{n}(Y_i - \bar{Y})^2 \qquad \text{（公式 8.7）}$$

（4）指数平滑法适用条件判断：指数平滑法有一次指数平滑法和二次指数平滑法，如果趋势线基本水平，那么可用一次平滑指数法，如果呈线性趋势那么用二次平滑指数法。

（5）最优平滑系数 α 的具体确定方法，需要用 Excel 中的规划求解，详见案例实施。

8.2.3 案例分析

【例 8.3】题意告知了 12 周的冰箱，先假定平滑指数 α=0.2，然后用指数平滑法预测。

但是这个平滑指数 α 不一定是最佳的，需要通过 Excel 中的规划求解来求出这个最佳的 α，之后再用分析工具中的"指数平滑"来求解。

本例将采用公式法和指数平滑分析法来分别求解。

8.2.4 案例实施

【例 8.3】实施步骤：

绘制过去 12 周冰箱销售的散点图，如图 8-12 所示。从散点图可以看出，冰箱销售量走势基本沿着水平方向变化且无季节影响，因而可以使用一次指数平滑法进行预测。计算一次指数平滑预测值，有两种方法：

（1）公式法。

1）取最初两期观测值的平均值作为初始值，我们求得其值为 51，所以在单元格 C2 中输入 51，平滑系数初步设定 α=0.2，在单元格 C3 中输入一次指数平滑值，即=B3*$F$2+ C2*$F$3，然后将 C3 单元格填充柄下拉，得到如图 8-13 所示结果。

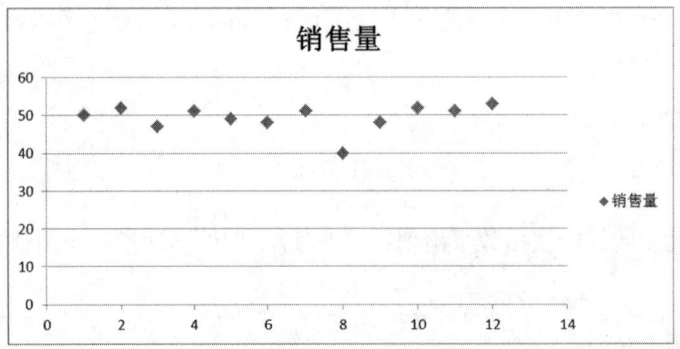

图 8-12　冰箱销售散点图

	A	B	C	D	E	F
1	周	销售量	一次指数平滑值α=0.2			
2			51		α	0.2
3	1	50	50.8		1-α	0.8
4	2	52	51.04			
5	3	47	50.232			
6	4	51	50.3856			
7	5	49	50.10848			
8	6	48	49.686784			
9	7	51	49.9494272			
10	8	40	47.95954176			
11	9	48	47.96763341			
12	10	52	48.77410673			
13	11	51	49.21928538			
14	12	53	49.9754283			

图 8-13　结果数据

2）在 D3 单元格中输入=C2，然后将 D 弹元格填充柄一直拖到 D14 单元格，D 列的数据即为得到的预测值，其结果如图 8-14 所示。

	A	B	C	D	E	F
1	周	销售量	一次指数平滑值α=0.2	预测值		
2			51		α	0.2
3	1	50	50.8	51	1-α	0.8
4	2	52	51.04	50.8		
5	3	47	50.232	51.04		
6	4	51	50.3856	50.232		
7	5	49	50.10848	50.3856		
8	6	48	49.686784	50.10848		
9	7	51	49.9494272	49.686784		
10	8	40	47.95954176	49.9494272		
11	9	48	47.96763341	47.95954176		
12	10	52	48.77410673	47.96763341		
13	11	51	49.21928538	48.77410673		
14	12	53	49.9754283	49.21928538		

图 8-14　结果数据

（2）指数平滑数据分析法。

1）在单元格 B2 中输入 $s_0^{(1)}$ 的值 51，并选择"指数平滑"数据分析工具，如图 8-15 所示在参数区域输入相应数（注：阻尼系数=1-α）。

2）单击"确定"按钮后，得到如图 8-16 所示结果，其预测的结果与公式法中 D 列的数据完全一样。

3）计算预测误差平方和：根据公式 $s^2 = \frac{1}{n-1}\sum_{i=1}^{n}(Y_i - \overline{Y})^2$，我们在单元格 E3 输入 B3-C3，

计算出结果后,然后再在 F3 输入 E3^2,求出平方值。并在选中 E3:F3 单元格后将填充柄拖到第 14 行,显示的结果如图 8-17 所示,我们发现第 8 周的预测值与实际值有较大的误差。

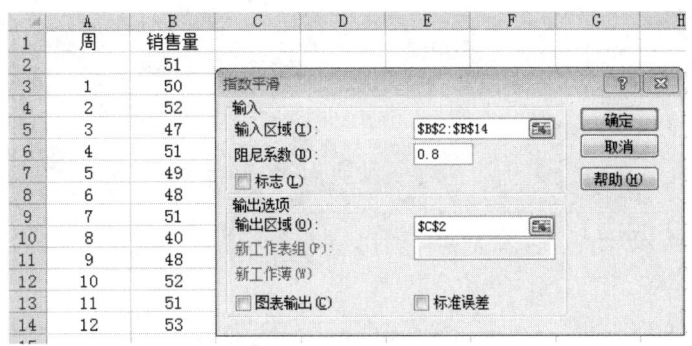

图 8-15　输入数据

	A	B	C
1	周	销售量	预测值
2		51	
3	1	50	51
4	2	52	50.8
5	3	47	51.04
6	4	51	50.232
7	5	49	50.3856
8	6	48	50.10848
9	7	51	49.68678
10	8	40	49.94943
11	9	48	47.95954
12	10	52	47.96763
13	11	51	48.77411
14	12	53	49.21929

图 8-16　结果数据

4)计算误差均方:在 E15 单元格输入 MSE=,在 F15 单元格求出 F3:F14 的平均数,在 F15 单元格输入=AVERAGE(F3:F14),结果如图 8-17 所示。

	A	B	C	D	E	F
1	周	销售量	预测值		预测误差	误差平方
2		51				
3	1	50	51		-1	1
4	2	52	50.8		1.2	1.44
5	3	47	51.04		-4.04	16.3216
6	4	51	50.232		0.768	0.589824
7	5	49	50.3856		-1.3856	1.919887
8	6	48	50.10848		-2.10848	4.445688
9	7	51	49.68678		1.313216	1.724536
10	8	40	49.94943		-9.94943	98.9911
11	9	48	47.95954		0.040458	0.001637
12	10	52	47.96763		4.032367	16.25998
13	11	51	48.77411		2.225893	4.954601
14	12	53	49.21929		3.780715	14.2938
15			49.97543		MSE=	13.49522

图 8-17　结果数据

5)确定最优平滑系数:在 H1 单元格输入"平滑系数 α=",H2 单元格输入"阻尼系数=",I1 单元格输入 0.2,I2 单元格输入=1-I1。

6)选择菜单"数据"→"分析"→"规划求解",出现如图 8-18 所示对话框。在"设置目标"里选择 F15 单元格,下面选择"最小值",在"通过更改可变单元格"中选择 H1 单元格，然后单击"添加"按钮添加约束性规则，如图 8-18 所示，即平滑指数在 0～1 之间。

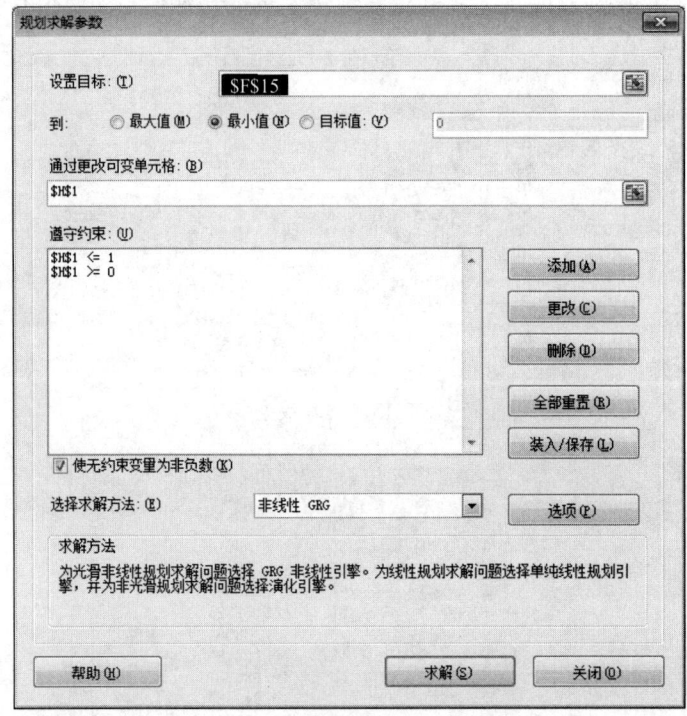

图 8-18 "规划求解参数"对话框

7）然后单击"求解"按钮，出现如图 8-19 所示对话框，选择"运算结果报告"，单击"确定"按钮，结果我们发现原先的 H1 单元格内容变成了 0.089242423349702。

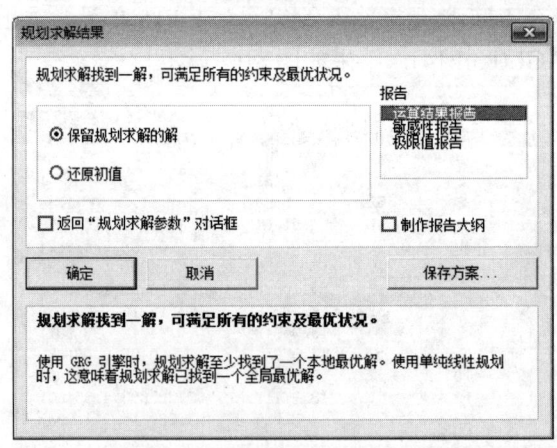

图 8-19 "规划求解结果"对话框

8）并且工作表中多了一个"运算结果报告 1"，其部分结果如图 8-20 所示，揭示了平滑指数最佳值应该是 0.0892。

9）生成"运算结果报告"之后，单击原先的工作表，发现平滑系数和阻尼系数都发生了改变，自动变成了最佳值，如图 8-21 所示，最佳的阻尼系数为 0.9108。

目标单元格（最小值）

单元格	名称	初值	终值
$E$15	MSE= 误差平方	13.16431674	13.16431674

可变单元格

单元格	名称	初值	终值	整数
$H$1	平滑系数α	0.0892	0.0892	约束

约束

单元格	名称	单元格值	公式	状态	型数值
$H$1	平滑系数α	0.0892	$H$1<=1	未到限制值	0.910757577
$H$1	平滑系数α	0.0892	$H$1>=0	未到限制值	0.0892

图 8-20　部分结果

	A	B	C	D	E	F	G	H	I
1	周	销售量	预测值		预测误差	误差平方		平滑系数α	0.0892
2		51						阻尼系数	0.9108
3	1	50	51		-1	1			
4	2	52	50.91075758		1.08924242	1.186449057			
5	3	47	51.00796421		-4.0079642	16.06377711			
6	4	51	50.65028377		0.34971623	0.122301441			
7	5	49	50.6814933		-1.6814933	2.827419701			
8	6	48	50.53143276		-2.5314328	6.408151811			
9	7	51	50.30552156		0.69447844	0.482300297			
10	8	40	50.3674985		-10.367499	107.4850252			
11	9	48	49.44227781		-1.4422778	2.080165289			
12	10	52	49.31356545		2.68643455	7.216930615			
13	11	51	49.55330938		1.44669062	2.092913763			
14	12	53	49.68241555		3.31758445	11.00636657			
15			49.97848483		MSE=	13.16431674			

图 8-21　结果数据

10）再次进行指数平滑预测：确定了最佳阻尼系数之后再用该系数进行指数平滑，单击数据分析工具"平滑指数"，输入相应的参数，并把预测值放入 J2 单元格，如图 8-22 所示。

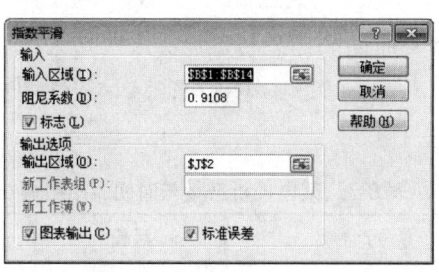

图 8-22　"指数平滑"对话框

11）单击"确定"按钮之后，出现如图 8-23 所示结果，其中 J 列为预测值，K 列为预测值的标准误差，同时出现了如图 8-24 所示的反映预测值与实际值偏差的指数平滑图。

H	I	J	K
平滑系数α	0.0892	预测值	标准误差
阻尼系数	0.9108	#N/A	#N/A
		51	#N/A
		50.9108	#N/A
		51.00796	#N/A
		50.65045	2.466446
		50.68163	2.406398
		50.53163	2.517523
		50.3058	1.766275
		50.36773	1.799899
		49.44293	6.174701
		49.31422	6.056779
		49.55379	6.239264
		49.68279	1.948246

图 8-23　结果数据

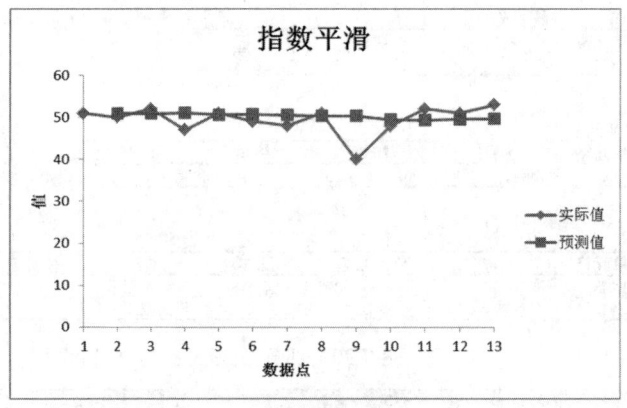

图 8-24　指数平滑图

分析结论：单击 J14 单元格，填充柄向下拉到 J15 单元格，在 J15 单元格得到的数值 49.97869 即为下一周的预测销量。

8.2.5　总结

（1）指数平滑法有一次指数平滑法和二次指数平滑法。如果趋势线基本水平，那么可用一次平滑指数法，如果呈线性趋势，那么用二次平滑指数法，需要掌握各自适用条件判断使用的方法。

（2）还要用 Excel 2010 中的规划求解求出最优平滑系数 α 和阻尼系数。

8.2.6　拓展练习

（1）已知某电视机产量与时间的原始数据如表 8-7 所示，请用例 8.3 的方法对该厂未来一年的电视机产量进行预测。（注：该题中电视机产量呈线性增长趋势，如果用公式法求解需要用到二次指数平滑法）

表 8-7　某电视机产量与时间原始数据

年份	电视机产量/万台	月份	销售额/万元
2001	539.5	2007	1634.4
2002	592.1	2008	1805.1
2003	684.0	2009	2273.5
2004	1003.2	2010	2448.1
2005	1315.7	2011	2631.4
2006	1469.4	2012	3467.8

（2）请收集某只股票的周 K 线股价数据，然后用指数平滑法预测该股票下一周的股价水平。

8.3　季节变动预测法

当产品的市场需求呈现明显的季节性变动时，用平均法进行销售预测就不能正确地反映销售量的变动，这就需要要用计算季节指数的办法来预测季节性变动。

季节变动指在一年内某些经济现象（一定的时间序列）随着季节变动而产生变动，它基本上是受自然因素的影响。季节变动的特点是有规律性的，每年重复出现，其表现为逐年同月（或季）有相同的变化方向和大致相同的变化幅度。季节性因素为纯粹的时间因素，如气候、日历天数和节假日等。

季节变动预测法又称季节周期法、季节指数法、季节变动趋势预测法，季节变动预测法是对包含季节变动的时间序列进行预测的方法。要研究这种预测方法，首先要研究时间序列的变动规律。

8.3.1 案例提出

【例 8.4】某地区 3 年来 T 恤衫的销售情况如表 8-8 所示，请根据这 3 年的销量预测 2018 年各季度的销量，设 2018 年的销量以 2017 年的销量为基数按 8%递增。

表 8-8 某地区 T 恤衫的销售数据

季度	2015 年	2016 年	2017 年	2018 年
Ⅰ季度	182	231	330	
Ⅱ季度	1728	1705	1932	
Ⅲ季度	1144	1208	1427	
Ⅳ季度	118	134	132	

【例 8.5】诊疗人次和住院人次是医院的两项核心指标。表 8-9 为某医院 2013 年至 2017 年每月诊疗人次数据，请运用季节变动预测法对该医院的诊疗人次进行分析预测。

表 8-9 2013 年至 2017 年每月诊疗人次

月份 \ 年份	2013	2014	2015	2016	2017
1	7511	6212	6115	5891	6871
2	6164	6016	7121	7280	5798
3	6671	7687	7647	7567	8735
4	6842	7331	7617	7851	8131
5	7186	7526	7018	8172	8579
6	6718	8221	7867	7680	7828
7	6881	7994	7723	7893	8057
8	8755	7282	7866	8553	8314
9	7509	7051	6963	7261	7983
10	6985	6545	6974	7628	7153
11	6725	6277	6260	6753	7247
12	5902	6306	6122	6018	7497

【例 8.6】已知某旅游城市过去 3 年的旅游人数呈现季节性变动，如表 8-10 所示。

表 8-10　旅游人数表（单位：百万人次）

年份	1 季度	2 季度	3 季度	4 季度
2014	265	373	333	266
2015	251	370	374	309
2016	272	437	396	348

现已知 2017 年第二季度的游客人数达到了 420 万人次，请预测 2017 年第三季度，第四季度的游客将达到多少人次？

8.3.2　相关知识点

1. 季节变动预测要点

（1）利用统计方法计算预测目标的季节指数，以测定季节变动的规律性。

（2）在已知季节平均值的条件下，预测未来某个月（季）的预测值。

2. 季节变动的衡量指标

（1）季节变动的衡量指标有：反映季节变动规律的季节指数、季节比重、季节变差等。

（2）季节指数计算公式：季节指数（%）=(历年同季平均数/趋势值)*100%。

（3）应当说明的是，这里的趋势值有两种：一是水平趋势，二是斜坡趋势。

3. 直接平均季节指数法操作步骤

（1）收集历年（通常至少有三年）各月或各季的统计资料（观察值）。

（2）求出各年同月或同季观察值的平均数（用 A 表示）。

（3）求出历年间所有月份或季度的平均值（用 B 表示）。

（4）计算各月或各季度的季节指数，即 S=A/B。

（5）根据未来年度的全年趋势预测值，求出各月或各季度的平均趋势预测值，然后乘以相应季节指数，即得出未来年度内各月和各季度包含季节变动的预测值。

8.3.3　案例分析

【例 8.4】可以很明显地看出，T 恤衫销售量淡季与旺季相差好几倍，如果简单地用移动平均来预测某一个季节的市场需要，就不符合实际情况，这就需要用季节指数进行预测。

本例中求季节指数时趋势值的判定：因为已经告知我们 2018 年销量是以 2017 年销量为基数按 8%递增，所以无需考虑水平趋势还是斜坡趋势，趋势值就是 2017 年销量*(1+8%)。

【例 8.5】从表格数据看出，诊疗人数呈现出季节性变动，医院诊疗人次高峰为 8 月，其次为 5 月、7 月、6 月，诊疗人次最低谷为 12 月，其次为 2 月和 11 月，采用季节变动分析预测比较合适。

本例中求季节指数时趋势值的判定：因为没有告知，从过去 5 年情况看是呈现递增态势，所以可以考虑是斜坡趋势，先建立年趋势直线模型。

【例 8.6】旅游有旺季淡季，呈现季节性变化是人所共知的，重点是要求出季节指数。

8.3.4 案例实施

【例 8.4】实施步骤：

（1）在 Excel 中输入相关数据，如图 8-25 所示。

	A	B	C	D	E
1/2	季度	2015年	2016年	2017年	各季平均(A)
3	Ⅰ季度	182	231	330	247.7
4	Ⅱ季度	1728	1705	1932	1788.3
5	Ⅲ季度	1144	1208	1427	1259.7
6	Ⅳ季度	118	134	132	128.0
7	合计	3172	3278	3821	3423.7

图 8-25　输入数据

（2）在 B7 单元格中输入=SUM(B3:B6)，然后将填充柄向右拖拉，依次算出各年度销量的合计值。

（3）计算季节变动的 A 值：即求各年同季观察值的平均数，在 E3 单元格中输入=AVERAGE(B3:D3)，然后将填充柄向下拖拉，求出各年同季观察值的平均数。

（4）求出季节变动的 B 值：在 B9 单元格中输入=AVERAGE(B3:D6)，求得 3 年间所有季度的平均值，如图 8-26 所示。

（5）2018 年总销量 Y：由于 2018 年总销量是在 2017 年基础上增加 8%。所以在 B10 单元格中输入=D7*(1+8%)，求得 2018 年总销量为 4126.68。

（6）求季节指数：在 F3 单元格中输入=E3/$B$9，然后将填充柄向下拖拉，求得各季的季节指数以及合计值，合计值为 4.00，如图 8-26 所示。

	A	B	C	D	E	F	G
1/2	季度	2015年	2016年	2017年	各季平均(A)	S=A/B	Y = Y₁*S
3	Ⅰ季度	182	231	330	247.7	0.29	298.5224
4	Ⅱ季度	1728	1705	1932	1788.3	2.09	2155.548
5	Ⅲ季度	1144	1208	1427	1259.7	1.47	1518.326
6	Ⅳ季度	118	134	132	128.0	0.15	154.2834
7	合计	3172	3278	3821	3423.7	4.00	4126.68
8							
9	B	855.9167					
10	2018年总销量Y	4126.68					

图 8-26　结果数据

（7）求 2018 年各季销量：在 G3 单元格中输入=$B$10*F3/$F$7，求得 298.5224 即为 2018 年第Ⅰ季度的预测销量。然后将填充柄向下拖拉，依次求得 2018 年各季度的预测销量，将 4 个值求和得 4126.2834 即是 2018 年总销量，如图 8-26 所示。

分析结论：由于 T 恤衫的销量有季节性，呈现出在夏秋两季销量特别高，春冬季销量较低的季节性变动，因此需要采用季节变动预测法。

根据上述分析，对图 8-26 所示 G 列数据进行四舍五入后，我们预测该地区 T 恤衫 2018 年各季度的销量分别为 299、2156、1518、154，数据同样呈现出季节性。

【例 8.5】实施步骤：

（1）在 Excel 中输入相关数据，并求出每年的合计值，如图 8-27 所示。

	A	B	C	D	E	F	G	H
1				X医院最近5年来每月诊疗人次				
2	时间	2013年	2014年	2015年	2016年	2017年	各季平均(A)	月季节指数 S=A/B
3	1月	7511	6212	6115	5891	6871	6520.000	0.901
4	2月	6164	6016	7121	7280	5798	6475.800	0.895
5	3月	6671	7687	7647	7567	8735	7661.400	1.058
6	4月	6842	7331	7617	7851	8131	7554.400	1.044
7	5月	7186	7526	7018	8172	8579	7696.200	1.063
8	6月	6718	8221	7867	7680	7828	7662.800	1.059
9	7月	6881	7994	7723	7893	8057	7709.600	1.065
10	8月	8755	7282	7866	8553	8314	8154.000	1.126
11	9月	7509	7051	6963	7261	7983	7353.400	1.016
12	10月	6985	6545	6974	7628	7153	7057.000	0.975
13	11月	6725	6277	6260	6753	7247	6652.400	0.919
14	12月	5902	6306	6122	6018	7497	6369.000	0.880
15	合计	83849	84448	85293	88547	92193		12
16								
17		5年各月平均(B)		7238.833				

图 8-27 输入数据

（2）选择"插入"→"图表"→"散点图"，选择数据区域为表中 B15:F15 单元格，然后添加"趋势线"，选择"线性"，并显示直线方程，如图 8-28 所示。

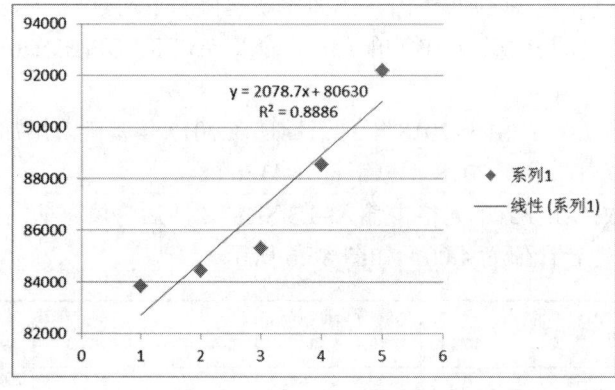

图 8-28 诊疗人次散点图

（3）从图 8-28 可以看出方程的 R^2=0.8886，比较接近于 1，可以考虑该方程作为 2018 年的诊疗人次。

（4）2018 年诊疗人次数 Y：将 x=6 代入方程 y=2078.7x+80630，求得值为 93102.2。

（5）计算季节变动的 A 值：即求各年同季观察值的平均数，在 G3 单元格中输入 =AVERAGE(B3:F3)，然后将填充柄向下拖拉，求出各年同月观察值的平均数。

（6）求出季节变动的 B 值：在 D17 单元格中输入=AVERAGE(B3:F14)，求得 5 年间所有月份的平均值=7238.833，如图 8-29 所示。

（7）求季节指数：在 H3 单元格中输入=G3/$D$17，然后将填充柄向下拖拉，求得各月份季节指数以及合计值，合计值为 12，如图 8-29 所示。

（8）求 2018 年各月人次：在 G3 单元格中输入=$D$18*H3/$H$15，求得 6988.08 即为 2018 年 1 月份的预测数据，然后将填充柄向下拖拉，依次求出 2018 年度各月的预测人次，如图 8-29 所示。

	A	B	C	D	E	F	G	H	I
1		X医院最近5年来每月诊疗人次						月季节指数 S=A/B	$Y = Y_t * S$
2	时间	2013年	2014年	2015年	2016年	2017年	各季平均(A)		
3	1月	7511	6212	6115	5891	6871	6520.000	0.901	6988.08
4	2月	6164	6016	7121	7280	5798	6475.800	0.895	6940.70
5	3月	6671	7687	7647	7567	8735	7661.400	1.058	8211.42
6	4月	6842	7331	7617	7851	8131	7554.400	1.044	8096.74
7	5月	7186	7526	7018	8172	8579	7696.200	1.063	8248.72
8	6月	6718	8221	7867	7680	7828	7662.800	1.059	8212.92
9	7月	6881	7994	7723	7893	8057	7709.600	1.065	8263.08
10	8月	8755	7282	7866	8553	8314	8154.000	1.126	8739.38
11	9月	7509	7051	6963	7261	7983	7353.400	1.016	7881.31
12	10月	6985	6545	6974	7628	7153	7057.000	0.975	7563.63
13	11月	6725	6277	6260	6753	7247	6652.400	0.919	7129.98
14	12月	5902	6306	6122	6018	7497	6369.000	0.880	6826.24
15	合计	83849	84448	85293	88547	92193		12	
16									
17		5年各月平均(B)		7238.833					
18		2018年预测总人数		93102.2					

图 8-29 结果数据

分析结论：诊疗人次季节指数由图 8-29 可见，6月、7月、8月为该院就诊高峰期，1月、2月、12月为该院就诊低谷期。运用季节变动预测各月诊疗人次的结果表明：观察值与预测值基本反映了季节变动规律。病种发作的季节性，农业活动的季节性，农民收入的季节性等都决定了医院工作的季节性。

分析预测意义：通过季节变动分析，该院可以依据诊疗人次的季节变动特点，在医院工作量的低谷期和持平期安排工作人员休假、休业进修、短期业务培训学习，对设备进行保养。高峰期尽量少减人员外出和休假，保证有充足的人员在岗在位；配备必要的医药器材，保证医药耗材的供应，合理库存并降低消耗支出，在充分提高医院社会效益的基础上提高经济效益。

【例 8.6】实施步骤：

（1）在 Excel 中输入相关数据，并进行计算，结果如图 8-30 所示。

	A	B	C	D	E	F
1	年份	1季度	2季度	3季度	4季度	历年季平均
2	2014	265	373	333	266	309.25
3	2015	251	370	374	309	326
4	2016	272	437	396	348	363.25
5	同季合计	788	1180	1103	923	332.8333333
6	同季平均	262.67	393.33	367.67	307.67	
7	季节指数	0.7892	1.1818	1.1047	0.9244	4.0000
8	2017年		420	392.5932	328.5254	

图 8-30 结果数据

（2）用 SUM()函数求出同季合计值。

（3）用 AVERAGE()函数求出同季平均值（即公式中的 A 值，4 个季度 4 个值）和历年季平均值。

（4）求出历年季平均的平均值，即公式中的 B 值，值为 323.83333。

（5）求季节指数 S：S=A/B，同样得到 4 个值，在 B7 单元格中输入=B6/$F$5，然后将填充柄向右拖拉，得到 4 个季节指数。

(6) 预测第 3 季度的人次：由于第 2 季度的旅游人次为 420 万，已经明确。因此，第 3 季度人次=第 2 季度人次*第 3 季度指数/第 2 季度指数

分析结论：本题以 2017 年第 2 季度为基数，进行预测。

预测第 3 季度游客人次=420*1.1047/1.1818=392.5932（单位：百万）。

同理：预测第 4 季度旅游人次=420*0.9244/1.1818=328.5254（单位：百万）。

本例分析意义：旅游业很容易受到内外部环境变化的影响，尤其在当今新兴媒体不断出现、全球经济联系不断加深的背景下，能够准确预测未来的旅游经济活动成为旅游业从业者的迫切需求。对于交通业与住宿业来说，旅游客流量的变化无疑是影响一个旅游目的地发展规划的关键因素。通过了解市场需求的变化信息，在管理、操作与制定决策上准确地做出改变，有助于使相关部门在市场竞争中获得先机。同时，对游客量的预测又是一个十分复杂的问题，加之影响因素的多元化与变化的季节性，更使得对游客量的预测成为一个难题。

8.3.5 总结

（1）季节变动是指价格等指数由于自然条件、生产条件和生活习惯等因素的影响，随着季节的转变而呈现的周期性变动。这种周期通常为 1 年。季节变动的特点是有规律性的，每年重复出现，其表现为逐年同月（或季）有相同的变化方向和大致相同的变化幅度。

（2）季节变动预测法的关键是要求出季节指数。

8.3.6 拓展练习

（1）某地区涤棉府绸三年内各个季节的市场销售量如表 8-11 所示。现预计 2018 年全年市场对涤棉府绸需求量是 720 万米，请通过季节变动分析预测各个季节的市场需要量。

表 8-11 某地区涤棉府绸销售量（单位：万米）

	2015	2016	2017	三年合计
春（第一季度）	112	110	127	349
夏（第二季度）	172	170	198	540
秋（第二季度）	212	232	234	678
冬（第四季度）	128	144	129	401
年总销售量	624	656	688	1968

（2）如表 8-12 所示，已知某地区 2012 年至 2014 年各季度的用电量，假设 2015 年第 1 季度的用电量为 700，请用季节变动分析预测 2015 年后 3 季度的用电量。

表 8-12 某地区各季度用电量

年份	季度	用电量（百万度）
2012	1	435
	2	2217
	3	3756
	4	394

续表

年份	季度	用电量(百万度)
2013	1	488
	2	2687
	3	4396
	4	406
2014	1	667
	2	3076
	3	4988
	4	490
2015	1	700

第 9 章　规划求解

Excel 中有一项重要的功能，就是规划求解。规划求解是一组命令的组成部分，这些命令也称作假设分析工具。借助规划求解，可求得工作表的某个单元格（称为目标单元格）中公式的最优值。规划求解将对直接或间接与目标单元格中公式相关联的一组单元格中的数值进行调整，最终在目标单元格通过公式求得期望的结果。

"规划求解"工具和"数据分析"工具一样，需要通过 Excel 菜单"文件"→"选项"→"加载项"→"转到"，然后在弹出的"加载项"对话框中找到"规划求解加载项"并打钩，这样在菜单"数据"→"分析"中可以看到"规划求解"这个选项。"规划求解参数"对话框如图 9-1 所示。

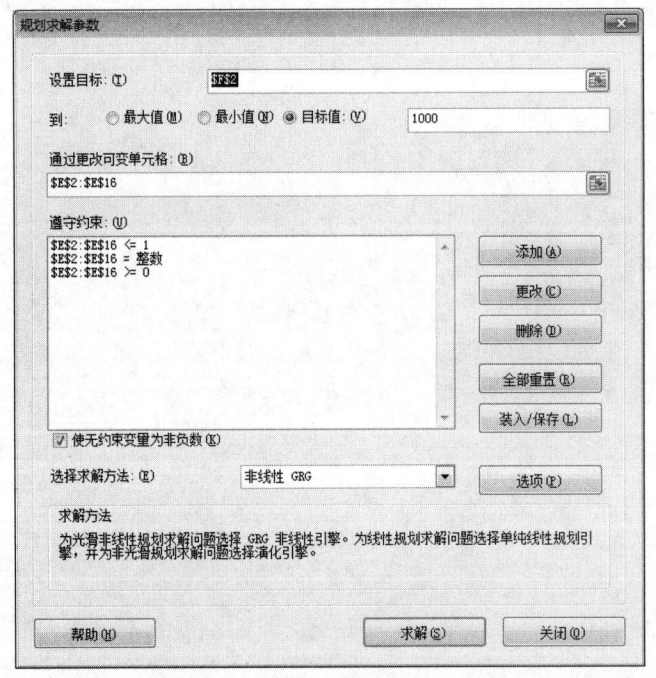

图 9-1　"规划求解参数"对话框

参数说明：

（1）设置目标：此处是选择一个单元格，作用是使得这个单元格的值达到某个要求，要求设在下面，设置为目标的单元格必须是经过公式求解的。

1）最大值、最小值：就是希望设置的目标单元格的值在符合一定的规则下达到最大值/最小值，一般用于利益最大化、损失最小化等计算。

2）目标值：就是希望设定的目标值达到所要求的值，比如希望达到 1000，那么在后面空白处填入 1000 即可。

（2）通过更改可变单元格：这些可变单元格是为设置的目标服务的，其值是在一定的约束条件下进行变动，目的是为了目标达到最大值、最小值或指定的目标值。

（3）遵守约束：通过"添加"按钮可以添加多条约束规则对某些单元格的变动进行限制，这些约束规则也可以进行删除、更改，如图9-2所示。

图9-2 "添加约束"对话框

（4）选择求解方法：求解方法可以选择，有非线性GRG、单纯线性规划和演化3个选项。使用不同的选项，Excel在计算求解时所使用的引擎是不一样的，使用不同的引擎，目标单元格最终数值（最优解）相同，但具体的决策变量不同，最终通过计算形成的可改变单元格的值不同。

注：遵守约束就是根据题目约束的条件对要约束条件的单元格进行设置，如int表示数据必须为整数，bin表示数据必须是0或1的二进制数据等。

利用Excel规划求解功能处理实际问题的步骤如下：

（1）确定决策变量：决策变量就是需要解决的变量，它是可供选择的解决方案，可以用 $x1, x2, \ldots, xn$ 来表示。

（2）建立数学模型，输入数据：即在Excel中描述问题，建立模型并输入数据。

（3）利用"="或者SUMPRODUCT()函数引入约束条件并建立目标函数。

（4）设置规划求解约束条件对话框的各个参数。

（5）求解：Excel建立报告并自动填充求解结果。

9.1 淘宝"双11"活动凑单

【例9.1】"双11"淘宝搞活动，满1000元可以用200元的券。小马是个购物狂人，购物车里选了49件小商品，总价1605.2元，如图9-3所示。但是小马为了使得购物券物尽其用，实现利益最大化，希望通过舍弃几种商品的方式使得购物总额正好凑满1000元。

	A	B	C	D
1	序号	单价	数量	总价
2	1	5.6	4	22.4
3	2	18.8	8	150.4
4	3	68	1	68
5	4	108	2	216
6	5	56.8	1	56.8
7	6	25.5	6	153
8	7	38	2	76
9	8	65	3	195
10	9	38	1	38
11	10	5.8	10	58
12	11	58	2	116
13	12	205	1	205
14	13	38	3	114
15	14	21.8	2	43.6
16	15	31	3	93
17	合计		49	1605.2

图9-3 小商品数据

9.1.1 案例分析

（1）尽管只有 15 种商品，但是如果一单一单去凑数，就是一个排列组合问题，通过人工去凑数的方式估计，没有几个小时是搞不定的。本题实际是个最优解的问题，通过对组中数据进行挑选，使得挑选出来的数据求和刚好达到目标。

（2）设置决策变量：让 E2:E16 单元格中 15 个变量值只出现 2 个值，0 或 1，1 表示该商品下单，0 表示该商品放弃下单。

（3）设置目标单元格：F2 单元格填充的是总价，通过公式=SUMPRODUCT(D2:D16,E2:E16)求得数据的乘积之和。

（4）目标值：目标值是将购买金额限定为 1000 元。

（5）设置约束规则：使 E2:E16 单元格只出现 0 或者 1，可以把它们约束为二进制数字。

9.1.2 案例实施

（1）选择 F2 单元格，输入=SUMPRODUCT(D2:D16,E2:E16)。

（2）单击"规划求解"，弹出如图 9-4 所示"规划求解参数"对话框，设置目标单元格为 F2，目标值为 1000，更改可变单元格区域设定为 E2:E16。

（3）单击"遵守约束"右边的"添加"按钮，约束的单元格为 E2:E16，约束规定用 bin，如图 9-5 所示。

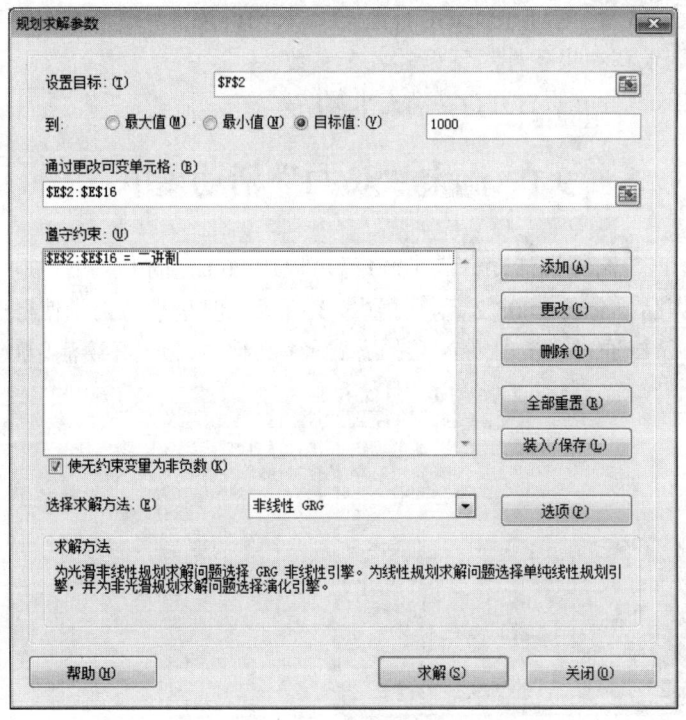

图 9-4 "规划求解参数"对话框

（4）单击"确定"按钮后回到如图 9-4 所示对话框，单击"求解"按钮，大概需要运算 10 多秒钟，最后运算结果如图 9-6 所示。

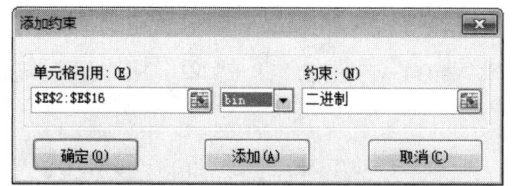

图 9-5 "添加约度"对话框

	A	B	C	D	E	F
1	序号	单价	数量	总价	辅助列	运算结果
2	1	5.6	4	22.4	0	1000
3	2	18.8	8	150.4	0	
4	3	68	1	68	1	
5	4	108	2	216	0	
6	5	56.8	1	56.8	0	
7	6	25.5	6	153	1	
8	7	38	2	76	1	
9	8	65	3	195	1	
10	9	38	1	38	1	
11	10	5.8	10	58	1	
12	11	58	2	116	0	
13	12	205	1	205	1	
14	13	38	3	114	1	
15	14	21.8	2	43.6	0	
16	15	31	3	93	1	
17	合计		49	1605.2		

图 9-6 运算结果

9.1.3 分析结论

图 9-6 可以看出,购物总金额(F2 单元格)是 1000 元,辅助列中列出了 0 或 1,0 表示放弃购买的商品,1 表示要下单的商品,购买这些标记为 1 的商品刚好凑单凑齐 1000 元,这就是一个最优解的问题。

9.2 巧解九宫格数学题

【例 9.2】九宫格是个很古老的问题。九宫格是在将 1~9 的整数填入到一个 3×3 的正方形中,要求每行、每列以及两个对角上的三个数之和为 15,而且 9 个数字不重复。

9.2.1 案例分析

(1)我们需要建立一个 3×3 的表格,并设置对行、列、对角线进行求和,其值均为 15,这是规划求解中的一项约束条件。

(2)建立数值取值计算的表格,行为九宫格九个对应位置,列为其可能取值,由于它们都只能取一个不同的值,所以还要建立个约束条件。

(3)唯一性验证的原理是让 9 个格子随机 1~9 变化,保证每组数字不重复。

9.2.2 案例实施

(1)如图 9-7 所示,在 Excel 中 B2:D4 建立九宫格,在 B6 单元格中输入=SUM (B2:B4),然后填充柄向右拖拉到 D6 单元格,即为求纵向格子的和。同理,利用 SUM()函数在 F 列求出横向格子的和。

（2）在 E6 单元格中输入=B4+C3+D2，在 F5 单元格中输入=B2+C3+D4，分别求的是对角线的和。

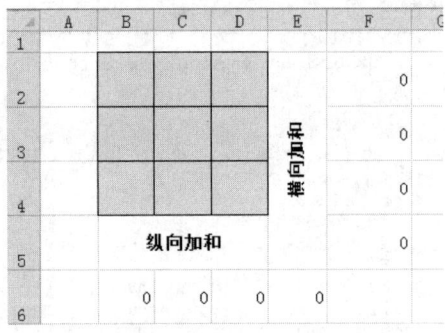

图 9-7　建立九宫格

（3）唯一性验证：在 F7:Q18 建立如图 9-8 所示的数字唯一性验证工作区域。

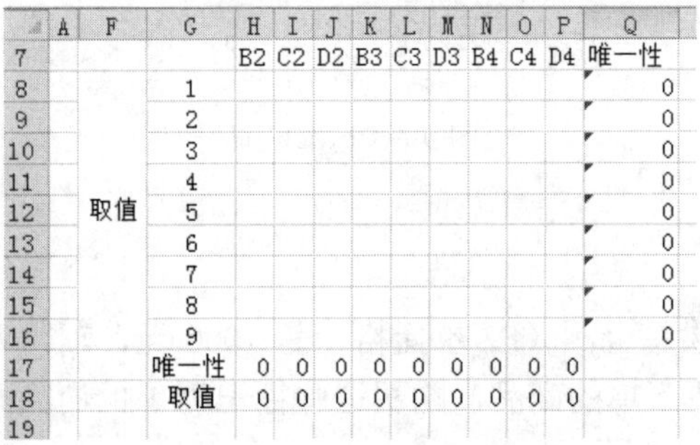

图 9-8　数字唯一性验证工作区域

1）G 列表示九宫格可以取的值，H8:P16 单元格表示 9 个格子可能的取值（如 H8:H16 代表 B2 九宫格的取值，如果 H15=1，其余各数为 0，那么说明 B2 九宫格取值为 8），我们让 H8:P16 单元格只显示 0 或 1，分别代表不取该值或取该值。

2）唯一性验证：在 H17 单元格中输入=SUM(H8:H16)，然后填充柄向右拖拉到 P17 单元格。同理，在 Q8 单元格中输入=SUM(H8:P8)，填充柄向下拖拉到 Q16 单元格。我们只要保证 H17:P17 的值均为 1，就可以保证九宫格中每个格子取 1 个值，也就是说只要保证 Q8:Q16 的值均为 1，可以保证九宫格出现的 9 个数字不重复。

（4）确定取值：在 H18 单元格中输入=SUMPRODUCT($G$8:$G$16,H8:H16)就可以确定 B2 九宫格的取值，然后填充柄向右拖拉到 P18 单元格，分别确定其余单元格的值。

（5）因为 H18 单元格算出来的值即为 B2 单元格的值，所以在 B2 单元格中输入=H18，同理，其余九宫格中的数字分别从 I18～P18 中取得对应的值。

（6）规划求解，通过上述解释不难设定规划求解的参数，如图 9-9 所示，不设目标值，可变单元格区域为 H8:P16，其余约束规则如图 9-9 所示。

（7）单击"求解"按钮之后，九宫格很快取得其解。

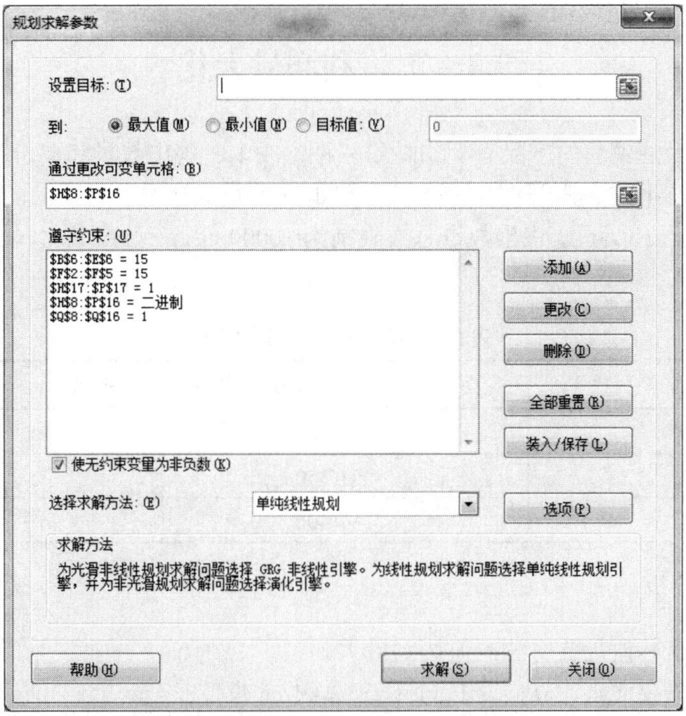

第 9 章 规划求解

图 9-9 "规划求解参数"对话框

9.2.3 分析结论

九宫格的最终求解如图 9-10 所示，我们发现 H8:P16 单元格每行或每列只出现一个 1，其余均为 0，表示一个单元格取了 1 对应的值后，其余单元格就不能再取相同了。

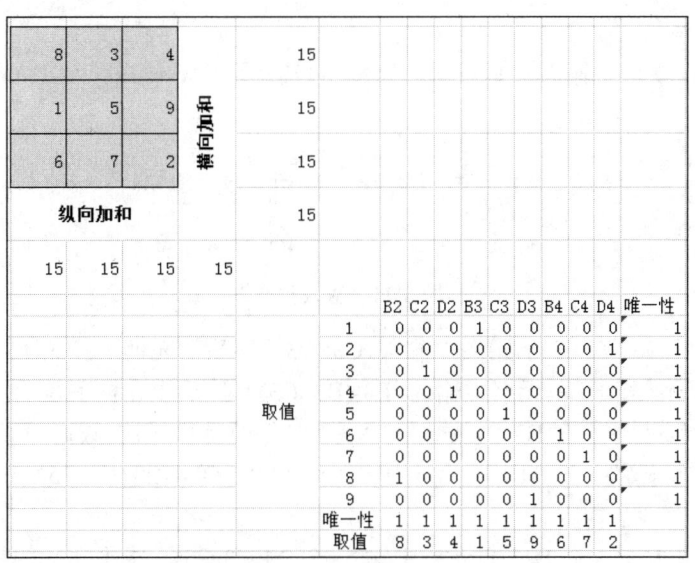

图 9-10 九宫格最终求解

9.3 销售利润最大化

【例 9.3】某企业销售的产品有 a、b、c 三种，成本、售出数量和单价等都是已知条件，如表 9-1 所示，现要根据这些条件求解当销售利润达到最大化时各种产品的售出数量。已知，该企业成本限制为 120 万元，售出数量总数限制为 10000 件，三种产品每种销售数量不得低于 1000 件。

表 9-1 某企业销售相关数据

产品	成本(元/件)	售出数量	单价(元/件)	销售额	产品利润小计
a	280		300		
b	300		350		
c	320		400		

9.3.1 案例分析

（1）本例中目标值是要将利润值达到最大。

（2）利润值需要通过计算，即利润=销售总额-成本。

（3）本例有 3 个约束条件。

1）总成本<=1200000 元。

2）销售数量总数<=10000 件。

3）三种产品的销量均要>=1000 元。

9.3.2 案例实施

1. 基本数据统计

（1）在 Excel 表格中输入原始数据，如图 9-11 所示。

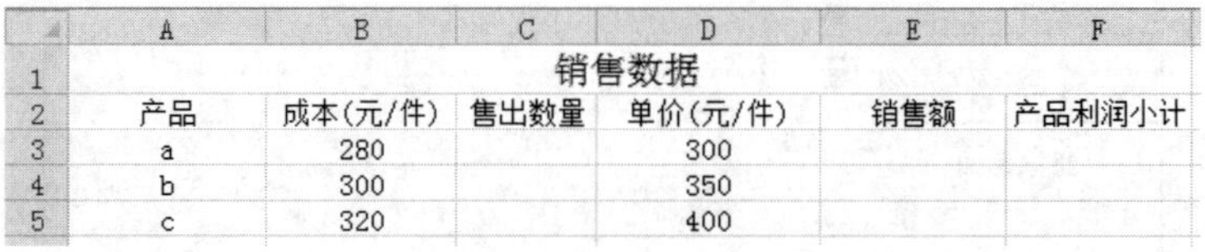

	A	B	C	D	E	F
1	销售数据					
2	产品	成本(元/件)	售出数量	单价(元/件)	销售额	产品利润小计
3	a	280		300		
4	b	300		350		
5	c	320		400		

图 9-11 输入数据

（2）统计销售额：在 E3 单元格中输入=C3*D3，然后填充柄下拉。

（3）统计利润：在 F3 单元格中输入=E3-(B3*C3)，然后填充柄下拉。

（4）如图 9-12 所示，在 B7 单元格和 B8 单元格分别输入限制数据。

（5）实际成本求解：在 B10 单元格中输入=SUMPRODUCT(B3:B5,C3:C5)，求得企业实际生产成本。

（6）实际售出数量：在 B11 单元格中输入=SUM(C3:C5)，求得实际的销售数量。

（7）利润求解：在 B12 单元格中输入=SUM(F3:F5)，求得 3 种商品的销售利润之和。

图 9-12 输入限制数据

2. 规划求解

（1）选择 B12 作为目标单元格进行规划求解，参数设置如图 9-13 所示。

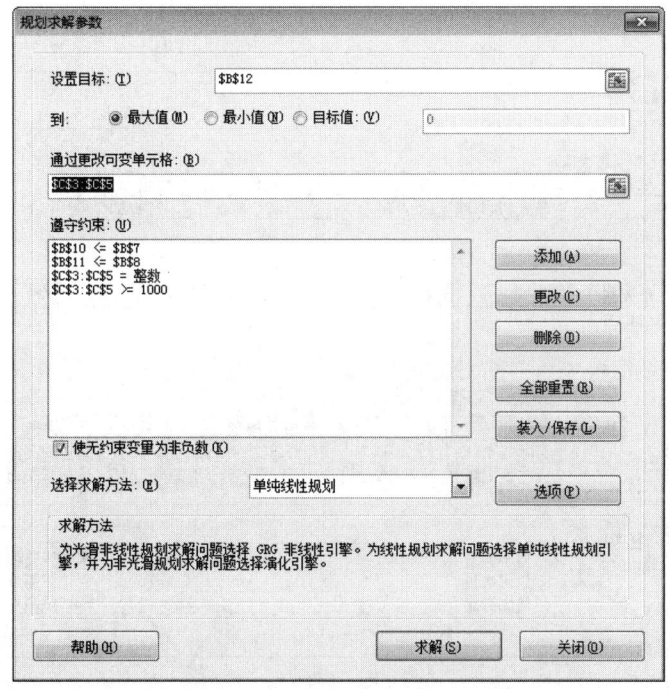

图 9-13 "规划求解参数"对话框

（2）目标值设为"最大值"，可变单元格区域设置为 C3:C5。

（3）约束规则设为 B10<=B7，B11<=B8，并且保证 C3:C5 为整数（因为商品出售数量必须为整数），且>=1000。

（4）单击"求解"按钮，我们发现 C3:C5 部分单元格出现了小数，由于销售数量显然需要是整数，所以单击"继续"按钮，一直到 C3:C5 单元格出现的全部是整数为止，最后显示的结果如图 9-14 所示。

9.3.3 分析结论

（1）通过规划求解我们找到了在几个条件限制下使得利润最大化的销售方案，即 a 产品需要售出 1001 件，b 产品需要售出 1006 件，c 产品需要售出 1931 件，总的销售数量为 3938

件，未达到限定值，所用的实际成本达到限定值，为 120 万元，利润为 22.48 万元。

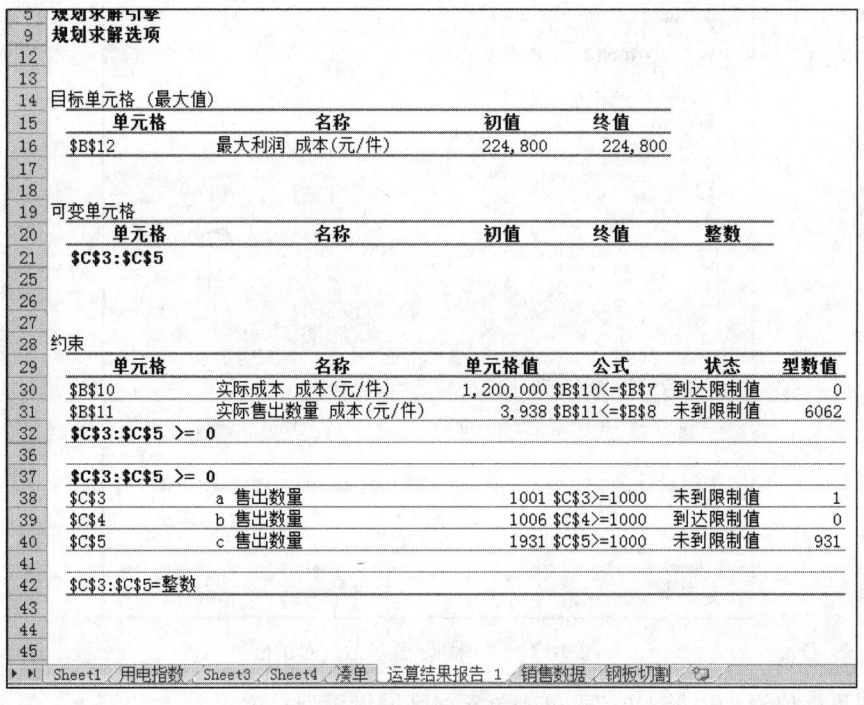

图 9-14 结果数据

（2）在规划求解中可以查看生成的运算结果报告，如图 9-15 所示，上面显示了各个参数是否达到了限定值。

图 9-15 运算结果报告

9.4 最佳生产方案

【例 9.4】在产生或销售策划过程中，常常要考虑最低成本和最大利润的问题。如何科学规划并推测最佳方案来指导生产或销售呢？某玩具厂有三个车间，计划生产 A、B、C 三种型号产品，要求三个车间生产同一种型号产品的数量相同，并且要按照规定的时间完成，每个车间所给的时间不一样，具体信息如表 9-2 所示。求能获得最大利润的最佳生产方案。

表 9-2　生产信息表

	A 型号产品	B 型号产品	C 型号产品	完成时间
第一车间费时	2 时/件	1 时/件	1 时/件	200 小时内
第二车间费时	1 时/件	2 时/件	1 时/件	240 小时内
第三车间费时	1 时/件	1 时/件	2 时/件	280 小时内
利润	156 元/件	130 元/件	121 元/件	

9.4.1　案例分析

（1）根据题意建立数学模型：假设每个车间分别生产 A 型号产品 x 件，B 型号产品 y 件，C 型号产品 z 件。

（2）所关注的目标表达式就是：最大利润=$156x+130y+121z$。

（3）约束条件是：x，y，z>=0，$2x+y+z$<=200，$x+2y+z$<=240，$x+y+2z$<=280。

9.4.2　案例实施

（1）在 Excel 表格中输入数据，如表 9-16 所示。

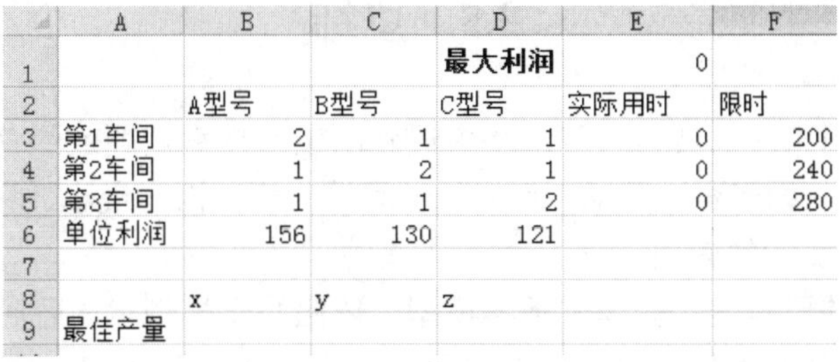

	A	B	C	D	E	F
1				最大利润	0	
2		A型号	B型号	C型号	实际用时	限时
3	第1车间	2	1	1	0	200
4	第2车间	1	2	1	0	240
5	第3车间	1	1	2	0	280
6	单位利润	156	130	121		
7						
8		x	y	z		
9	最佳产量					

图 9-16　输入数据

（2）设置问题条件：E1 单元格设为目标单元格，即最大利润；可变单元格放置每个车间计划生产各种型号产品的件数，这里把它放在 B9:D9 区域；E3:F5 是约束单元格，要对它们的值进行约束。

（3）在 E1 单元格中输入最大利润公式，即=$B$6*$B$9+$C$6*$C$9+$D$6*$D$9，在 E3 单元格中输入第 1 车间的实际用时，即=B3*$B$9+C3*$C$9+D3*$D$9，然后填充柄拖拉到 E5 单元格，分别计算第 2 车间、第 3 车间的用时（注：因为题目要求每个车间生产同种型号产品的数量相同，所以第 2 车间、第 3 车间生产不同型号产品的产量与第 1 车间相同，均为 B9:D9 单元格所示数据）。

（4）规划求解。

1）设置 E1 为目标单元格，设为最大值；设置 B9:D9 为可变单元格，这 3 个单元格也是决定每个车间最佳产量的值。

2）依照案例分析输入约束规则：B9:D9>=0，E3<=F3，E4<=F4，E5<=F5。

3）单击“求解”按钮，勾选“制作报告大纲”选项，单击“确定”按钮。

9.4.3 分析结论

规划求解的结果如图 9-17 所示，从结果可以得出如下结论。

	A	B	C	D	E	F
1				最大利润	23020	
2		A型号	B型号	C型号	实际用时	限时
3	第1车间	2	1	1	200	200
4	第2车间	1	2	1	240	240
5	第3车间	1	1	2	280	280
6	单位利润	156	130	121		
7						
8		x	y	z		
9	最佳产量	20	60	100		

图 9-17　结果数据

（1）A 型号产品需要每个车间生产 20 件，B 型号 60 件，C 型号 100 件，这样才可以使得企业利润达到最大值，每个车间利润将达到 23020 元。

（2）求解还将生成 3 个报告：运算结果报告、敏感性报告、极限值报告。敏感性报告可以参照"11.8 鞋厂经营安全性分析的敏感性分析"后再进行解读。

9.5　总结

（1）规划求解用来解决日常经济活动中遇到的生产规划问题或经营决策问题，即如何合理地利用有限的资源（如资金、劳动、材料、时间等）使得消耗最小、利润最大，在实际生产经营活动中有着非常实际的应用。

（2）规划求解的要点是：先建立数学模型，依照数学模型输入各种计算公式，然后在规划求解中输入目标值、约束规则，最后求解即可。

9.6　拓展练习

（1）某医院每年需要某种药品 1000 瓶，每次订购手续费用为 5 元，每瓶单价 2.5 元，每瓶药每年保管费为药品单价的 20%。制药厂提出的折扣条件是：订购量大于等于 100 瓶且小于 300 瓶时，价格折扣为 5%；订购量大于等于 300 瓶时，价格折扣为 10%。问该医院每次订购量应在多少为宜？

（2）运输问题：有 3 个产地，4 个销地，已知各产地的产量和各销地的销量，各产地到各销地的运输单价如表 9-3 所示，求运输费用最低的运输方案。

表 9-3　运输单价

	销地 1	销地 2	销地 3	销地 4	产量
产地 1	4	12	4	11	16
产地 2	2	10	2	9	10
产地 3	8	5	11	6	22
销量	8	14	12	14	

（3）某工厂生产 I、II 两种食品，现有 80 名熟练工人，已知 1 名熟练工人每小时可生产 10kg 食品 I 或 8kg 食品 II。据合同预订，该两种食品每周的需求量将急剧上升，如表 9-4 所示。为此该厂决定到第 8 周末要培训出 60 名新的工人，两班生产。已知 1 名工人每周工作 40 小时，1 名熟练工人用两周时间可培训出不多于 3 名新工人（培训期间熟练工人和培训人员均不参加生产）。熟练工人每周工资 320 元，新工人培训期间工资每周 180 元，培训结束参加工作后工资每周 260 元，生产效率同熟练工人。在培训的过渡期间，很多熟练工人愿加班工作，工厂决定安排部分工人每周工作 80 小时，工资每周 480 元。若预订的食品不能按期交货，每推迟一周交货的赔偿费食品 I 为 0.4 元，食品 II 为 0.8 元。在上述各种条件下，试建立该问题的线性规划模型，以便作出合理全面的安排，使各项费用的总和为最小（数据见表 9-4）。

表 9-4 食品每周的需求量表

食品（吨） \ 周次	1	2	3	4	5	6	7	8
I	10	10	10	20	15	16	16	15
II	6	6	8	8	10	15	15	20

（4）科罗拉多奶牛公司从批发商购买 3 种饲料，公司对奶牛喂养的脂肪、蛋白质、钙和铁有一定的营养要求。每头奶牛每天至少要 10 单位钙，不多于 7.5 单位脂肪，至少 12 单位铁和至少 15 单位蛋白质。表 9-5 给出了 3 种饲料每磅中脂肪、蛋白质、钙和铁的含量。等级 1 的成本每磅 0.25 美元，等级 2 的成本为每磅 0.1 美元，等级 3 的成本为每磅 0.08 美元。可以混合 3 种饲料喂养奶牛，科罗拉多奶牛公司希望尽可能低廉的成本喂养，请问该如何搭配饲料？

表 9-5 喂养成分（单位/磅）

含量	等级 1	等级 2	等级 3
钙	0.7	0.8	0
铁	0.9	0.8	0.8
蛋白质	0.8	1.5	0.9
脂肪	0.5	0.6	0.4

（5）货运飞机有三个用于存放货物的机舱：前、中、后。这些机舱有载货的重量与体积限制，如表 9-6 所示。

表 9-6 机舱载货重量与体积限制表

机舱	载货量（吨）	空间（立方英尺）
前舱	12	7000
中舱	18	9000
后舱	10	5000

此外，在每个机舱里实际装载的货物重量的比例必须与载货量的比例相同，以保持飞机

的平衡。表 9-7 为一架飞机所准备的 4 种货物。

表 9-7 货物信息表

货物	重量/吨	体积/立方英尺	利润/美元/吨
1	20	500	320
2	16	700	400
3	25	600	360
4	13	400	290

目标是要确定每种货物的运载量以及在各个机舱中应该如何分配，使得一个航班的收益最大化。

第 10 章 决策树

决策树（Decision Tree）是在已知各种情况发生概率的基础上，通过构成决策树来求取净现值的期望值大于等于零的概率，评价项目风险，判断其可行性的决策分析方法，是直观运用概率分析的一种图解法。由于这种决策分支画成图形很像一棵树的枝干，故称决策树。

决策树是确定生产能力方案的一条简捷的途径，在工程招投标、企业规划等方面有重要应用。决策树不仅可以帮助人们理解问题，还可以帮助人们解决问题。决策树是一种通过图示罗列解题的有关步骤以及各步骤发生的条件与结果的一种方法。近年来出现的许多专门软件包可以用来建立和分析决策树，利用这些专门软件包，解决问题就变得更为简便了。比如施工企业在同一时期内有多个工程项目可以参加投标，由于本企业资源条件有限，不可能将这些项目都承包下来，这类问题可用分析风险决策的决策树法来进行定量分析。

一般我们在做决策图的时候需要用到 3 个符号：

□表示决策点，从它引出的分枝叫作方案分枝。每条分枝代表一个方案，分枝数就是可能的相对方案数。

○表示方案的机会点，由它引出的分枝叫作事件（状态）分枝，每条事件分枝上标明了自然状态及其发生的概率。

△表示结果点，它是决策树的叶节点，注有各方案在相应状态下的结果值。

Excel 2010 做决策树需要加载一个 Treeplan 的插件，需要到微软官网或者相关网站下载。然后跟分析工具库及规划求解一样，在如图 10-1 所示"加载项"对话框中单击"浏览"按钮选中下载的 treeplan.xla 文件，插件加载后在 Excel 2010 主界面菜单中会出现一个"加载项"，单击后会出现一个 Decision Tree。

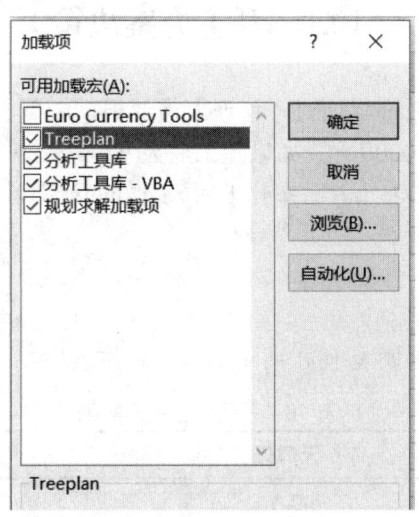

图 10-1 "加载项"对话框

Decision Tree 里的操作菜单为全英文，因此需要对几个菜单进行简单了解，Excel 2010 做决策树所用的图形跟通常所使用的决策树图形略有不同。

例如，某君准备 5 万元投资某个项目，经过评估该项目成功的概率为 96%，若成功则收益率为 12%，失败的概率为 4%，若失败则损失全部 5 万元本金，若不投资，则存入银行，没有任何风险，收益率为 6%。请帮此君做个决策，到底该不该投资该项目？

用 Excel 2010 决策树显示的结果如图 10-2 所示。图中黑色方块表示决策点，有 2 个决策可供选择，投资和存银行。黑色圆圈表示机会点，有 2 种状态：投资成功概率为 96%，收益值为 50000*12%=6000，投资失败概率为 4%，收益值为-50000；竖线表示结果点，边上显示了相应状态下的结果值。

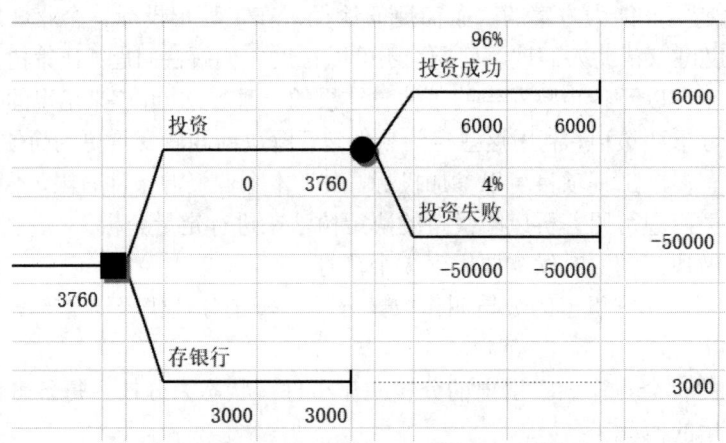

图 10-2 决策树显示结果

最后我们发现，投资则预期收益是 3760 元，存银行只有 3000 元，在决策点的下方显示了两者的最大值，显然从决策角度讲应该选择投资，而不是存银行。当投资成功的概率只有 90%，而失败概率达到 10% 的时候，投资的预期收益只有 400 元，这个时候显然远不如存银行。

10.1 开工方案决策

【例 10.1】假设有一个工过程项目，管理人员要根据天气状况决定开工方案。如果开工后天气好，可以给国家创收 30000 元；如果开工后天气差，给国家带来损失 10000 元；如果不开工，将给国家带来损失 1000 元。已知开工后天气好的概率是 0.6，开工后天气差的概率是 0.4，请用决策树方案进行决策。

10.1.1 案例分析

根据题意，我们不难写出如表 10-1 所示的方案状态表。

表 10-1 预期收益方案表

状态 方案	天气好 0.6	天气差 0.4
开工	预期收益 30000	预期收益值-10000
不开工	预期收益-1000	

有两种决策方案，不开工则无论天气好坏预期收益都是-1000，若开工，天气好则收益 30000，不好则为-10000。

10.1.2 案例实施

（1）新建决策树：打开 Excel 2010，选中工作表的 A1 单元格，然后单击主菜单中的"加载项"下的 Decision Tree 命令，弹出一个对话框，单击 New Tree 按钮，新建一个决策树，如图 10-3 所示。

图 10-3　新建决策树

（2）决策分枝：在新建的决策树中，将决策点（黑方块）后的 Decision 1 和 Decision 2 两个分枝（决策方案）分别改为"开工""不开工"，将 D9 单元格的值改为-1000（即不开工的预期收益值），如图 10-4 所示。

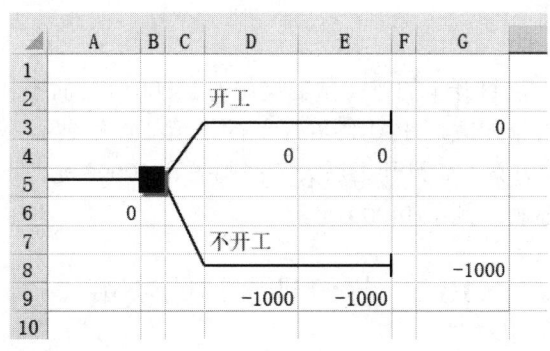

图 10-4　决策分枝

（3）机会（事件）分枝：选中 F3 单元格，单击菜单 Decision Tree，弹出如图 10-5 所示的对话框，在左边选择 Change to event node（变为事件状态节点），右边的 Branches（分枝）选择 Two，表示要将事件的状态分枝分为 2 个，单击 OK 按钮。

（4）在出现的状态分枝中，将两个 event 名字分别改为"天气好""天气不好"，两者的概率分别改为 0.6 和 0.4，将 H4（天气好的预期收益）值设为 30000，H9（天气不好的收益）

设为-10000，如图 10-6 所示。

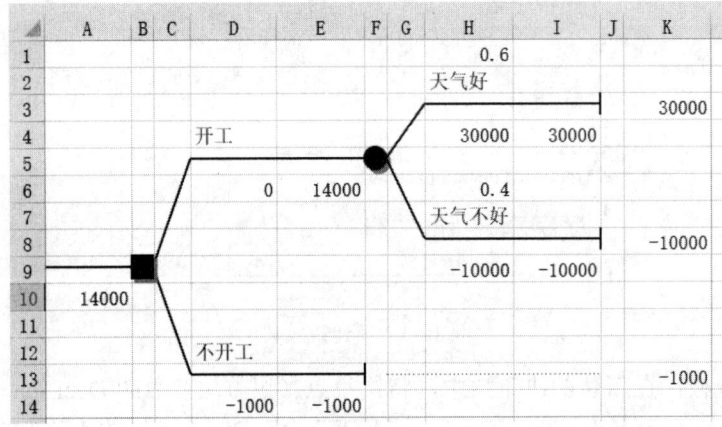

图 10-5　建立机会（事件）分枝

图 10-6　设置状态分枝相关值

10.1.3　分析结论

从图 10-6 可以看出，项目开工的方案预期收益为 14000 元，而不开工的方案亏损 1000 元，显然应该选择"开工"这个方案，在图 10-6 左侧的决策节点处显示为 14000 元，表明决策树自动选择了"开工"这个方案。如果开工后天气好则盈利 30000 元，不好则亏损 10000 元，根据两者的概率，开工的盈利达到了 14000 元。

10.2　投资理财风险决策

【例 10.2】某人准备投资 50 万元，有 3 个备选方案。

方案 A：低风险理财，属于稳定性投资，稳定年利率为 6%。

方案 B：中风险投资，属于保本投资，6 成概率会成功，年收益 15%，4 成概率会持平，即不盈不亏。

方案 C：高风险投资，盈利、持平、亏损概率各占 1/3，盈利收益为 25%，亏损率为 15%。

请问，应该选择哪个方案进行投资？

10.2.1 案例分析

根据题意不难得出如表 10-2 所示的分析表。

表 10-2 投资方案分析表

投资方案 \ 状态	盈利	持平	亏损
A	概率 100%，利率 6%		
B	概率 60%，利率 15%	概率 40%	
C	概率 1/3，利率 25%	概率 1/3	概率 1/3，亏损率 15%

10.2.2 案例实施

（1）新建决策树：新建 Excel 2010 工作表，选中 A1 单元格，新建决策分枝，这时默认出现 2 个分枝，因为有 3 个方案，所以用方向键移动到 B5 单元格（即决策节点），单击菜单 Decision Tree，弹出如图 10-7 所示对话框，选择 Add branch 添加新的决策分枝，单击 OK 按钮，出现如图 10-8 所示的决策树。

图 10-7 添加新的决策分枝

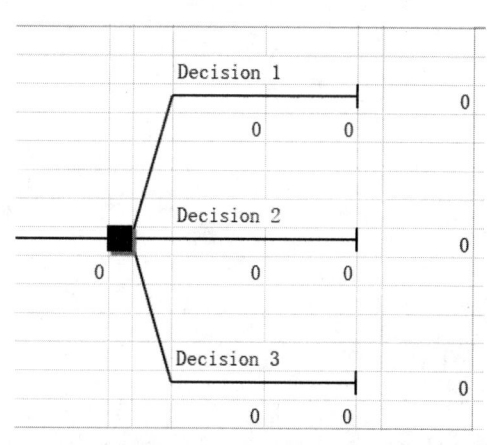

图 10-8 新建决策树

（2）将 Decision 1 改为"方案 A"，在 D4 单元格输入=50*6%，即为方案 A 的预期收益值。同理，将 Decision 2 和 Decision 3 的名称分别修改为"方案 B"和"方案 C"，由于后 2 个方案的收益不确定，所以不作输入。

（3）建立方案 B 的状态节点：选中 F8 单元格，单击菜单 Decision Tree，在弹出的对话框中选择 Change to event node，右边的 Branches 选择 Two，这样就出现了 2 个状态分枝，将 Event 4 改为"盈利"，H6 单元格（概率）改为 60%，H9 单元格输入收益公式=50*15%，如图 10-9 所示。

（4）建立方案 C 的状态节点：与步骤（3）类似，只不过 Branches 要选择 Three，分别输入各自的概率和收益值，其中亏损的收益值公式为-50*15%，最终显示的决策树如图 10-10 所示。

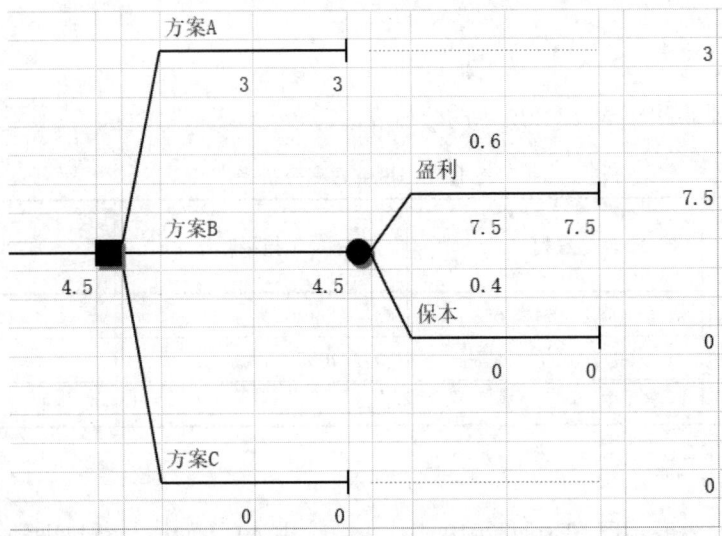

图 10-9　建立方案 B 的状态节点

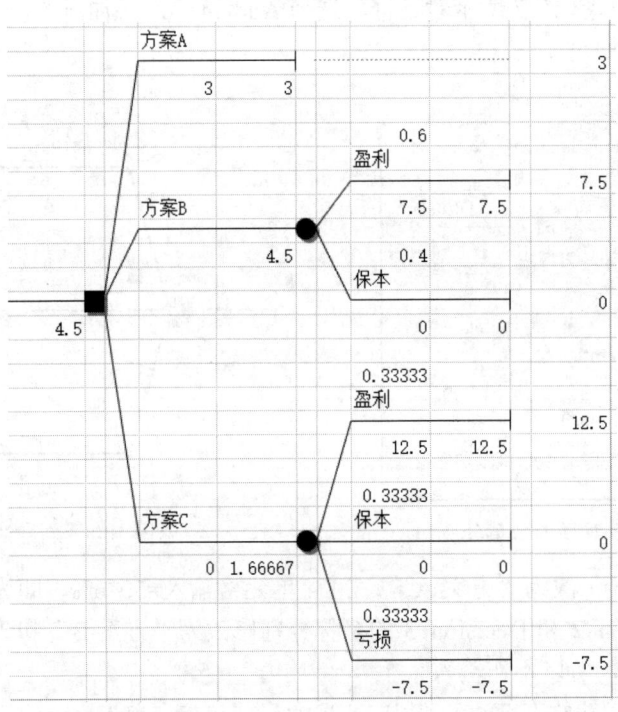

图 10-10　建立方案 C 的状态节点

10.2.3　分析结论

（1）从预期收益看，方案 A 为 3 万，方案 B 为 4.5 万，方案 C 约为 1.67 万。

（2）决策树已经做出了选择：在决策节点（黑色方块）处显示为 4.5，表明最终的优选方案为方案 B。

10.3 电视机厂投产决策

【例 10.3】为了适应市场需要,某地提出扩大电视机生产的两个方案,一个方案是建设大工厂,另一个方案是建立小工厂。

建设大工厂需要投资 600 万元,可使用 10 年,销路好每年盈利 200 万元,销路不好亏损 40 万元。建设小工厂投资 280 万元,销路好 3 年可扩建,扩建后需要再投资 400 万元,可使用 7 年,每年盈利 190 万元,不扩建则每年盈利 80 万元,如果销路不好每年盈利 60 万元。

请用决策树选出合理的决策方案,经过市场调查,市场销路好的概率为 0.7,市场销路不好的概率为 0.3。

10.3.1 案例分析

本例涉及多个决策,我们将其分成两个表,表 10-3 是第一个决策节点,即可建大厂还是小厂的决策,表 10-4 是第二个决策节点,即小厂建好后销路好的话要不要扩建的决策。

表 10-3 决策建大厂或小厂

方案 \ 状态	销路好 0.7	销路不好 0.3
大厂	成本 600 预期收益为 200*10=2000	成本 600 预期收益为-40*10=-400
小厂	成本 280 前 3 年预期收益为 80*3=240	成本 280 不扩建,10 年预期收益为 60*10=600

表 10-4 决策扩建或不扩建

方案 \ 状态	销路好 1.0	销路不好 0
小厂扩建	成本 400 预期收益为 190*7=1330	销路不好的前提下不存在要不要扩建的问题,肯定不扩建了
小厂不扩建	后 7 年预期收益为 80*7=560	

注意:这里说的后 7 年销路好或者销路不好是统一不变的,因为是销路好才决定要不要扩建。不存在扩建小厂后,后 7 年出现销路不好的情况,也就是说要做这个决策(要不要扩建)的时候,后 7 年的销路一定是好的。

10.3.2 案例实施

(1)新建决策树:新建 Excel 2010 工作表,选中 A1 单元格,新建决策分枝,输入建设大厂和小厂的成本。

(2)在建大厂这个决策节点上建立 2 个状态分枝,"销路好"和"销路不好",它们出现的概率以及收益如图 10-11 所示。

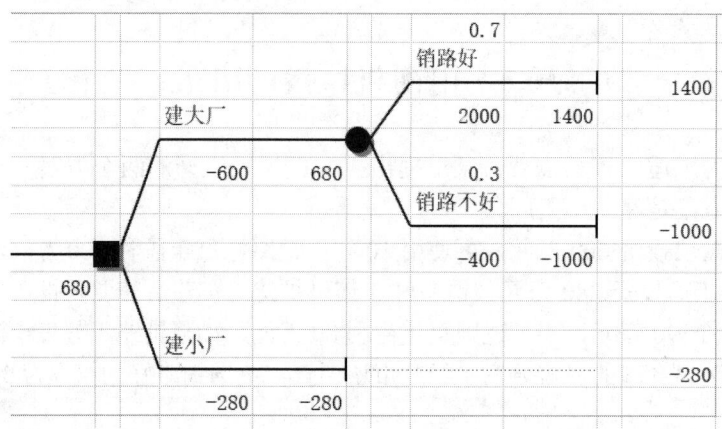

图 10-11 建大厂决策树分枝

（3）在建小厂这个决策上建立 2 个状态分枝，如图 10-12 所示。若销路不好，则肯定不扩建，这种状态将持续 10 年，收益为 60*10=600，若销路好，则需要建立决策点，分成 2 条决策分枝，即"扩大投产"和"不扩大投产"，投产的成本为 400，所以输入-400，不扩大投产，则没有新的成本。

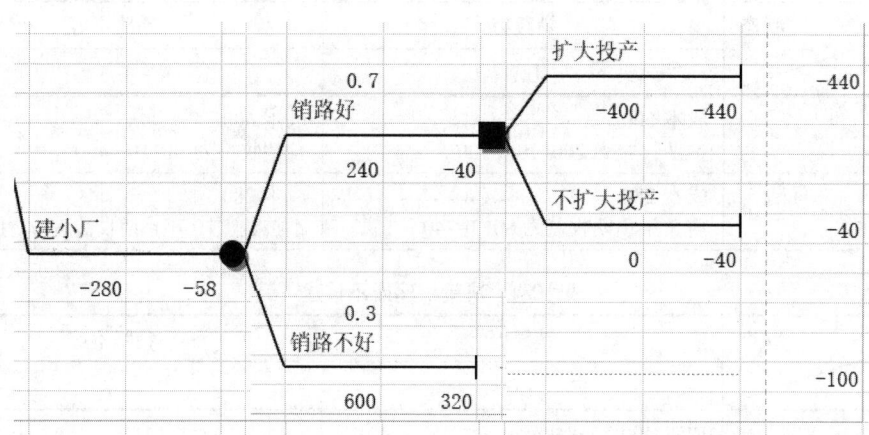

图 10-12 建小厂决策树分枝

（4）扩大投产节点上建立状态节点，存在 1 个分枝，即后 7 年 100%销路好，收益为 7*190=1330。

（5）不扩大投产同样存在 1 个状态分枝，即后 7 年 100%销路好，收益为 7*80=560，最终的决策树如图 10-13 所示。

10.3.3 分析结论

（1）从图 10-13 可以看出，一开始就建大厂的最终预期收益为 680 万元，一开始建小厂的预期收益为 719 万元，显然一开始建小厂更有效益。

（2）建小厂 3 年后，若销路好，扩建后总的预期收益为 890 万元，不扩建则为 520 万元，显然扩建比较划算。

（3）建小厂后若销路不好，则总的预期收益为 320 万元。

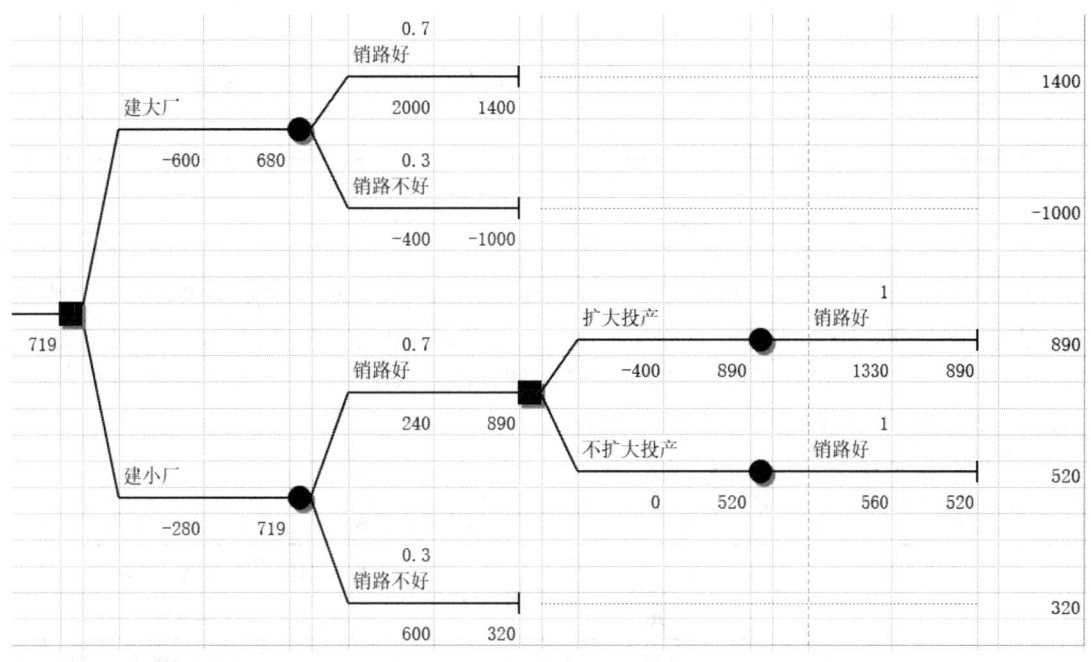

图 10-13 最终决策树

（4）综上所述，企业采取的最佳策略应该是：先建立小厂，然后看情况，若销路好就扩建，若不好，就保持小厂继续生产。

10.4 企业投资咨询决策

【例 10.4】某传媒公司有 5 万元多余资金，如用于某项开发事业估计成功率为 96%，成功时一年可获利 12%，但一旦失败，有丧失全部资金的风险。如把资金存放到银行中，则可稳得年利 6%。为获得更多情报，该公司求助于咨询服务，咨询费用为 500 元，但咨询意见只是提供参考。根据咨询公司过去类似 200 例咨询意见的实施结果进行了统计，具体情况如表 10-5 所示。试用决策树方法分析：

（1）该公司是否应该求助于咨询服务？
（2）该公司多余资金应如何合理使用？

表 10-5 已有的 200 例咨询意见的实施结果

已有经验	投资成功/次数	投资失败/次数	合计
可以投资	154	2	156
不宜投资	38	6	44
合计	192	8	200

10.4.1 案例分析

（1）本题包含了多个问题，先来分析不经过咨询公司建议而直接决定是否投资的情况，不难得出如表 10-6 所示的投资方案表，根据这个表做出的决策树可以判断出究竟值不值得投资。

表 10-6 投资方案表

方案＼状态	成功	失败
	0.96	0.04
投资	预期收益=50000*12%=6000	预期收益=-50000
存银行	预期收益=50000*6%=3000	

（2）向咨询公司求助后，咨询公司会给出两个建议，投资会成功的，或者投资要失败的，这个建议不是决策，是一种事件的状态点。无论咨询公司给出什么样的建议，决策权还是掌握在传媒公司这边，传媒公司可以决定投资或者存银行，所以这个方案表应该如表10-7所示。根据这个表做出的决策树可以判断出究竟值不值得咨询，这个决策是在认可咨询公司建议的前提下进行的。

表 10-7 求助咨询服务后的投资方案表

方案＼状态	咨询公司认为投资会成功	咨询公司认为投资会失败
	0.96	0.04
投资	投资成功了，收益 50000*12%=6000	投资成功了，收益 50000*12%=6000
	投资失败了，收益-50000	投资失败了，收益-50000
存银行	预期收益=50000*6%=3000	预期收益=50000*6%=3000

（3）这里我们要判断出经过咨询后再做决策的资金收益情况和未做咨询做出决策的资金收益情况，由于情况比较复杂，无法像表10-6和表10-7那样做个表格，只能用文字来描述。

1）决策点1：咨询或不咨询。

2）决策点2：若不咨询，直接进行决策，投资或存银行。

3）状态点1：若咨询，首先要付出500元咨询费，然后需要给出2个状态：可以投资或不宜投资。根据咨询的历史数据，出现可以投资的概率为156/200=0.78，不宜投资的概率为44/200=0.22。

4）决策点3：可以投资也好，不宜投资也好，都可以做出2个决策：投资或存银行。

5）状态点2：只要投资了，都会有2个状态：失败或成功。根据历史数据，可以投资的建议下投资成功的概率为154/156=0.9872，而投资失败的概率为2/156=0.0128。

6）状态点3：在不宜投资的建议下，继续投资成功的概率为38/44=0.8636，投资失败的概率为6/44=0.1364。

10.4.2 案例实施

1. 先验分析（决定是否值得投资）

（1）新建工作表，选中A1单元格，新建决策树。

（2）决策分支输入：将Decision1和Decision2分别修改为"投资""存银行"，在D9单元格输入3000，代表存银行的收益。

（3）选择F3单元格，单击"工具"菜单Decision Tree，弹出如图10-14所示的对话框，选择Change to event node，右边的Branches选择Two（2个分支），单击OK按钮。

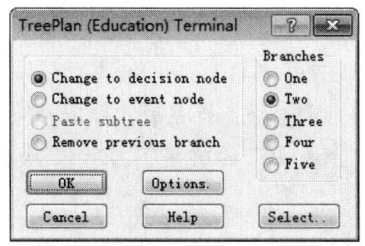

图 10-14　添加事件分支

（4）在出现事件分支处的 H1 单元格和 H6 单元格分别输入投资成功和失败的概率，在 H4 单元格和 H9 单元格分别输入投资成功与失败的收益，如图 10-15 所示。

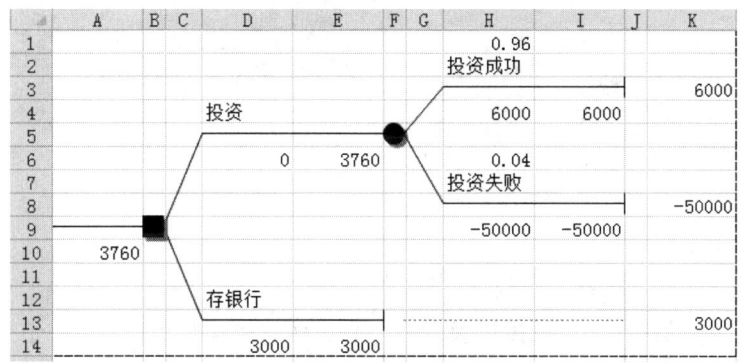

图 10-15　输入相关数据

2．预验分析（决定是否借助情报咨询）

（1）新建工作表，选中 A1 单元格，新建决策树，由于默认出现的是决策节点，这里我们首先要出现状态节点，所以用键盘方向键定位移动到 B5 单元格，然后单击菜单 Decision Tree，选择 Change to event，单击 OK 按钮，即将决策节点改为状态节点，如图 10-16 所示。

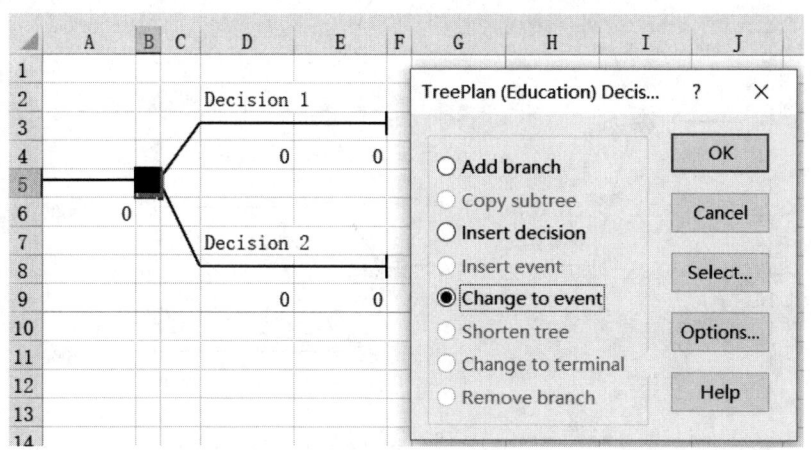

图 10-16　决策节点改为状态节点

（2）从理论概率上来说，咨询公司认为"投资会成功"的概率显然等于实际投资的概率，"投资会成功"这个建议出现的概率就是 0.96，反之，"投资会失败"出现的概率为 0.04。

（3）决策点：因为咨询公司只是建议，无论建议如何，传媒公司的决策都有 2 个：投资或银行。所以选择 F3 单元格，单击菜单 Decision Tree，分别选择 Change to decision node 和 Two，产生 2 个决策分枝，然后分别输入 2 个决策名称以及它们的预期收益，如图 10-17 所示（注：因为这个决策是在"投资会成功"的前提下，所以如果投资了，收益就是 6000）。

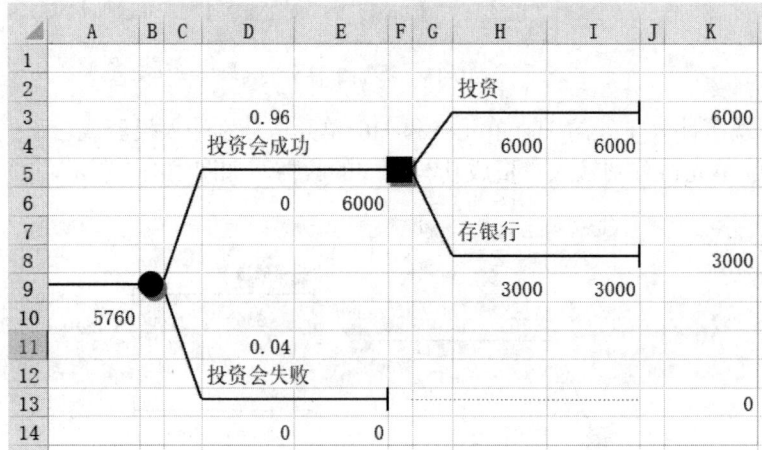

图 10-17　输入决策名称及预期收益

（4）同样，如果咨询公司说投资会失败，那么传媒公司也可以做 2 个决策：投资或存银行。最终的决策树如图 10-18 所示。

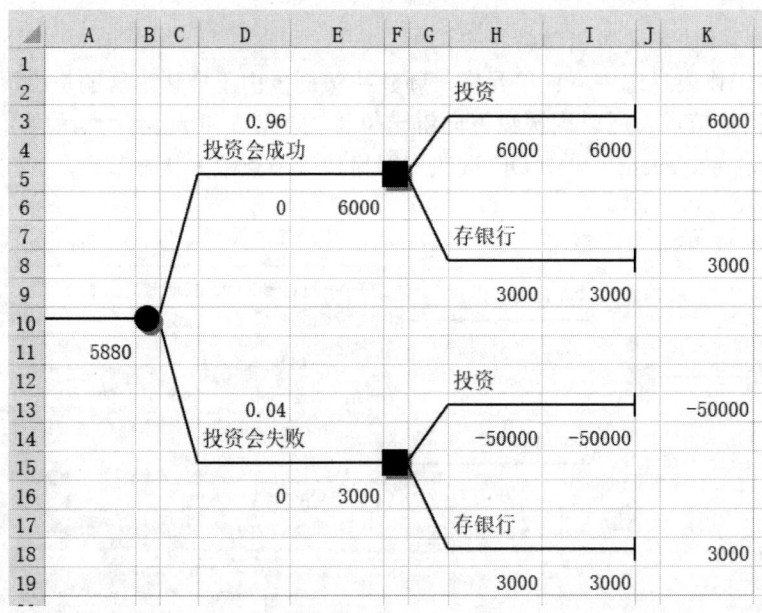

图 10-18　最终决策树

3. 后验分析

（1）新建工作表，选中 A1 单元格，新建决策树，2 个决策分别是"接受咨询""不咨询"，咨询的收益是-500。

（2）接受咨询决策分枝：单击 F3 单元格，新建 2 个状态分枝，名称分别为"可以投资""不宜投资"，在 H1 单元格和 H6 单元格输入各自概率，分别为=156/200 和=44/200，如图 10-19 所示。

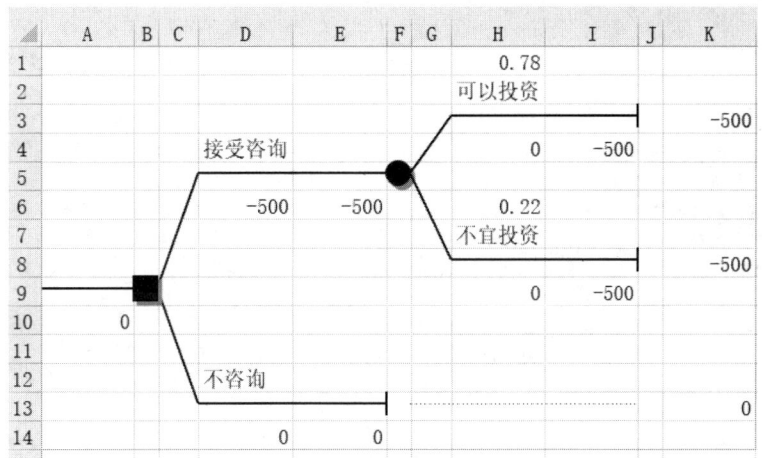

图 10-19　接受咨询决策分枝

（3）不咨询决策分枝：不咨询的情况下，直接可以做下一个决策：投资或存银行。选择 F13 单元格，新建决策分枝，名称分别为"投资""存银行"，其中存银行收益为 3000。

（4）步骤（3）中投资存在 2 种状态分枝，即"投资成功"和"投资失败"，选择 J13 单元格，新建状态分枝，输入名称、概率以及收益数据，如图 10-20 所示。

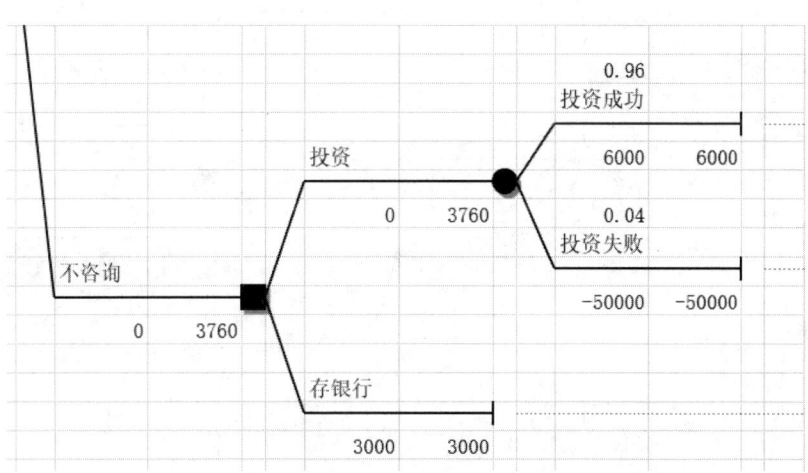

图 10-20　不咨询决策分枝

（5）可以投资的决策分枝：选择 J13 单元格，新建决策分枝，如图 10-21 所示。存银行的收益为 3000，而投资又有 2 种状态，在 N3 单元格新建 2 个状态分枝，在"可以投资"的前提下进行投资成功的概率约为 0.99（即 154/156），而失败的概率约为 0.01（即 2/156）。

（6）不宜投资的决策分枝：与步骤（5）类似，在不宜投资的建议下，传媒公司继续进行投资或者听从建议存银行，而投资了又会存在投资成功和失败概率，概率值分别约为 0.86（即 38/44）和 0.14（即 6/44），最终的决策树如图 10-22 所示。

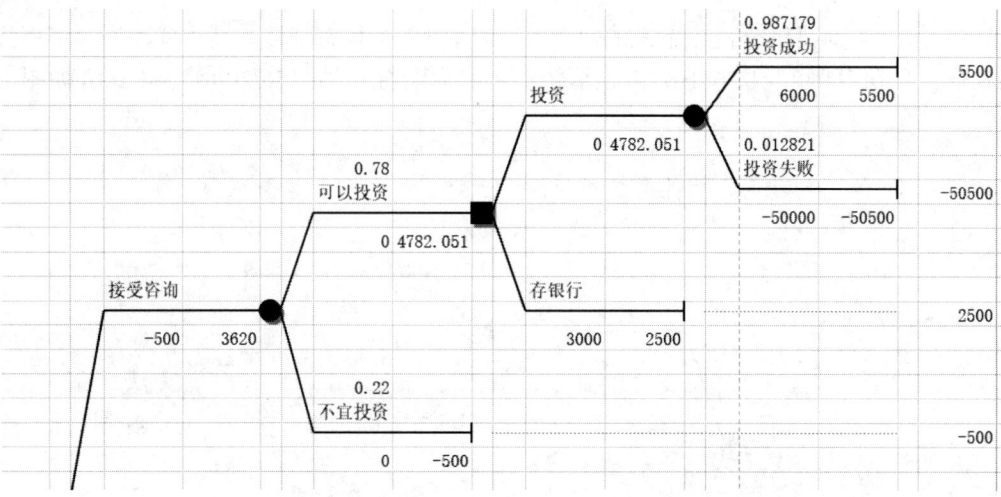

图 10-21 可以投资的决策分枝

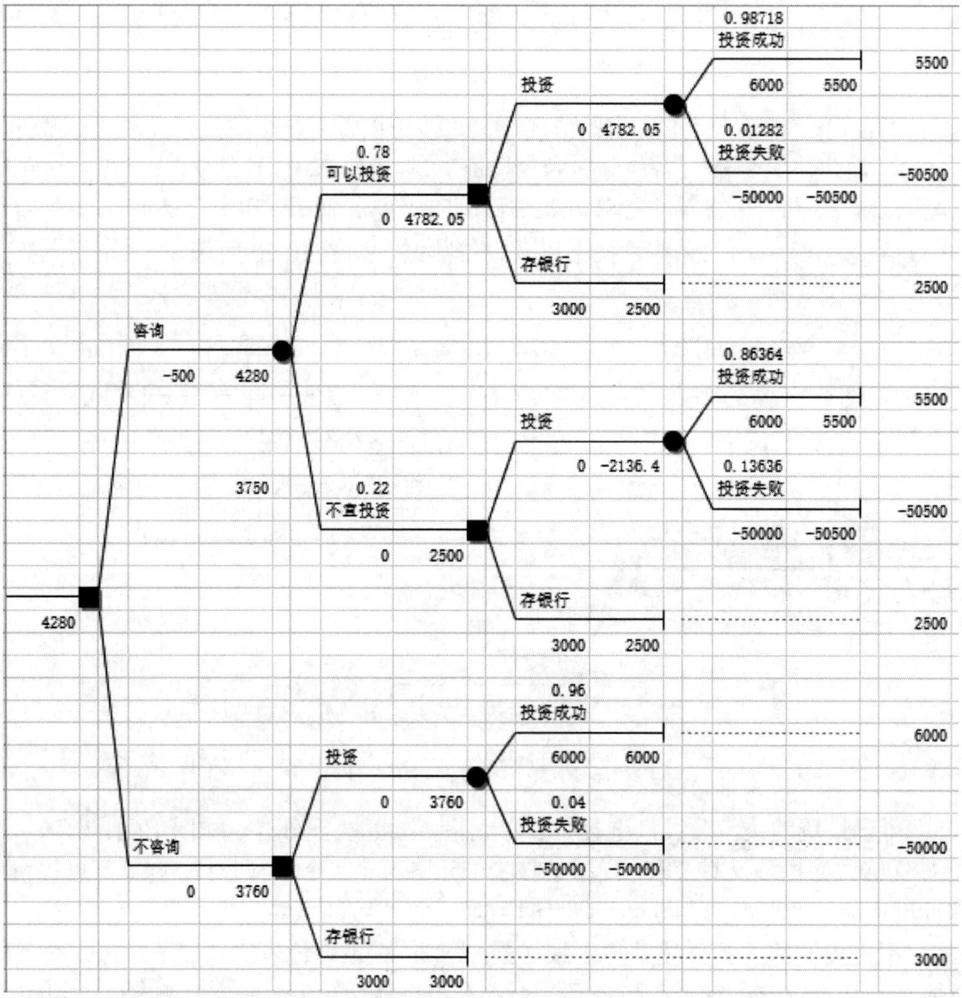

图 10-22 最终决策树

10.4.3 分析结论

（1）先验分析：从图 10-15 可以看出，存银行的预期收益 3000 元，而投资的预期收益为 3760 元，显然应该选择进行投资的方案。

（2）预验分析：从图 10-20 可以看出，不经过咨询的预期收益为 3760 元，而图 10-18 表明经过咨询公司给出的建议后预期收益达到了 5880 元，说明该公司应该传媒求助于咨询服务，那样收益会更高。

（3）后验分析：因为预验分析中得知应该咨询，所以我们挑选咨询这条决策分枝。

1）从图 10-22 可以看出，若咨询公司给出项目"可以投资"的建议，那么进行投资的预期收益为 4782.05 元，而存银行的收益为 2500 元，所以应该选择进行投资。

2）若咨询公司给出"不宜投资"的建议，那么进行投资的亏损为 2136.4 元，存银行收益为 2500 元，所以这种情况下应该听从咨询公司建议，不投资而选择存银行。

3）经过咨询后做出决策，预期收益为 4280 元，不进行咨询就做决策的收益为 3760 元，显然应该进行咨询再做决策。

（4）第（2）点与第（3）点的区别是：预验分析是没有经过咨询的历史数据为参照而进行的咨询，后验分析是根据咨询的历史数据统计得出的结论。从准确性上来说，后验分析的数据更具有精确性。

10.5 总结

（1）决策树是可以用于在不确定环境下连续决策的模型。决策树生动地描绘了做出的决策，可能发生的事件以及与决策、事件相关联的产出。概率被指定给事件，收益依赖于各项产出。决策树分析的目标便是找出最优决策。

（2）决策树包含以下内容：节点、分支、终点收益、策略、收益分配、确定均等值以及压值法。决策树节点包含由分支连起来的决策节点、事件节点和终结点。每个分支包含公式、单元格引用、标签的单元格环绕。

（3）决策树有 3 种节点和 2 种分支。决策节点表示此处必须做出一个选择，用方框表示。从决策节点延伸出来的分支称为决策分支，每个分支代表一种方式选择或行动方案。选择的设置要满足两个条件：一个是必须是排他的，即选择一个，其他的则不能选择；另一个必须是详尽的，即所有的可能选择都包括在内。

（4）事件节点，也叫状态节点、机会节点，用圆圈表示。能够解决事件的不确定性，即决策者在此能够知道事件发生的可能性。一个事件包含了从事件节点延伸出来的事件分支，每个分支代表了这个节点上可能发生的事件。事件的设置必须是排他的、详尽的。每个事件都被指定了一个主观概率，一个节点包含事件的概率之和必须是 1。

（5）一般来讲，决策节点及其分支表示了决策中可控制的因素，事件节点及其分支表示了不可控的因素。决策节点和事件节点按照主观的时间顺序排序。例如，一个事件节点的位置代表了决策者知道这个事件产出的时间，不必等到事件发生。

（6）终节点代表了决策与事件的最终结果。终节点代表了决策树的终止，在手绘和 Excel 2010 决策图中显示在分支的结尾，在电脑绘图中以三角形表示。

10.6 拓展练习

（1）设某茶厂计划创建精制茶厂，开始有两个方案，方案 A 是建年加工能力为 800 担的小厂，方案 B 是建年加工能力为 2000 担的大厂。两个厂的使用期均为 10 年，大厂投资 25 万元，小厂投资 10 万元。产品销路没有问题，原料来源有两种可能（两种自然状态）：一种为 800 担，另一种为 2000 担。两个方案每年损益及两种自然状态的概率估计值如表 10-8 所示。试用决策树法确定哪一个是最佳方案？

表 10-8　两个方案每年损益及两种自然状态概率估值

自然状态	概率	建大厂（投资 25 万元）	建小厂（投资 10 万元）
原料 800 担	0.8	13.5	15.0
原料 2000 担	0.2	25.5	15.0

（2）某钟表公司计划生产一种低价钟表，零售价为每块 10 元。该钟表有三种设计方案，方案 A 需一次投资 10 万元，投产后每块成本 5 元；方案 B 需一次投资 16 万元，投产后每块成本 4 元；方案 C 需一次投资 25 万元，投产后每块成本 3 元。该钟表的市场需求量有三种可能：滞销 30000 块（记为 S1），平销 120000 块（记为 S2），畅销 200000 块（记为 S3）；相应概率分别为：0.15，0.75，0.10。要求：

1）编制决策矩阵表并依据期望收益确定最佳方案。

2）如果钟表公司希望通过向咨询公司咨询以进一步提高收益，试确定咨询费用的最高限度为多少。

（3）某市郊工厂为解决用水有两个可供选择的方案：方案 A 铺设连接城市自来水网的管道，需投资 1.1 万元；方案 B 就地挖机井，但因井位选择上的差别，需要投资额可能为 1 万元（概率 0.3）、1.1 万元（概率 0.3）、1.2 万元（概率 0.4）。无论铺设管道还是挖井，均能解决工厂规划期内的用水问题。为了确定一个较好的井位，可请当地地质水文组帮助选择，但需花 150 元。地质水文组提供的意见仅是在某一地点是否适宜挖井。据资料统计，在过去类似挖井投资为 1 万元的井中，地质水文组认为宜挖的占 80%，认为不宜挖的占 20%；在挖井投资为 1.1 万元的井中，地质水文组认为宜挖的占 60%，认为不宜挖的占 40%；在挖井投资为 1.2 万元的井中，地质水文组认为宜挖的占 20%，认为不宜挖的占 80%。

试用决策树法分析该厂解决用水问题应采用哪一方案？如果该厂决定挖井的话，是否需要求助地质水文组帮助选择井位？

（4）某公司生产一种新产品，为了满足可能出现的高需求，可以增添某些附加设备。但一旦出现高需求后，不能确切知道高需求是否长期持续。根据对今后 8 年市场需求预测，对该新产品的需求估计如表 10-9 所示。

据此有两种投资方案：方案 A 为一次投资 10 万元，碰到高需求时每年盈利 4 万元，低需求时每年盈利 5000 元；方案 B 为分阶段投资，开始投一笔，3 年后再根据情况确定是否投资。执行方案 B，在碰到高需求时头三年每年盈利 3 万元，如不增加投资，后五年每年盈利 2 万元，如增加投资，后五年每年盈利 4 万元；在碰到低需求时，头三年每年盈利 3 万元，不增加投资时后五年每年盈利仍为 3 万元,增加投资时后五年每年盈利 1 万元。若分阶段投资时,初期投资额为 7 万元,后期增加额应为 4.5 万元。试用决策树法确定最优的投资策略。

表 10-9 市场需求预测表

需求（前 3 年）	需求（后 5 年）	可能性
高	高	0.4
高	低	0.2
低	高	0.3
低	低	0.1

（5）某供应公司是一家制造医护人员的工装大褂的公司。该公司正在考虑扩大生产能力,有以下几个选择：①什么也不做；②建一个小厂；③建一个中型厂；④建一个大厂。新增加的设备将生产一种新型的大褂,目前该产品的市场潜力还是未知数。如果建一个大厂且市场较好就可实现 10 万美元的利润。如果市场不好则会导致 9 万美元的损失。但是,如果市场较好,建中型厂将会获得 6 万美元,小型厂将会获得 4 万美元；市场不好则建中型厂将会损失 1 万美元,小型厂将会损失 5000 美元。当然,还有一个选择就是什么也不干。最近的市场研究表明市场好的概率是 0.4,也就是说市场不好的概率是 0.6。试利用决策树作出合适的生产能力计划。

（6）建筑公司面临 A、B 两项工程。因受本单位资源条件限制,只能选择其中一项工程投标或者这两项工程均不参加投标。根据过去类似工程投标的经验数据,A 工程投高标的中标概率为 0.3,投低标的中标概率为 0.8,编制该工程投标文件的费用为 4 万元；B 工程投高标的中标概率为 0.5,投低标的中标概率为 0.6,编制该工程投标文件的费用为 2.5 万元。各投标方案的效果、概率、损益值如表 10-10 所示,请选择最佳投标方案。

表 10-10 各投标方案效果、概率、损益值表

方案	效果	概率	损益值/万元
A 工程投高标	好	0.3	180
	中	0.5	120
	差	0.2	60
A 工程投低标	好	0.2	125
	中	0.7	75
	差	0.1	0
B 工程投高标	好	0.5	115
	中	0.1	75
	差	0.2	40
B 工程投低标	好	0.2	90
	中	0.5	40
	差	0.3	-20
不投标		1.0	0

第 11 章　综合案例分析

11.1　我国家庭收入数据分析

【例 11.1】表 11-1 是 1997 年我国农村家庭纯收入的调查数据，试回答以下问题。

表 11-1　1997 年我国农村家庭年收入表

组别	百分比
500 以下	2.28
500~1000	12.45
1000~1500	20.35
1500~2000	19.52
2000~2500	14.93
2500~3000	10.35
3000~3500	6.56
3500~4000	4.13
4000~4500	2.68
4500~5000	1.81
5000 以上	4.94

（1）计算收入的中位数、众数。
（2）从人群分布形态上分析 1997 年我国农村家庭收入情况背后反映的问题。

11.1.1　案例分析

（1）该数据属于组数据，可以按照 1.3 节众数和中位数讲述的方法来求解中位数和众数，案例实施的步骤有所省略。

（2）要分析数据背后反映的问题，众所周知一个好的社会收入形态应该是中间大、两头小、左右基本对称的正态分布，因此需要将数据做成一个分布形态，与正态分布比较后，再来看这个问题。要建立正态分布，必须要知道样本的标准差，对于组数据的标准差可以参考 1.5 节的方差和标准差的内容进行求解。

11.1.2　案例实施

在 Excel 表中输入原始数据，如图 11-1 所示。

	A	B
1	组别	百分比
2	500以下	2.28
3	500~1000	12.45
4	1000~1500	20.35
5	1500~2000	19.52
6	2000~2500	14.93
7	2500~3000	10.35
8	3000~3500	6.56
9	3500~4000	4.13
10	4000~4500	2.68
11	4500~5000	1.81
12	5000以上	4.94
13	合计	100

图 11-1　输入数据

1. 众数计算

（1）根据众数计算公式 $M_o = L + \dfrac{f_m - f_{m-1}}{(f_m - f_{m-1}) + (f_m - f_{m+1})} \times c$，我们判断众数所在组为 1000~1500 所在组，其下限 L=1000；获知道组距 c=500。

（2）公式中的各个参数可以求得，其结果如图 11-2 所示，将数据代入公式求得众数为 1452.462772。

fm-1	20.35
fm-fm+1	7.9
fm-fm	0.83
L	1000
c	500
众数	1452.462772

图 11-2　结果数据

2. 中位数计算

（1）根据中位数计算公式 $M_e = L + \dfrac{\dfrac{\sum_{i=1}^{n} f_i}{2} - s_{m-1}}{f_m} \times i$，我们判断中位数所在组为 1500~2000 所在组，其下限为 1500；获得组距 i=500。

（2）公式中的各个参数可以求得，其结果如图 11-3 所示，将数据代入公式求得中位数为 1882.17213。

sm-1	35.08
fm	19.52
总频数	100
L	1500
i	500
中位数	1882.17213

图 11-3　结果数据

3. 分布形态构建

（1）建立组中值，如图 11-4 所示，考虑 1997 年大于 5000 的农民占比较少，因此在考虑组中值的时候设立为 5250，也就是说认为收入大于 5000 的群体中间值为 5250。

	A	B	C	D
1	组别	百分比	组中值	
2	500以下	2.28	250	14250000
3	500~1000	12.45	750	49800000
4	1000~1500	20.35	1250	45787500
5	1500~2000	19.52	1750	19520000
6	2000~2500	14.93	2250	3732500
7	2500~3000	10.35	2750	0
8	3000~3500	6.56	3250	1640000
9	3500~4000	4.13	3750	4130000
10	4000~4500	2.68	4250	6030000
11	4500~5000	1.81	4750	7240000
12	5000以上	4.94	5250	30875000
13	合计	100		183005000
14	样本平均值	2750		
15	样本方差	1848535.354		
16	样本标准差	1359.60853		

图 11-4　建立组中值

（2）求出组中值的平均值为 2750，在 D2 单元格输入=(C2-$B$14)^2*B2，然后填充柄下拉，求得一系列值，再将这些值求和，求得 183005000，如图 11-4 所示。

（3）在 B15 单元格中输入=D13/(B13-1)，所求值即为样本方差。

（4）将方差开方即为标准差，在 B16 单元格输入=B15^0.5，值为 1359.60853。

（5）先求正态分布下，各组段间人群的分布情况：在 E2 单元格中输入=NORM.DIST(500,$B$14,$B$16,1)，不难理解这个 E2 数据为正态分布下收入<=500 的人群占比。

（6）在 E3 单元格中输入=NORM.DIST(1000,$B$14,$B$16,1)-NORM.DIST(500,$B$14,$B$16,1)，求得正态分布下收入 500～1000 的人群占比，依此类推我们可以求得不同收入组别的人群比例，在 E12 单元格中输入=1-NORM.DIST(5000,$B$14,$B$16,1)求得收入>5000 的人群比例，如图 11-5 所示。

	A	B	C	D	E	F	G
1	组别	百分比	组中值		正态分布值	百分数	分段点
2	500以下	2.28	250	1E+07	0.0489736	4.89736	500
3	500~1000	12.45	750	5E+07	0.05004999	5.004999	1000
4	1000~1500	20.35	1250	5E+07	0.07992424	7.992424	1500
5	1500~2000	19.52	1750	2E+07	0.11165333	11.16533	2000
6	2000~2500	14.93	2250	4E+06	0.13645403	13.6454	2500
7	2500~3000	10.35	2750	0	0.14588963	14.58896	3000
8	3000~3500	6.56	3250	2E+06	0.13645403	13.6454	3500
9	3500~4000	4.13	3750	4E+06	0.11165333	11.16533	4000
10	4000~4500	2.68	4250	6E+06	0.07992424	7.992424	4500
11	4500~5000	1.81	4750	7E+06	0.05004999	5.004999	5000
12	5000以上	4.94	5250	3E+07	0.0489736	4.89736	5500

图 11-5　正态分布下不同收入组别的人群占比

（7）为了与实际的比例对比，将 E 列数据*100（即乘 100），然后在 F 列显示，并且在 G 列设立了分段点。

（8）构建正态分布图：选择菜单"插入"→"图表"→"带平滑线和数据标记的散点图"→"选择数据"→在弹出的"选择数据源"对话框中单击"添加"按钮，在弹出的"编辑数据系列"对话框中输入如图 11-6 所示参数，单击"确定"按钮后画出正态分布下人群的分布图。

图 11-6 "编辑数据系列"对话框

（9）构建实际分布图：再次单击"添加"按钮，在弹出的"编辑数据系列"对话框中输入如图 11-7 所示参数，单击"确定"按钮后在同一图表中画出实际分布的分布图。

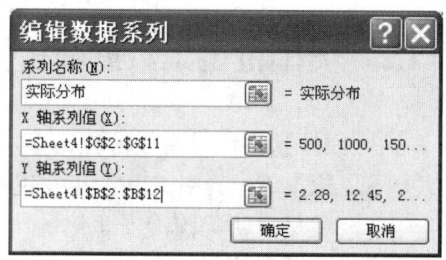

图 11-7 "编辑数据系列"对话框

（10）两种分布的散点曲线图如图 11-8 所示。

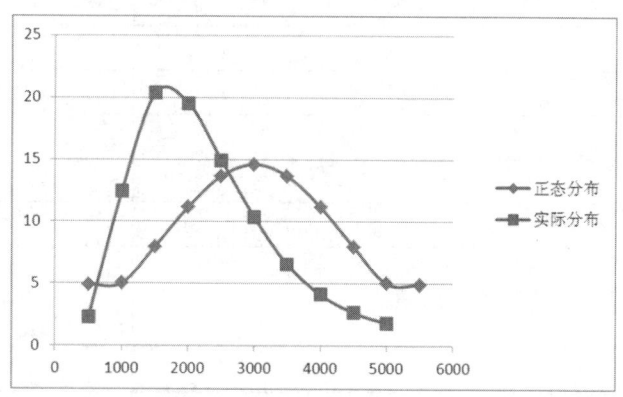

图 11-8 散点曲线图

11.1.3 分析结论

（1）由 1.4 节内容初步判定图 11-8 属于正偏态，正偏态的图形如图 11-9 所示，我们从计算的数据可知该样本众数=1542.5,中位数=1882,平均数=2750,也是符合正偏态的。

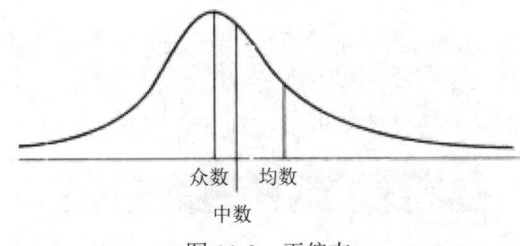

图 11-9　正偏态

（2）从分布形态上判断,1997 年中国农村家庭收入存在较为严重的贫富差距,特点是家庭收入低于 2000 的群体占了较高比例,这些群体的收入是低于平均收入的,而当时属于高收入群体的比例虽然不大,但是由于这部分群体收入较高,拉高了平均数,收入群体呈现正偏态的社会需要引起我们重视,需要落实好精准扶贫、税收调节等政策,壮大中间收入群体的比例。

（3）上述分析只是从图形上初步定性的判断分析,到底统计的收入数据有没有显著偏离正态分布,我们需要用卡方检验进行定量分析,请读者自行参照 11.2 节美国枪击案数据分析进行定量分析判断。

11.2　美国枪击案数据分析

【例 11.2】2012 年 12 月,美国康涅狄格州发生校园枪击案,造成 28 人死亡。1982 年至 2012 年,美国共发生 62 起（大规模）枪击案。其中,2012 年发生了 7 起,是次数最多的一年。2012 年有这么多枪击案,这是巧合,还是表明美国治安恶化了?

资料：1982~2012 年美国枪击案的分布情况如表 11-2 所示。

表 11-2　美国枪击案统计数据

一年中发生枪击案的数量	年数
0	4
1	10
2	7
3	5
4	4
5	0
6	0
7	1

11.2.1　案例分析

（1）在前面的章节里我们已经知道满足泊松分布需要三个条件,如果满足泊松分布,说明该事件属于小概率事件,就是不太可能发生,并且概率比较稳定。我们需要从那几年的枪击案数据分析到底符不符合泊松分布。

（2）根据 1982~2012 年美国枪击案数量，我们假定满足泊松分布的三个条件：

1）枪击案是小概率事件。

2）每件枪击案是独立的，不会相互影响。

3）枪击案发生的概率是稳定的。

对于第一个条件，因为全美国每年发生平均数为 2 起，可以认为是小概率事件；第二个条件因为不考虑有组织有预谋的连环恐怖袭击，所以也可以认定每起枪击案是独立的；关键是第三个条件，如果成立说明美国治安没有恶化，否则说明枪击案发生概率不稳定，美国治安恶化。

（3）我们只要求出泊松分布形态下每年不同枪击案数量发生的概率，与实际发生的概率进行卡方检验，看看有无显著性差别，若没有，说明治安没有恶化。

11.2.2 案例实施

1. 求出泊松分布的理论值

（1）31 年发生 62 起枪击案，所以平均每年发生 2 起枪击案，所以 $\lambda = 2$。

（2）计算枪击案次数的泊松分布概率：使用 POISSON.DIST()函数，$\lambda = 2$，可以轻松求得各个次数下的泊松分布概率。

（3）由于时间跨度是 31 年，所以要求得泊松分布的年数也是很简单的，泊松分布概率*31=泊松分布下发生的年数，计算的结果数据如图 11-10 所示。

一年枪击案次数	实际年数	泊松分布概率	泊松分布年数
0	4	0.135335283	4.33
1	10	0.270670566	8.66
2	7	0.270670566	8.66
3	5	0.180447044	5.77
4	4	0.090223522	2.89
5	0	0.036089409	1.15
6	0	0.012029803	0.38
7	1	0.003437087	0.11

图 11-10 结果数据

2. 做图表对比

（1）插入图表，选择柱形图，选择数据区域为"实际年数"和"泊松分布年数"，水平分类轴为"一年枪击案次数"，图例项为"实际年数"和"泊松分布年数"。

（2）右击"泊松分布年数"显示的那个柱形图，选择"更改系列图表类型"→"带数据标记的折线图"，即显示如图 11-11 所示。

（3）柱形为实际发生值，折线为泊松分布的理论值，从图初步判断两者基本还是比较吻合的，但是还需要通过卡方检验进行定量分析。

3. 卡方检验（设定显著性水平 α=0.1）

（1）临界值法：计算卡方统计量的值（方法见 3.3 节），求得值为 10.11，自由度为 (8-1)*(2-1)=7，用 CHISQ.INV()函数求得临界值为 12.02。

（2）卡方统计量的值（10.11）<临界值（12.02），说明差异不明显，即枪击案发生次数与期望次数基本吻合。

（3）P 值法：用 CHISQ.TEST()函数求得卡方分布概率，值为 0.182，显然 0.182>0.1，同样表明枪击案的观察值与期望值之间没有显著差异。

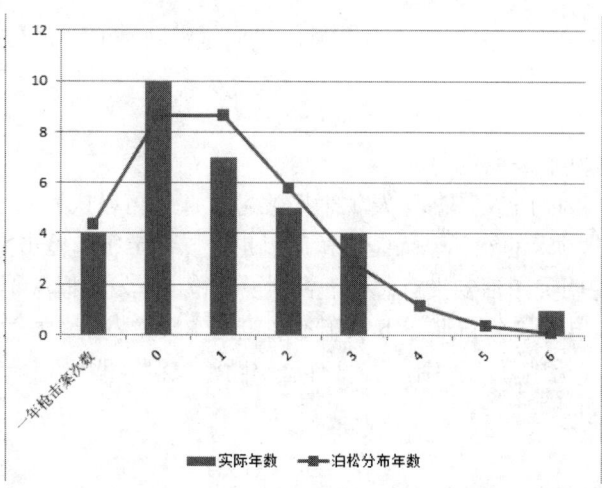

图 11-11　实际年数与泊松分布年数

11.2.3　分析结论

我们通过卡方检验判断了枪击案的实际值与泊松分布的期望值之间没有显著差异，也就是说当前数据并不能证明美国治安正在恶化。但是我们也看到卡方统计量的值（10.11）比较接近于临界值（12.02），说明当前治安形势并不太过乐观，需要看未来几年是否有大量枪击案发生，如果是那么泊松分布就不成立了。

11.3　游戏玩家调查分析

【例 11.3】说起《王者荣耀》，学生当中那是无人不知，无人不晓。在校园里、在马路上、在课堂上，凡是见到低头一族的，凑上一问十有八九在玩这款游戏。甚至有学生问苏老师，做了铂金会员能抵几个学分？那么这款游戏到底有多火，校园内有多少比例的学生在玩这款游戏，苏老师决定去做个调查探个究竟。

首先要做个样本容量测定，确定需要调查多少个对象，然后再来估算下校园内玩家情况。（假设苏老师想确保 95%的置信水平下获得±5%的精确度）

11.3.1　案例分析

（1）在第 4 章里讲过了样本容量的计算公式：$n = \dfrac{z_{\alpha/2}^2 (pq)}{e^2}$。

现在这里 p 值未知，根据 4.3 节中的结论将 p 取值为 50%，不难列出各个参数的值，如图 11-12 所示。

p	50%
q	50%
a	5.00%
$Z_{\alpha/2}$	−1.95996
e	5.00%

图 11-12　参数值

（2）根据公式可以求得 n=384.1459，我们取为 385，所以为了保证一定的精确度，需要调研至少 385 名学生。

（3）接下来需要苏老师花了一周时间在食堂门口随机拦截采访，剔除重复答复者，求得以下数据：总共采访了 385 名学生，抽到的男生人数为 256，女生人数为 127。

表 11-3 玩家调查数据

性别	玩	不玩	合计	玩家比例
男	212	46	256	82.17%
女	98	29	127	77.17%
合计	310	75	385	80.52%

11.3.2 案例实施

（1）确定玩家比例：用比例估计的方法来估计全校学生玩《王者荣耀》的比例，我们在第 4 章中已经知道了比例估计的公式，如图 11-13 所示。

	总体比例区间估计
σ 已知或大样本	$p \pm z_{\alpha/2}\sqrt{\dfrac{p \times q}{n}}$
σ 未知且小样本	$p \pm t_{\alpha/2}\sqrt{\dfrac{p \times q}{n}}$

图 11-13 比例估计公式

1）已经确定调查人数大于 30，属于大样本情况，所以用第一个公式来做。
2）这里设定置信水平是 0.95，α 是显著性水平=1-置信水平=1-0.95=0.05。
3）$z_{\alpha/2}$ 可以用 NORM.S.INV(α/2) 函数求得，值为 -1.96，如图 11-14 所示。

p	80.52%
q =1-p	19.48%
n	385
α	0.05
$Z_{\alpha/2}$	-1.96

图 11-14 参数值

4）将上述参数代入图 11-13 中公式，不难求得比例上限为 84.48%，比例下限为 76.56%。

（2）接下来，用均值参数估计的方法来求玩家当中每天玩游戏的时间，我们在第 4 章已经知道了均值估计的计算公式，如图 11-15 所示。

	总体均值区间估计
σ 已知或大样本	$\bar{x} \pm z_{\alpha/2}\dfrac{\sigma}{\sqrt{n}}$
σ 未知且小样本	$\bar{x} \pm t_{\alpha/2}\dfrac{s}{\sqrt{n}}$

图 11-15 均值估计计算公式

1）同样属于大样本，所以用第一个公式来做，并且已经设定置信水平是 0.95。

2）将参数代入公式，假设通过对收集数据的统计确定游戏玩家每天玩的时间平均值为 196 分钟，标准差为 88，如图 11-16 所示。

x平均	196
标准差s	88
样本数	385
α	0.05
$Z_{\alpha/2}$	-1.959964
均值上限	204.79023
均值下限	187.20977

图 11-16 参数值和均值区间

3）将参数代入公式，即可获得均值区间，如图 11-16 下方所示。

11.3.3 分析结论

（1）通过分析我们发现全校学生中玩《王者荣耀》的学生比例在 76.56%～84.48%之间，这个数据的可靠性是 95%（置信水平）。

（2）每天玩的时间在 187～205 分钟之间，在这个时间段的人数比例占全部玩这款游戏人数的 95%（置信水平），也就是说玩家中有 95%的比例每天玩的时间在 187～205 分钟之间。

（3）最后我们发现 95%的学生玩家每天玩游戏时间占到了 3～3.5 小时左右，这个有点出乎苏老师的意料，一天 24 小时，这个比例不算高嘛！

（4）如果做进一步的分析，需要调研更多数据，课后可以按照表 11-4 做个问卷调查，然后再进行分析。

表 11-4 游戏问卷调查表

序号	性别	年级	玩或不玩	平均每天游戏时间（分钟）	上课时玩吗	入迷级别
1	男	二	玩	150	不玩	2

11.4 房地产评估

【例 11.4】老苏应聘到一家房地产评估公司上班，不少大城市限购限贷之后日子有点不太好过，好在那家公司是专门搞商业办公楼评估的，接待的都是大客户。

第一天，老总给老苏个任务，让他给两个办公楼层做个评估，接到任务后老苏立马去实地考察，记录了位置、面积、办公室个数、周边环境等众多要素。资料有了，但是没有参考数据，再怎么考察也是白搭。于是老苏到公司资料室找了一大堆历年销售数据，考虑到不同年份房价涨跌不一，仅今年就比 3 年前涨了至少两倍，所以前几年的数据根本无法拿来做参考。老苏只好找今年的，但总共只有 11 条记录。

为了评估更准确点，老苏特地从 Google 地图上找出这 11 个办公楼的位置，测量了与市中心的距离，因此又增加了一个因素，数据如表 11-5 所示。

（注：入口个数是办公楼电梯的入口个数，电梯入口越多越方便，因为有的办公楼有货梯，速度较慢，一个货梯入口折算成 0.5 个。）

表 11-5　办公楼评估数据

编号	距离市中心（英里）	底层面积（平方英尺）	办公室的个数	入口个数	办公楼的使用年数	办公楼的评估值(千元)
1	5.5	2310	2	2	20	142000
2	4.6	2333	2	2	12	144000
3	1.2	2356	3	1.5	33	151000
4	4.8	2379	3	2	43	150000
5	8	2402	2	3	53	139000
6	3.6	2425	4	2	23	169000
7	5	2448	2	1.5	99	126000
8	5	2471	2	2	34	142900
9	2.2	2494	3	3	23	163000
10	2	2517	4	4	55	169000
11	3.9	2540	2	3	22	149000

11.4.1　案例分析

（1）从表中得知一共有 5 个自变量，这 5 个自变量对房产评估值到底有没有产生影响呢？能不能作为参考因素呢？5 个自变量与评估值之间是不是线性关系，一切还是个未知数。

（2）老苏决定用尝试的办法进行，暂且认定它们是线性相关的，然后通过建立多元线性回归模型，最后再进行检验。若答案否定的，那只好再尝试非线性的数学模型，再检验。需要先建立表 11-6 所示变量表。

表 11-6　参数变量表

变量	代表
y	办公楼的评估值
x1	距离市中心距离(英里)
x2	底层面积（平方英尺）
x3	办公室的个数
x4	入口个数
x5	办公楼的使用年数

11.4.2　案例实施

（1）Excel 建立数据表，如图 11-17 所示，设立好自变量（$x1$、$x2$、$x3$、$x4$、$x5$）和应变量（y）。

	A	B	C	D	E	F
1	距离市中心距离（x1）	底层面积(x2)	办公室的个数(x3)	入口个数(x4)	办公楼的使用年数(x5)	办公楼的评估值(y)
2	5.5	2310	2	2	20	142000
3	4.6	2333	2	2	12	144000
4	1.2	2356	3	1.5	33	151000
5	4.8	2379	3	2	43	150000
6	8	2402	2	3	53	139000
7	3.6	2425	4	2	23	169000
8	5	2448	2	1.5	99	126000
9	5	2471	2	2	34	142900
10	2.2	2494	3	2	23	163000
11	2	2517	4	4	55	169000
12	3.9	2540	2	3	22	149000

图 11-17　设立自变量和应变量表

（2）采用回归分析工具进行分析：如图 11-18 所示，输入相关参数，为了后面进行 t-检验，设立了置信度为 95%。

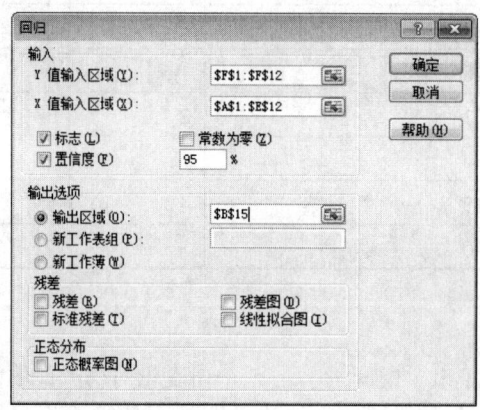

图 11-18　回归分析

（3）回归分析结果：如图 11-19 所示，我们发现房地产评估值与 5 个变量之间存在以下线性关系（参数保留 2 位小数）。

$$y=-118.49x1+26.36x2+12352.52x3+2660.44x4-231.65x5+56043.05$$

但是这个线性方程到底成不成立呢？还需要进行检验。

SUMMARY OUTPUT

回归统计

Multiple R	0.998439825
R Square	0.996882083
Adjusted R Square	0.993764167
标准误差	1041.064902
观测值	11

方差分析

	df	SS	MS	F	ignificance F
回归分析	5	1.73E+09	3.47E+08	319.727	2.94E-06
残差	5	5419081	1083816		
总计	10	1.74E+09			

	Coefficients	标准误差	t Stat	P-value	Lower 95%	Upper 95%	下限 95.0%	上限 95.0%
Intercept	56043.04708	15389.27	3.641696	0.014877	16483.66	95602.43	16483.66	95602.43
距离市中心距离（x1）	-118.4916324	255.5269	-0.46371	0.662339	-775.344	538.3611	-775.344	538.3611
底层面积(x2)	26.35636227	6.449376	4.086653	0.009478	9.777714	42.93501	9.777714	42.93501
办公室的个数(x3)	12352.52117	574.6709	21.49495	4.04E-06	10875.28	13829.76	10875.28	13829.76
入口个数(x4)	2660.436848	614.583	4.330258	0.007498	1081.115	4239.759	1081.115	4239.759
办公楼的使用年数(x5)	-231.6475694	15.28803	-15.1522	2.27E-05	-270.947	-192.348	-270.947	-192.348

图 11-19　回归分析结果

（4）线性方程检验。线性方程整体性检验，我们要求出几个值。

1）检验方程整体性的 F 临界值。

F 值在分析结果里已经有了结果，临界值可以用 F.INV (1-α,n-1,n-k) 函数。

α 是显著性水平，我们设置置信水平为 0.95，所以 α=1-置信水平=0.05。

n 为数据数目，这里有 11 条记录，所以 n=11。

k 为自变量数目，我们有 5 个自变量，所以 k=5。

可以求得 n-1=11-1=10、n-k=11-5=6 为 F-检验的 2 个自由度。

最后我们求得：F.INV(1-0.05,11-1,11-5)=4.06。

2）检验自变量显著性的 t 临界值。

这里有 5 个自变量，其值在分析结果里都已经得到显示，我们要求出 t 临界值。

可以用 T.INV(1-α,n-k-1,)函数来求，n-k-1 为 t-检验的自由度，n 和 k 的含义同上。

求得 t 临界值=T.INV(0.95,11-5-1)=2.02。

3）方程及系数的显著性判定，如表 11-7 所示。

表 11-7　方程及系数显著性判定表

数据项	值	判断	结论
Adjusted R square（调整后的 R 平方）	0.9938	接近于 1	方程耦合性较好
F 值	319.727	F 临界值=4.06 F>F 临界值	说明回归方程整体显著
T 值(x1)	-0.46	绝对值 t<临界值	说明 x1 对估价不显著
T 值(x2)	4.08	绝对值 t>临界值	说明 x2 对估价显著
T 值(x3)	21.49	绝对值 t>临界值	说明 x3 对估价显著
T 值(x4)	4.33	绝对值 t>临界值	说明 x4 对估价显著
T 值(x5)	-15.15	绝对值 t>临界值	说明 x5 对估价显著

11.4.3　分析结论

（1）方程总体拟合优度（Adjusted R square）为 0.9938，且通过了 F-检验，说明整个回归方程总体显著。

（2）从回归系数来看，除了 x1 外其他系数均显著，因此除了"距离中心距离"这个因素外其他因素均可以作为估算房产价格的因素。

（3）从各自变量的系数可以看出，房产价格与市中心距离、办公室已使用的年数成反比，与其余变量成正比，这也比较好理解。因为 x1 对估价不显著，最后的回归方程需要剔除 x1 因素，方程如下：

$$y=26.36x_2+12352.52x_3+2660.44x_4-231.65x_5+56043.05$$

11.5　股票投资风险分析

【例 11.5】风险是指资产未来实际收益相对预期收益变动的可能性和变动幅度,风险既可以是收益也可以是损失。数学表达是某种事件(不利或有利)发生的概率及其后果的函数。一般我们用公式表示:

$$风险=f(事件发生的概率,事件发生的后果)$$

预期收益率:投资者在下一个时期能获得的收益预期。

实际收益率:投资者在一定时期内实现的收益率,在特定时期实际获得的收益率,它是已经发生的,不可能通过这一次决策能改变的收益率。

实际收益率与预期收益率两者之间的差异越大,风险就越大,反之亦然。

如表 11-8 所示,该表数据为浦发银行 2004 年 12 月到 2005 年 12 月每月的股票收盘价,已知该股票的年收益率为正态分布的随机变量。

假设某投资者认定股票的投资年收益率大于 5%的概率不能低于 80%,大于 10%的概率不能低于 60%,出现亏损的概率不能大于 10%,请问该股是否值得投资?

表 11-8　股票收盘价表

日期	收盘价
2004/12/1	7
2005/1/1	7.37
2005/2/1	7.74
2005/3/1	6.92
2005/4/1	7.02
2005/5/1	6.7
2005/6/1	7.65
2005/7/1	8.34
2005/8/1	8.48
2005/9/1	8.3
2005/10/1	8.52
2005/11/1	8.81
2005/12/1	9.06

11.5.1　案例分析

(1)根据已知数据可以轻松求得月收益率,2004 年和 2005 年的年收益率的值可以近似将月收益率的值求和得到。

(2)上述求出的年收益率可以作为正态分布数据中的平均值。

(3)我们将月收益率的样本总体标准差*SQRT(12),这个数值可以认作该股票年收益率的样本总体标准差。

（4）有了平均值和标准差，就不难通过正态分布求得不同收益率下发生的概率。

11.5.2 案例实施

（1）月收益率计算：题目告知我们每月 1 日的收盘价，在 C3 单元格中输入=(B15-B14)/B14，然后填充柄向下拖拉，求得每月的收益率，如图 11-20 所示。

	A	B	C
1	日期	收盘价	收益率
2	2004/12/1	7	
3	2005/1/1	7.37	5.29%
4	2005/2/1	7.74	5.02%
5	2005/3/1	6.92	-10.59%
6	2005/4/1	7.02	1.45%
7	2005/5/1	6.7	-4.56%
8	2005/6/1	7.65	14.18%
9	2005/7/1	8.34	9.02%
10	2005/8/1	8.48	1.68%
11	2005/9/1	8.3	-2.12%
12	2005/10/1	8.52	2.65%
13	2005/11/1	8.81	3.40%
14	2005/12/1	9.06	2.84%
15	年收益率		28.25%
16	年收益率标准差		20.93%
17	年收益率<0的概率		8.86%

图 11-20　收益率表

（2）计算年收益率：在 C15 单元格中输入=SUM(C3:C14)，得到 28.25%，即为股票的年收益率，这个数据可以认作年收益率的平均值。

（3）计算月收益率的标准差：在 C16 单元格中输入=STDEV.P(C15:C26)*SQRT(12)，其值为 20.93%。

（4）正态分布下的概率计算：由于题目告知我们股票的年收益率服从正态分布，利用 2.3 节知识，在 C17 单元格中输入=NORM.DIST(0,C15,C16,1)求得值为 8.86%，这个是年收益率<=0 的概率。

（5）原理同步骤（4），可以求出年收益率小于等于 5%的概率，NORM.DIST(5%,C15,C16,1)=13.34%，1-13.34%=86.66%即为年收益率大于 5%的概率。

（6）同理，1-NORM.DIST(10%,C15,C16,1)=80.83%求得年收益率大于 10%的概率。

11.5.3 分析结论

（1）从案例实施的步骤（4）得出结论，年收益率出现亏损的概率为 8.86%。
（2）从案例实施的步骤（5）得出结论，该股票年收益率低于 15%的概率为 8.86%。
（3）对比期望收益率与测算出来的预期收益，如表 11-9 所示。

表 11-9　期望收益率、预期收益率表

	出现亏损概率	收益率大于 5%概率	收益率大于 10%概率
期望概率	<=10%	>=80%	>=60%
预期概率	8.86%	86.66%	80.83%
符合判断	符合	符合	符合

（4）从概率上来说，投资这只股票出现亏损的概率低于投资者期望概率，而赢利的概率又高于投资者期望概率，因此可以认定该股票值得投资。

11.6　股市图形分析

【例 11.6】在股市分析软件中，我们会看到如图 11-21 所示的图形，有的是柱状带线的图形，还有的是几根曲线，这些图形表示什么意思呢？试通过 Excel 工具来模拟该图形。

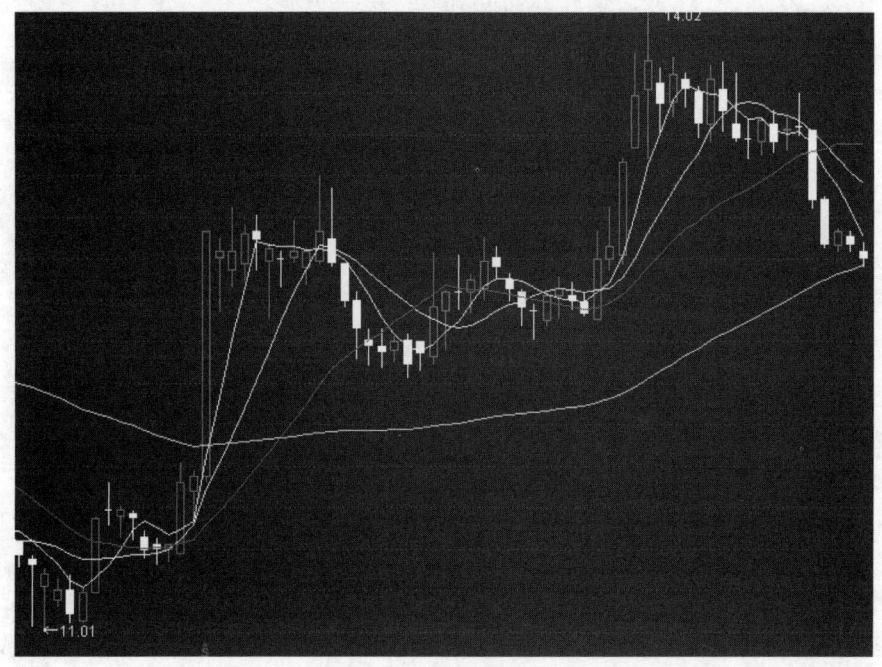

图 11-21　均线趋势图

我们收集了浦发银行 2017 年 7 月 3 日到 8 月 8 日的数据，并将数据复制后放入 Excel 表格。数据网址：http://quotes.money.163.com/trade/lsjysj_600000.html?year=2017&season=2

11.6.1　案例分析

（1）图 11-22 中的柱形图叫蜡烛图，柱形图有时上下有根线，当股票的收盘价高于开盘价时出现的是实心的红柱，若最高价与收盘价齐平时，红柱上端出现的细线长度为 0，差距越大细线越长，详细介绍读者可以自行百度搜索"蜡烛图"。

（2）图 11-21 中出现的几条曲线，叫均线，均线有 5 日均线、10 日均线等。5 日均线是股市术语，就是股票 5 天的成交价格或指数的平均值，所对应的是股价的 5 日均线和指数的 5 日均线，均线指标实际上就是第 8 章中移动平均线指标的简称。均线指标是反映价格运行趋势的重要指标，其运行趋势一旦形成，将在一段时间内继续保持，趋势运行所形成的高点或低点又分别具有阻挡或支撑作用，因此均线指标所在的点位往往是十分重要的支撑或阻力位，这就为我们提供了买进或卖出的有利时机，均线系统的价值也正在于此。详细介绍读者可以自行百度搜索"均线"。

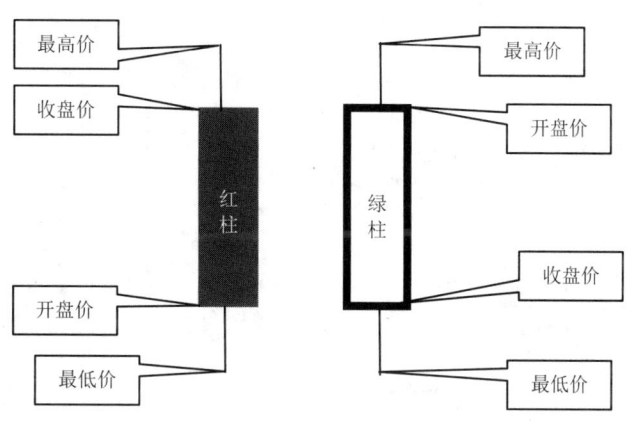

图 11-22 蜡烛图

11.6.2 案例实施

1. 蜡烛图制作

(1) 将原始数据复制后存入 Excel 表格，如图 11-23 所示。(最新日期在前面不影响图表制作，不用调整)

图 11-23 输入数据并选择折线图的数据区域

(2) 选择菜单"插入"→"图表"→"折线图"→"带数据标记的折线图"，选择数据区域为 A1:E28，如图 11-23 所示。

(3) 单击"确定"按钮后出现如图 11-24 所示一个比较乱的图。

(4) 单击图表右侧图例项中的"开盘价"几个字，当字的四周出现 4 个圆圈后右击鼠标，在菜单中选择"设置数据系列格式"，出现如图 11-25 所示对话框。

(5) 在对话框中将"数据标记填充"改为"无填充"，"线条颜色"改为"无线条"，"标记线颜色"改为"无线条"，其他"最高价""最低价""收盘价"做同样处理，这样图表当中看起来变成空白一片了。

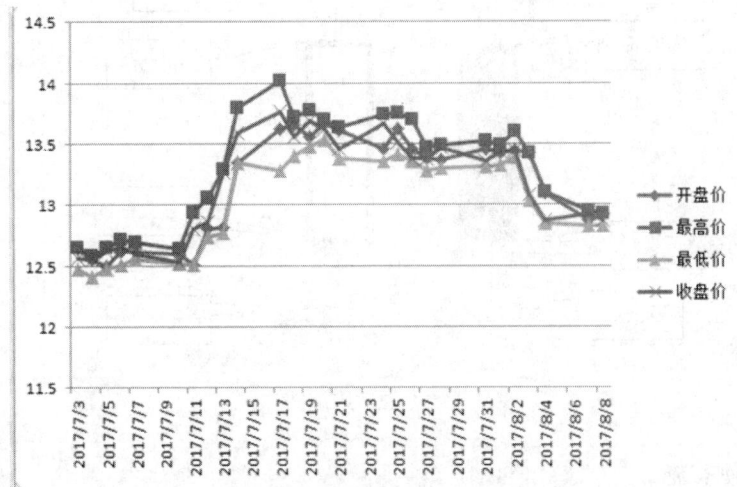

图 11-24　初步生成的折线图

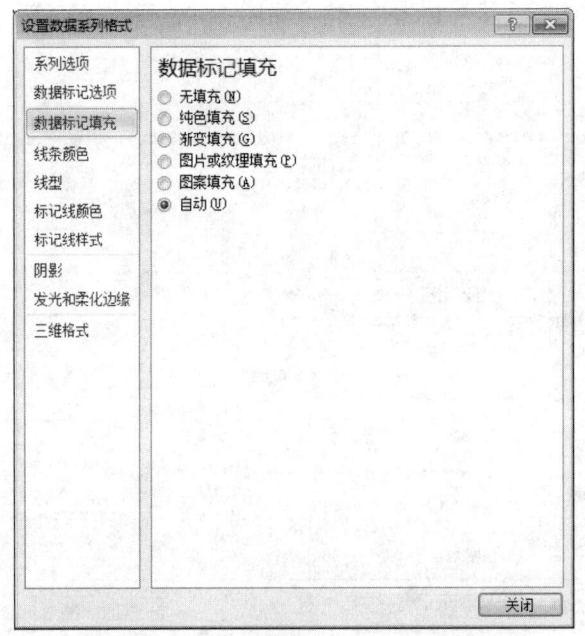

图 11-25　"设置数据系列格式"对话框

（6）单击图表当中空白处，选择"图表工具"→"布局"→"涨/跌柱线"，在"折线"中选择"高低点连线"，出现如图 11-26 所示图形，此时看起来有点成形了。

注意：这里与股票分析软件里相反，实心的为跌柱线，空心的为涨柱线，选择任意一根跌柱线右击并在菜单中选择"设置跌柱线格式"，填充颜色选择"纯色填充"→"绿色"，边框颜色也设为"绿色"；对于涨柱线格式，设置边框颜色为"红色"，填充颜色也设为"红色"。如此，涨跌柱均为实心，与股票软件略有区别。

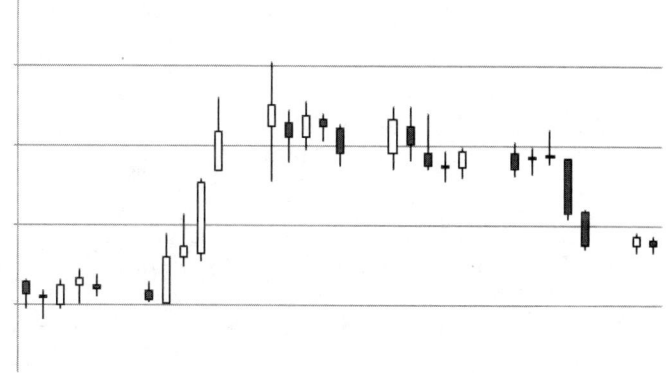

图 11-26　制作成形的蜡烛图

2. 均线制作

提示：由于我们的数据是日期早的在后面，日期晚的在前面，所以处理时要特别注意。

（1）计算每日成交均价：我们有成交量和成交金额，那么很容易算出成交均价，股市上"一手"指的是 100 股，所以在 L1 单元格中输入"成交均价"，L2 单元格输入=I2*10000/(H2*100)即可算出当日的成交均价，填充柄下拉后就是所有交易日的成交均价。

（2）计算 5 日均价：因为不知道前期数据，所以前 4 日的均线我们不好求，从第 5 日的均线开始求。在 M1 单元格中输入"5 日均价"，在 M2 单元格输入=AVERAGE(L2:L6)，然后将填充柄下拉到 M24 单元格，即得到所有的 5 日均价。（注意：日期倒反，所以这里是倒着求。）同理，在 N 列可以求得 10 日均线。结果如图 11-27 所示。

（3）绘制 5 日均线：选择菜单"插入"→"图表"→"折线图"→"选择数据"→"M1:N24"→"水平分类轴"→"A2:A24"，单击"确定"按钮后出现如图 11-28 所示图表。

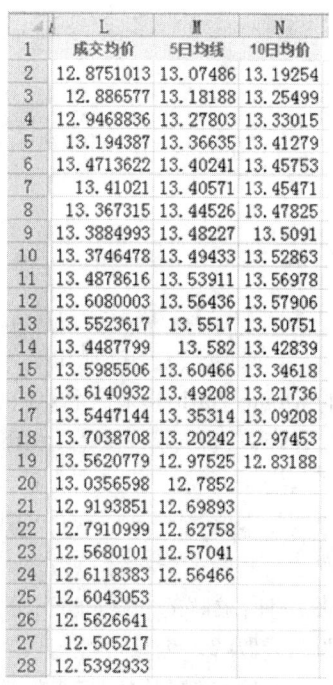

图 11-27　结果数据

11.6.3　分析结论

（1）图 11-26 中每根柱子细线的顶点即为"最高价"，细线的底部顶点即为"最低价"。如果柱子是红色的，那么柱子上端为"收盘价"，下端为"开盘价"，收盘价高于开盘价，表明这天股票涨了；如果柱子是绿色的，那么柱子上端为"开盘价"，下端为"收盘价"，收盘价低于开盘价，表明这天股票跌了。

（2）依据图 11-28 可以发现 7 月 25 日前 5 日均线位于 10 日均线上方，两线处于多头并列上行，对于股票来说这是个好现象，意味着股价连续上涨。但是到了 7 月 25 日，5 日均线向下与 10 日均线交叉，之后 5 日均线位于 10 日均线下方，意味着股价要开始跌了。后面的日子里两线空头并列下行，股价连续下跌。当然用这种判断方法来判断股价趋势不是万能的。

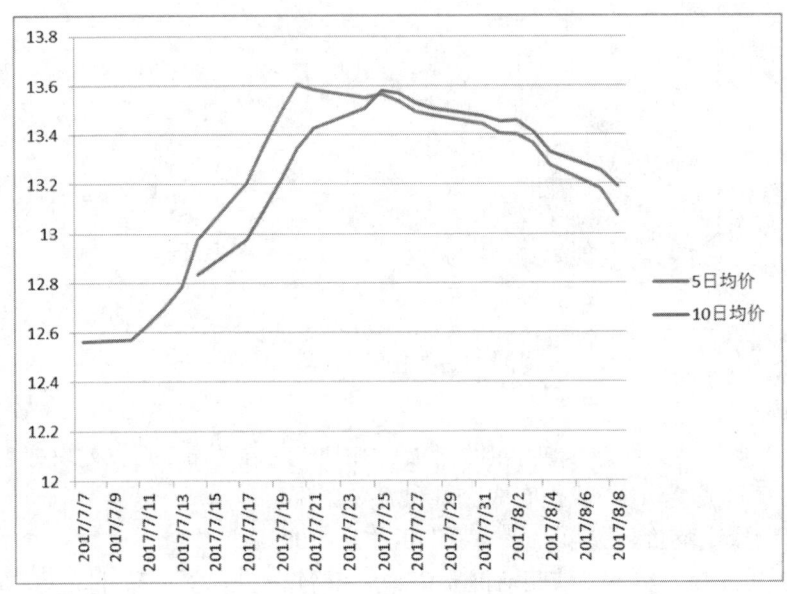

图 11-28　绘制均线图

（3）在绘制均线的时候，我们也可以直接用第 8 章中移动平均的方法直接获得均值。

11.7　蒙特卡洛模拟

【例 11.7】蒙特卡洛方法是 20 世纪 40 年代美国在第二次世界大战中研制原子弹的"曼哈顿计划"成员 S.M.乌拉姆和冯·诺依曼首先提出。数学家冯·诺依曼用驰名世界的赌城（摩纳哥的 Monte Carlo）来命名这种方法，为它蒙上了一层神秘色彩。在此之前，蒙特卡洛方法就已经存在。1777 年，法国 Buffon 提出用投针实验的方法求圆周率 π（例中我们用 Pi 来表示），这被认为是蒙特卡洛方法的起源。

蒙特卡洛方法又称统计模拟法、随机抽样技术，是一种随机模拟方法，以概率和统计理论方法为基础的一种计算方法，是使用随机数（或更常见的伪随机数）来解决很多计算问题的方法。将所求解的问题同一定的概率模型相联系，用电子计算机实现统计模拟或抽样，以获得问题的近似解。为象征性地表明这一方法的概率统计特征，故借用赌城蒙特卡洛命名。

本案例我们利用蒙特卡洛方法来做两个模拟实验：

（1）重复做法国人 Buffon 的实验。

（2）用蒙特卡洛方法模拟一只股票的价格，假设股票价格收益率服从正态分布，均值为 0，每日变动标准差为 0.1，假设该股票初始价格为 10 元，模拟该股票 100 个交易日的价格变化。

11.7.1　案例分析

1. 模拟求圆周率

（1）我们现在把一个半径等于 1 的 1/4 圆放入边长为 1 的正方形中，那么根据圆面积公式，1/4 圆的面积应该是 Pi/4，如图 11-29 所示。

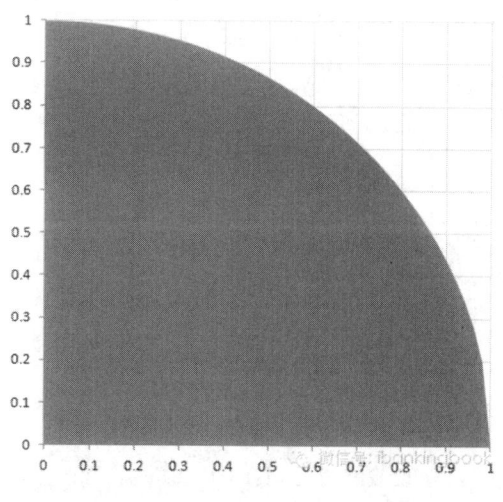

图 11-29 半径等于 1 的 1/4 圆

（2）如果我们对这个正方形面积的点均匀地进行抽样，随着抽样点的增多，落入圆内的点数量与总抽样数量的比在理论上应该是基本等于圆的面积占整个正方形面积的比，即落入圆内点数量/总数量=Pi/4。

（3）通过随机数产生两列[0,1]之间随机小数，分别代表点坐标(x,y)，若满足 $x^2+y^2<=1$，那么就认为(x,y)落在那个 1/4 圆内。

（4）统计落在 1/4 圆内点数和所有点，两者之比即为 Pi 值。

2．模拟股票价格变化

（1）用产生的随机小数[0,1]来代表正态分布下某个股价发生的概率。

（2）股票初始值为 10，那么模拟价格就是 10*EXP(CUMSUM(收益率样本))，EXP 为指数函数，CUMSUM 不是内置函数，是收益率样本的累积，可以用公式求得。

11.7.2 案例实施

1．模拟求圆周率

（1）产生随机坐标点：在 A2 单元格中输入=RAND()，然后填充柄向下拖拉到 A2001 单元格，这样生成 2000 个随机小数，作为随机样本的 x 轴坐标，同样生成 2000 个随机小数作为 y 轴坐标，由于 RAND()函数产生的是[0,1]之间的随机数，所以这些点全部会落在正方形中。

（2）判断坐标点是否在圆内：根据数学常理知道圆内点都符合 $x^2+y^2<=1$，然后利用 IF() 函数求 x^2+y^2 的值是否小于等于 1，如果是显示 1，否则显示 0，然后统计下 1 和 0 的数量，如图 11-30 所示。

（3）统计 C 列中出现 1 的数量 n，n/2000=Pi/4，很容易求得模拟出来的 Pi 值了。

2．画散点图

接下来为了直观显示，我们准备将点画出图形。

（1）固定坐标：因为 RAND()函数在 Excel 表格每次刷新中都会变化，所以将 A1:B2001 单元格复制，在 E1 单元格右击，在弹出的菜单中选择"选择性粘贴"→"值"，这样出现的 E1:F2001 单元格的值不会像 A1:B2001 那样频繁出现变动了。

（2）选择菜单"插入"→"仅带数据标记的散点图"，选择的数据区域为 F2:G2001，这

样就形成一个以 x 值为横坐标、y 值为纵坐标、有 2000 个点组成的正方形。

C2 =IF(A2^2+B2^2<=1,1,0)

	A	B	C	D	E
1	x	y	x^2+y^2<=1	p	
2	0.501902	0.304002	1	3.182	
3	0.422702	0.255678	1		
4	0.93119	0.693374	0		
5	0.89524	0.531613	0		
6	0.701285	0.443991	1		
7	0.759178	0.441901	1		
8	0.388207	0.507119	1		
9	0.121352	0.182729	1		
10	0.006821	0.147269	1		
11	0.629555	0.493001	1		
12	0.967192	0.652216	0		

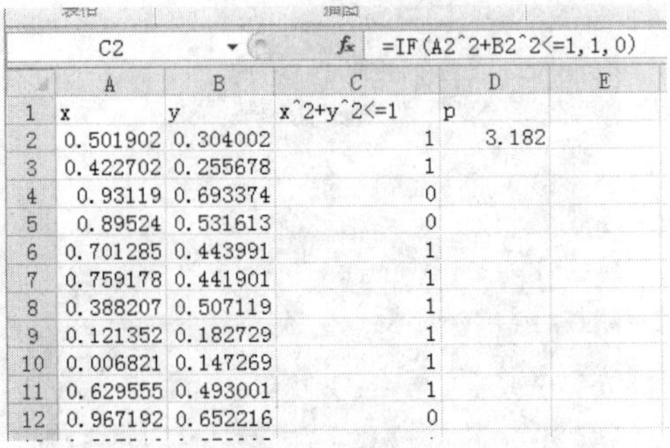

图 11-30　统计 1 和 0 数量

（3）在 H2 单元格输入=IF(F2^2+G2^2<1,1,0)，然后将填充柄向下拖拉到 H2001 单元格，这样在圆内的点会显示 1，圆外的点显示 0。

（4）筛选：利用 Excel 中的筛选功能，将步骤（3）中 H 列数据为 1 的数据显示，这样图形由原先边长为 1 的正方形变成了一个半径为 1 的 1/4 圆。

（5）将经过筛选之后的 F2:G2001 单元格数据复制并粘贴到 I2 单元格，I 列、J 列显示了落在圆内的坐标点。

（6）取消步骤（4）中的筛选，图形变回正方形，然后在图形中间右击，弹出的菜单中选择“选择数据”，如图 11-31 所示在弹出的对话框中单击“添加”，然后将 I 列数据作为 x 轴坐标、J 列数据作为 y 轴坐标，这部分数据为圆内点。

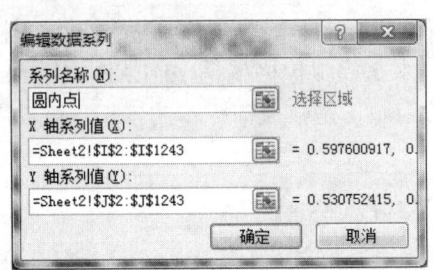

图 11-31　“编辑数据系列”对话框

（7）最后形成如图 11-32 所示的图形，这个图形可以直观地反映模拟坐标在符合 x 和 y 均<=1 的前提下，落在 1/4 圆内的点与落在圆外的点的对比。

3. 模拟股票价格变化

（1）模拟分布概率：在工作表 A2 单元格输入=RAND()，然后下拉填充柄到 A101，该 100 个 0～1 之间的小数代表正态分布概率。

（2）模拟收益率：用 NORM.INV()函数来获得服从既定分布的随机数，即收益率样本，在 B2 单元格输入=NORM.INV(A2,0,0.1)，然后填充柄拖拉到 B101，产生 100 个模拟的收益率，如图 11-33 所示。

（3）模拟股价：在 C1 单元格输入=10*EXP(SUM($B$2:B2))，同样将填充柄拖拉到 C101，获得 100 个模拟股价。

（4）将 C 列数据绘成折线图，如图 11-34 所示，即为 100 个交易日的股价趋势图。

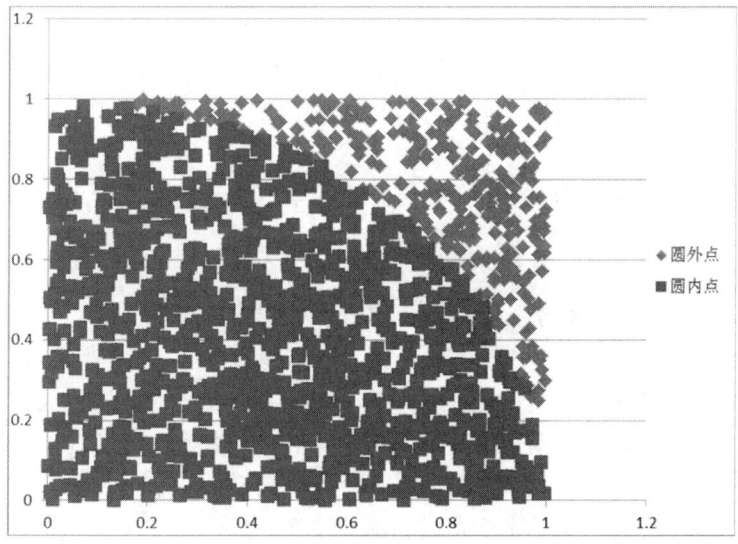

图 11-32　圆内点与圆外点对比

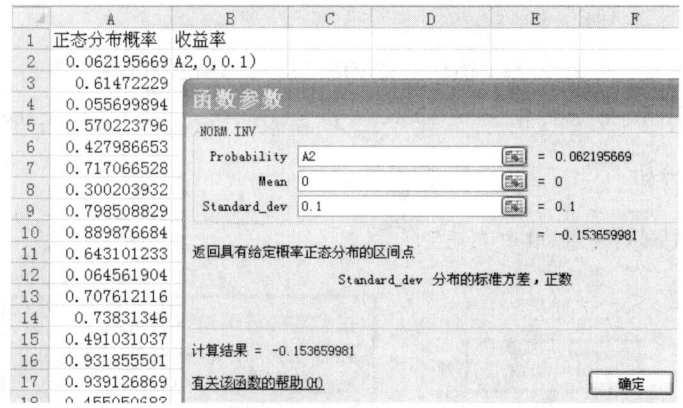

图 11-33　模拟收益率

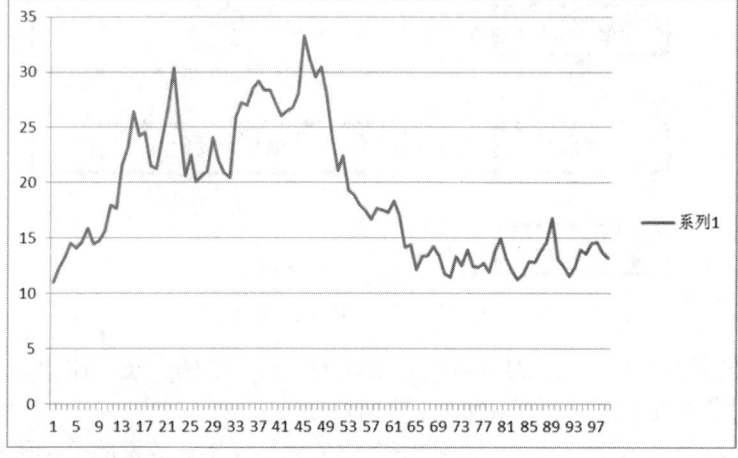

图 11-34　折线图

11.7.3 分析结论

（1）由于模拟点数量有限，可能得到的 Pi 值精确度并不高，模拟的点数越多，越接近于 Pi 值。

（2）股价模拟中，由于 RAND()函数值并不是固定的，每次打开 Excel 都会产生不同的值，所以股价的变化趋势并不能用来预测实际股价。

11.8 制鞋厂经营安全性分析

【例 11.8】某制鞋公司准备上一条登山鞋生产线，每年固定性折旧费、固定性管理费和销售费用合计为 $F=20$ 万元，每双鞋子变动成本（包括直接材料和直接人工）为 100 元，每双售价 300 元，根据市场调查每年需求量大约为 1500 双。请问：

（1）该产品保本点生产量是多少，是否值得生产？

（2）该产品安全边际量是多少，安全边际率是多少？

（3）市场需求均可能变化，用价格和市场需求量两个参数变化对安全边际率的敏感性进行分析。

（4）若市场需求、变动成本、销售价格均服从正态分布：市场需求 $Q\sim N(1500,200^2)$、变动成本 $V\sim N(100,10^2)$、销售价格 $P\sim N(300,30^2)$。试建立安全边际率的 Excel 仿真模型。

11.8.1 案例分析

（1）分析模型设计思路如图 11-35 所示。

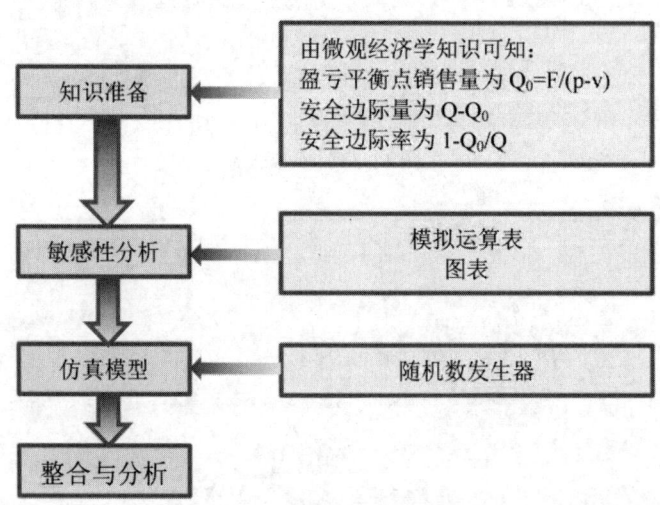

图 11-35　分析模型设计思路

（2）盈亏平衡点是决定企业是盈利还是亏损的销售鞋子的数量，比如通过计算公式我们算出是 1000，意思就是说销量低于 1000 企业就要亏损了。

（3）安全边际量是根据实际或预计的销售业务量与保本业务量的差量确定的定量指标，它表明销售量下降多少企业仍不致亏损。假如算出是 500，说明市场需求量为 1500 的前提下，我们达不到这个销售量，销售量下降 500 是尚能保证盈利的最大数量，显然我们希望这个值要大，该值越大说明可以在下降更多销量的前提下依然可以保持盈利。

安全边际率=安全边际量/市场需求量，这个值显然也是越大越安全。

（4）案例中要用到几个函数：其中 ROUND()函数是四舍五入函数，NORM.INV()函数用于产生正态随机数。正态分布概率函数的用法是：NORM.INV(RAND(),均值,标准差)。

11.8.2　案例实施

1. 建立数据输入区和生成区

如图 11-36 左侧所示，输入区的数据由题目可知，生成区的数据需要计算，参见分析模型思路里的计算公式。

（1）盈亏平衡点：$Q_0=F/(p-v)$，由题目已知 $F=200000$，$p=300$，$v=100$。在 B9 单元格输入=B3/(B5-B4)即可。

（2）安全边际量=$Q-Q_0$，Q 为市场需求量=1500，在 B10 单元格输入=B6-B9。

（3）安全边际率=1- Q_0/Q，在 B11 单元格输入=B10/B6。

	A	B	C	D	E	F	G	H	I
1				需求模拟	价格模拟	边际成本模拟	保本点	安全边际量	安全边际率
2	输入区			1501	283	104	1117.318	383.681564	0.255617298
3	固定成本	200000		1494	263	101	1234.568	259.432099	0.17364933
4	价格变动成本	100		1517	312	110	990.099	526.90099	0.34733091
5	单位价格	300		1165	268	88	1111.111	53.8888889	0.046256557
6	市场需求量	1500		1162	299	123	1136.364	25.6363636	0.022062275
7				1794	314	110	980.3922	813.607843	0.453516078
8	生成区			1936	198	111	2298.851	-362.85057	-0.18742282
9	盈亏平衡点销量	1000		1466	310	92	917.4312	548.568807	0.374194275
10	安全边际量	500		1941	330	113	921.659	1019.34101	0.52516281
11	安全边际率	0.3333333		1726	309	86	896.861	829.139013	0.480381815
12				1907	259	103	1282.051	624.948718	0.327713014
13	需求分布			1192	298	94	980.3922	211.607843	0.177523358
14	均值	1500		1529	289	91	1010.101	518.89899	0.339371478
15	标准差	200		1698	328	88	833.3333	864.666667	0.509226541
16				1715	288	104	1086.957	628.043478	0.36620611
17				1517	295	103	1041.667	475.333333	0.313337728
18	价格分布			1421	267	93	1149.425	271.574713	0.191115209
19	均值	300		1906	243	117	1587.302	318.698413	0.167207981
20	标准差	30		1607	245	95	1333.333	273.666667	0.170296619
21				1788	260	91	1183.432	604.568047	0.338125306
22				1420	321	97	892.8571	527.142857	0.371227364
23	变动成本分布			1669	261	115	1369.863	299.136986	0.179231268
24	均值	100		1473	305	109	1020.408	452.591837	0.307258545
25	标准差	10		1439	311	109	990.099	448.90099	0.311953433
26				1727	290	100	1052.632	674.368421	0.390485478
27				1732	328	88	833.3333	898.666667	0.518860662

图 11-36　案例相关数据

2. 数据模拟

（1）市场需求模拟：我们通过 1000 个数据来进行每年市场需求量的模拟，由于数据均服从正态分布，所以选中 D2:D1001 单元格后，在公式编辑框中输入=ROUND(NORM.INV(RAND(),$B$14,$B$15),0)，然后按 Ctrl+Shift+Enter 组合键，三键组合形成数组公式，得到了“需求模拟”的数据，如图 11-36 中 D 列数据所示。

（2）价格模拟：与步骤（1）同理，选中 E2:E1001 单元格，在公式编辑框中输入=ROUND(NORM.INV(RAND(),$B$19,$B$20),0)，然后按 Ctrl+Shift+Enter 组合键，可以得到“价格模拟”

数据，如图 11-36 中 E 列数据所示。

（3）边际成本模拟：与步骤（1）同理，选中 E2:E1001 单元格，在公式编辑框中输入 =ROUND(NORM.INV(RAND(),B24,B25),0)，按下 Ctrl+Shift+Enter 组合键，即可得到"边际成本模拟"的数据，如图 11-36 中 F 列数据所示。

注意：比如第一行数据，需求模拟是 1501，说明这年鞋子需求量是 1501 双，那么需要定价是 283 元/双，边际成本是 104 元。

3. 统计计算

（1）保本销量（保本点）计算：即企业保持不亏本前提下至少应该售出的数量。选择 G2 单元格，输入=$B$3/(E2-F2)，然后将填充柄向下拖拉，求出所有模拟数据下的保本点，如图 11-36 中 G 列数据所示。

（2）安全边际量计算：在 H2 单元格中输入=D2-G2，然后将填充柄向下拖拉到 H1001 单元格，如图 11-36 中 H 列数据所示。

（3）安全边际率计算：在 I2 单元格中输入=H2/D2，然后将填充柄向下拖拉到 I1001 单元格，如图 11-36 中 I 列数据所示。

4. 频数统计

（1）对步骤 3 中的模拟结果，在 K2:L6 单元格输入图 11-37 所示数据，得 1000 个随机数的最大值、最小值、平均数和标准差，并由最大值到最小值按 10 组计算组距，以便进行频数统计。

	K	L	M	N
1				
2	统计结果			
3	最大	0.60247341		
4	最小	-0.2941131		
5	平均	0.30042027		
6	标准差	0.1888721		
7				
8	组距	0.08965865		
9	盈亏平衡点销量			
10	组上限	频数	频率	累积频率
11	-0.2044544	2	0.043478261	0.043478261
12	-0.1147958	1	0.02173913	0.065217391
13	-0.0251371	0	0	0.065217391
14	0.06452152	2	0.043478261	0.108695652
15	0.15418017	2	0.043478261	0.152173913
16	0.24383881	6	0.130434783	0.282608696
17	0.33349746	7	0.152173913	0.434782609
18	0.42315611	15	0.326086957	0.760869565
19	0.51281476	8	0.173913043	0.934782609
20	0.60247341	3	0.065217391	1
21	合计	46		

图 11-37　频数统计数据

（2）在 L3 单元格中输入=MAX(I2:I1001)求得最大值，然后用公式=MIN(I2:I1001)、=AVERAGE(I2:I1001)、=STDEV.S(I2:I1001)分别求得最小值、平均值和标准差；

（3）求组的分界点：组距公式为（最大-最小）/10，在 L8 单元格中输入=(L3-L4)/10，所得值即为组距值。

（4）在 K11 单元格中输入=L4+L8 求得组的第一个上限，在 K12 单元格中输入=K11+$L$8，然后将填充柄下拉到 F20 单元格求出余下 9 个上限值，这样就划分了每一组的上限值，一共 10 组。

（5）频数计算：计算每个组内包含值出现的次数，选择 L11:L20 单元格，输入=FREQUENCY(I2:I1001,K11:K20)，按 Ctrl+Shift+Enter 组合键。

（6）用频数去除以总数 1000，即可得到频率。

（7）累积频率是当前频率与前面频率的累加，相信大家可以算出来，最后如图 11-37 所示。

注意：由于每次更新 RAND()函数会产生不同的值，所以图中的数据与每人做的数据并不一致。

5. 结果仿真模拟

我们对频率和累积频率插入平滑曲线的散点图，分 2 个系列，分别为"频率"和"累积频率"，x 坐标选组上限所在区域，最后结果如图 11-38 所示，上翘的线为累积频率线。

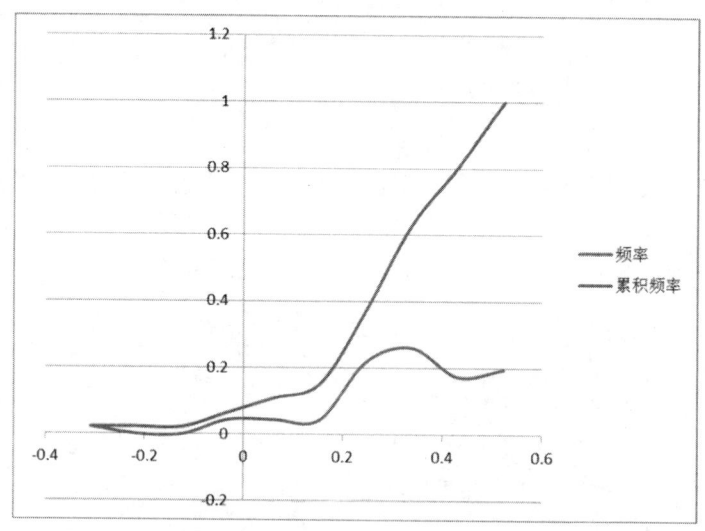

图 11-38　平滑曲线散点图

6. 敏感性分析

敏感性分析法是指从众多不确定性因素中找出对投资项目经济效益指标有重要影响的敏感性因素，并分析、测算其对项目经济效益指标的影响程度和敏感性程度，进而判断项目承受风险能力的一种不确定性分析方法。敏感性分析有助于确定哪些风险对项目具有最大的潜在影响。它把所有其他不确定因素保持在基准值的条件下，考察项目每项要素的不确定性对目标产生多大程度的影响。

由安全边际率判断企业经营安全性的一般标准如图 11-39 所示。

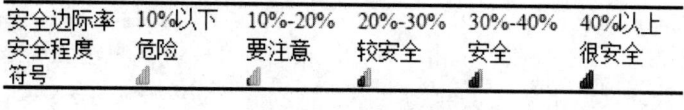

图 11-39　安全标准

当相关参数变化时，安全边际率也会发生变化。我们选择了市场需求和价格两个因素变化对安全边际率的影响。

（1）在 K27 单元格输入=B11，即引用安全边际率的计算公式；在 L27:S27 单元格输入销售单价的变化范围，其值从 260 到 330，间隔为 10；在 K28:K38 单元格输入市场需求量的变化范围，其值从 1000 到 2000，间隔为 100。

（2）选择 K27:S38 单元格区域，从"数据"选项卡选择"模拟运算表"，在"输入引用行单元格"输入=B5，在"引用列单元格"输入=B6，单击"确定"按钮，得模拟运算结果如图 11-40 所示。

	K	L	M	N	O	P	Q	R	S
27	0.333333	260	270	280	290	300	310	320	330
28	1000	-0.25	-0.176	-0.11	-0.05	0	0.048	0.091	0.13
29	1100	-0.136	-0.07	-0.01	0.043	0.091	0.134	0.174	0.209
30	1200	-0.042	0.0196	0.074	0.123	0.167	0.206	0.242	0.275
31	1300	0.0385	0.095	0.145	0.19	0.231	0.267	0.301	0.331
32	1400	0.1071	0.1597	0.206	0.248	0.286	0.32	0.351	0.379
33	1500	0.1667	0.2157	0.259	0.298	0.333	0.365	0.394	0.42
34	1600	0.2188	0.2647	0.306	0.342	0.375	0.405	0.432	0.457
35	1700	0.2647	0.308	0.346	0.381	0.412	0.44	0.465	0.488
36	1800	0.3056	0.3464	0.383	0.415	0.444	0.471	0.495	0.517
37	1900	0.3421	0.3808	0.415	0.446	0.474	0.499	0.522	0.542
38	2000	0.375	0.4118	0.444	0.474	0.5	0.524	0.545	0.565

图 11-40　结果数据

（3）选择 L28:S38 单元格区域，选择菜单"开始"→"条件格式"→"图标集"，在展开的"等级"栏目中选择"五等级"的柱状图；再选择"条件格式"→"管理规则"，在弹出的"条件格式规则管理器"对话框中单击"编辑规则"设置如图 11-41 进行设置。

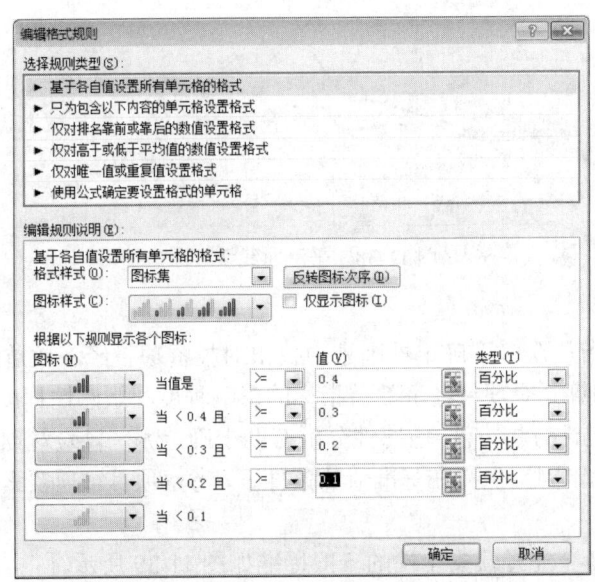

图 11-41　"编辑格式规划"对话框

（4）选择 L28:S38 数据区域，单击"开始"菜单，在"数据"选项中选择"百分比"，这样数据就变成百分数，其结果如图 11-42 所示。

（5）单击"插入图表"选择"带平滑线的散点图"，选择图表数据区域为 L28:S38，如图 11-43 所示，水平分类轴为"市场需求变化范围"，图例项需要手动修改，系列 1 为价格=260 对应的数据，即 P=260，同样系列 2 修改为 P=270，其余类似。

（6）将横坐标的最小值改为 1000，将主要刻度单位改为固定值 100，最终结果如图 11-44 所示。

0.333333	260	270	280	290	300	310	320	330
1000	-25.00%	-17.65%	-11.11%	-5.26%	0.00%	4.76%	9.09%	13.04%
1100	-13.64%	-6.95%	-1.01%	4.31%	9.09%	13.42%	17.36%	20.95%
1200	-4.17%	1.96%	7.41%	12.28%	16.67%	20.63%	24.24%	27.54%
1300	3.85%	9.50%	14.53%	19.03%	23.08%	26.74%	30.07%	33.11%
1400	10.71%	15.97%	20.63%	24.81%	28.57%	31.97%	35.06%	37.89%
1500	16.67%	21.57%	25.93%	29.82%	33.33%	36.51%	39.39%	42.03%
1600	21.88%	26.47%	30.56%	34.21%	37.50%	40.48%	43.18%	45.65%
1700	26.47%	30.80%	34.64%	38.08%	41.18%	43.98%	46.52%	48.85%
1800	30.56%	34.64%	38.27%	41.52%	44.44%	47.09%	49.49%	51.69%
1900	34.21%	38.08%	41.52%	44.60%	47.37%	49.87%	52.15%	54.23%
2000	37.50%	41.18%	44.44%	47.37%	50.00%	52.38%	54.55%	56.52%

图 11-42 敏感性分析表

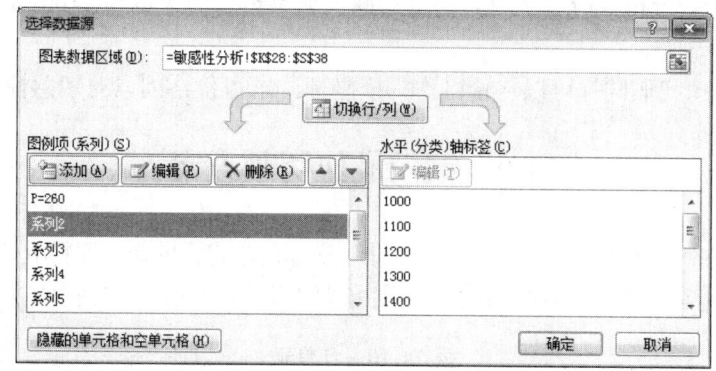

图 11-43 "选择数据源"对话框

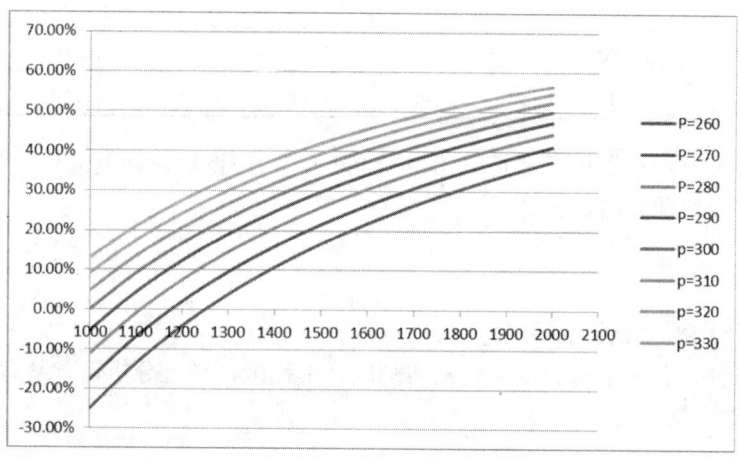

图 11-44 敏感性分析图

11.8.3 分析结论

（1）从图 11-36 可以看出在市场需求量为 1500 的情况下，保本生产量（即盈亏平衡点）为 1000，显然市场需求量大于保本生产量，只要加大产量就能盈利，所以判断值得生产。

（2）安全边际量为 500，安全边际率为 33%。

（3）敏感性分析图 11-44 中横坐标为市场需求变化，纵坐标为敏感性值，其线条近似直线，其斜率可以表明市场需求对经济效益指标的敏感性。

（4）根据图 11-39，敏感性值越大，其安全性越高，反之亦然。

（5）从图 11-44 敏感性分析图可以看出在市场需求不变的前提下，P 值（出售价格）越大，其敏感性越大（P=330 的线位于最上端）；同样在售价 P 值不变的前提下，随着横坐标值（市场销售需求量）的扩大，其敏感性也随之增加。

（6）敏感性分析是确定哪些风险对项目具有最大的潜在影响，考察项目的每项要素的不确定性对目标产生多大程度的影响。敏感性越强，不确定性程度就越小，潜在的风险也就越小，反之亦然。

（7）我们可以举例说明，如果市场需求量为 1000 双，销售价格为 300 元，那么此时敏感度为 0，从风险角度讲此时亏本风险是最小的；如果市场需求量为 1100 双，售价可以定为 280 元，这时风险较小。

（8）本案例中我们同样可以将价格作为横坐标，求得价格因素对敏感性的影响。

11.9 钢板最佳切割方案

【例 11.9】钢铁、木材、建筑等行业的工业生产部门常将大的矩形原料板切割成实际需要的较小的各种矩形规格板。某钢铁生产企业接到订单要求生产三种型号的钢板，如表 11-10 所示。

表 11-10 订单表

型号	数量	宽度/cm	长度/cm
A	100	110	290
B	100	110	210
C	100	110	150

已知该企业的原材料钢板尺寸是 110cm*740cm，为使得浪费钢板最少，应该如何进行切割？至少需要多少块原材料钢板？

11.9.1 案例分析

（1）切割不同型号钢板的可能方案。

根据问题条件，首先把每一块原料板切割成订单钢板，经过分析，一共有 8 种可行方案，如表 11-11 所示。

表 11-11 原料钢板切割可行方案

型号	方案 1	方案 2	方案 3	方案 4	方案 5	方案 6	方案 7	方案 8
A(110*290)	2	1	1	1	0	0	0	0
B(110*210)	0	2	0	1	3	2	1	0
C(110*150)	1	0	3	1	0	2	3	4
余料/cm	10	30	10	90	110	20	80	140

（2）建立数学模型。

设上述 8 种方案各自所用的原料钢板数分别为 $x_1, x_2, \cdots, x_8$，目标要求是原料钢板用量最少，约束条件为 3 种型号的订单数量均为 100，原料钢板数为非负数。据此建立如下数学模型：

目标函数：$\min(Z)=x_1+x_2+\cdots+x_8$

约束条件有 4 条：

$2*x_1+1*x_2+1*x_3+1*x_4+0*x_5+0*x_6+0*x_7+0*x_8=100$

$0*x_1+2*x_2+0*x_3+1*x_4+3*x_5+2*x_6+1*x_7+0*x_8=100$

$1*x_1+0*x_2+3*x_3+1*x_4+0*x_5+2*x_6+3*x_7+4*x_8=100$

$x_1,x_2,\cdots,x_8>=0$ 且均为整数。

（3）数据说明。

1）如图 11-45 所示，D7 单元格（目标单元格）用于存放"规划求解"的最少原料，必须是个计算公式，公式为 B21+C21+D21+…+I21，即 8 种切割方案所用原料钢板总数。

	A	B	C	D	E	F	G	H	I	J
1	型号	数量	宽度（cm）	长度（cm）						
2	A	100	110	290						
3	B	100	110	210						
4	C	100	110	150						
5										
6		宽度	长度	所需块数						
7	原材料规格	110	740							
8										
9		方案1	方案2	方案3	方案4	方案5	方案6	方案7	方案8	约束条件（需要块数）
10	型号A（块数）	2	1	1	1	0	0	0	0	100
11	型号B	0	2	0	1	3	2	1	0	100
12	型号C	1	0	3	1	0	2	3	4	100
13	余料	10	30	10	90	110	20	80	140	0
14	可变变量x1…x8	x1	x2	x3	x4	x5	x6	x7	x8	>=0
15										
16		方案1	方案2	方案3	方案4	方案5	方案6	方案7	方案8	
17	型号A（块数）									
18	型号B									
19	型号C									
20	余料									
21	可变变量x1…x8									

图 11-45 案例相关数据

2）B21:I21 为可变单元格，用于存放"规划求解"推测出的 8 种切割方案各自所用的原料钢板数量，需要等待 Excel 运算后才能显示出来。

11.9.2 案例实施

（1）如图 11-45 所示，在 Excel 表 A1:D4 单元格输入原始数据；在第 7 行输入原材料钢板的数据；在 A9:J14 单元格输入切割方案及备注的约束条件；A16:I21 单元格用来显示最终执行的方案及所需原料钢板的数量。

（2）目标单元格：在 D7 单元格输入=SUM(B21:I21)，代表数学 $\min(Z)=x_1+x_2+\cdots+x_8$，计算 8 种可能的切割方案的用料总和。

（3）约束条件单元格。

1）在 J17 单元格中输入=B10*B21+C10*C21+…+I10*I21，代表模型中的 $2*x_1+1*x_2+1*x_3+1*x_4+0*x_5+0*x_6+0*x_7+0*x_8=100$，约束订单型号 A 的数量为 100。

2）在 J18 单元格中输入=B11*B21+C11*C21+…+I11*I21，代表模型中的 $0*x_1+2*x_2+0*x_3+1*x_4+3*x_5+2*x_6+1*x_7+0*x_8=100$，约束订单型号 B 的数量为 100。

3）在 J19 单元格中输入=B12*B21+C12*C21+…+I12*I21，代表模型中的 $1*x_1+0*x_2+$

$3*x3+1*x4+0*x5+2*x6+3*x7+4*x8=100$，约束订单型号 C 的数量为 100。

（4）设置规划求解参数：如图 11-46 所示，设置目标为 D7 单元格，选择下方的"最小值"，可改变单元格为 B21:I21，约束条件参照图 11-46 设置。（注意：由于不能肯定正好是 100，所以条件均为>=100）

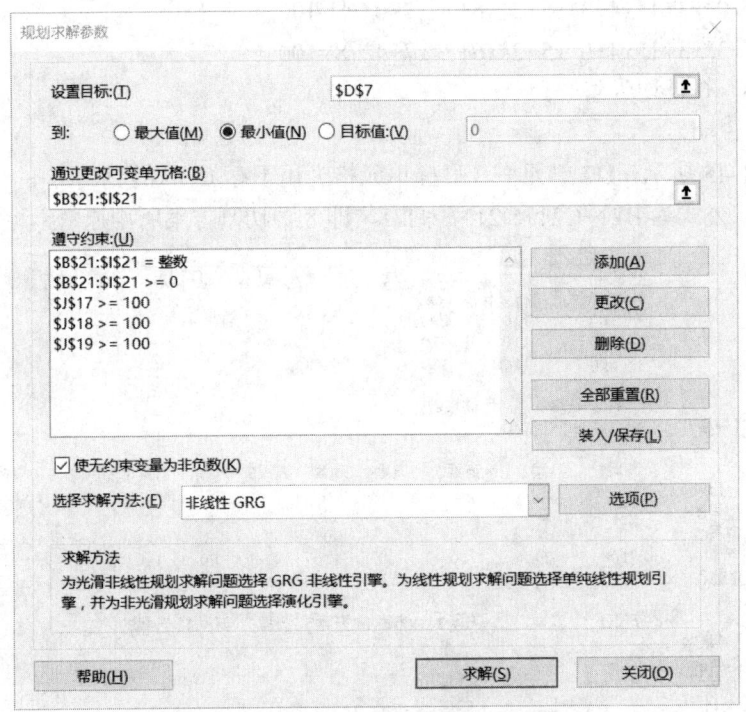

图 11-46　"规划求解参数"对话框

（5）单击"求解"按钮，运算结果如图 11-47 所示。

	A	B	C	D	E	F	G	H	I	J
6		宽度	长度	所需块数						
7	原材料规格	110	740	90						
8										
9		方案1	方案2	方案3	方案4	方案5	方案6	方案7	方案8	约束条件（需要块数）
10	型号A（块数）	2	1	1	1	0	0	0	0	100
11	型号B	0	2	0	1	3	2	1	0	100
12	型号C	1	0	3	1	2	2	3	4	100
13	余料	10	30	10	90	110	20	80	140	
14	可变变量x1…x8	x1	x2	x3	x4	x5	x6	x7	x8	>=0
15										
16		方案1	方案2	方案3	方案4	方案5	方案6	方案7	方案8	
17	型号A（块数）									100
18	型号B									100
19	型号C									100
20	余料									
21	可变变量x1…x8	32	28	8	0	0	22	0	0	90

图 11-47　结果数据

11.9.3　分析结论

通过求解我们发现完成订单总共需要 90 块原料钢板（D7 单元格显示），第 21 行数据显示了每种方案需要切割的块数，如表 11-12 所示。

表 11-12 执行切割方案表

执行的方案	方案 1	方案 2	方案 3	方案 6	总计
执行数量	32	28	8	22	90

注意：这里选的求解方法是"非线性 GRG"，若使用其他选项，目标单元格的最优解是相同的，都是 90。但是采用哪种方案切割的块数（即 x_1, x_2...x_8 的值）是不同的，也就是说不同的求解方法下总的钢板原料数是一样的，但是切割方案却是可以根据实际情况选取的。

本题读者也可以将余料作为目标值，如何让切割后总的余料最少，也就达到了节约的目的，请读者自行解答。

11.10 研究院的决策难题

【例 11.10】DriveTek 研究院发现一个电脑公司需要一个适用于新电脑系统的磁盘驱动。由于这个电脑公司没有可用的研发人员开发此磁盘驱动，所以他们将与一家独立的研发公司签订开发合同。这个电脑公司将为最优磁盘驱动的开发提供 250000 美元的费用。研发公司享有较高的技术声誉，可提供最优的技术方案。

DriveTek 研究院计划参与此次投标。管理层测算了一个 50000 美元花费提案，有 50%的可能赢得此次投标。

然而，DriveTek 的工程师们不清楚签订合同后如何开发此磁盘驱动器。有三种方式可以尝试：第一种是机械方式，将花费 120000 美元，工程师们确定使用这种方式可以成功开发出模型；第二种方式是包含了电子元素，工程师们经过测算，电子方式开发的模型仅需要花费 50000 美元，但是只有 50%的可能得到想要的结果；第三种方式是采用磁元素，此方式将花费 80000 美元，有 70%的可能成功。

DriveTek 研究院在同一时间只能选择一种方式，但有时间尝试两种方式。如果选择磁方式或电子方式，并且尝试失败，第二选择则必须是机械方式以保证开发出成功模型。DriveTek 的管理层需要综合分析这些信息并做出是否继续的决策。

11.10.1 案例分析

（1）决策点分析：在这个案例中，涉及两个主要决策。第一个，需要决策是否准备提案；第二个，如果准备了提案并赢得了合同，则选择三种方式中哪种方式满足合同要求。

（2）事件（状态）节点分析：对于这个案例有三个不确定性：是否能够赢得合同，电子方式是成功还是失败，磁方式是成功还是失败。

（3）根据最后一段题意，若电子方式或者磁方式失败，则第二选择必须是机械方式以保证开发出成功模型，所以这种情况下只能折返再来选择机械方式，而机械方式需要成本 120000 美元，这个时候成本 120000 美元要计入在计算电子方式和磁方式失败的成本里。

11.10.2 案例实施

（1）新建 Excel 工作表，在 A1 单元格中新建决策树，建立 2 个决策分枝：准备提案和不准备提案，如图 11-48 所示。

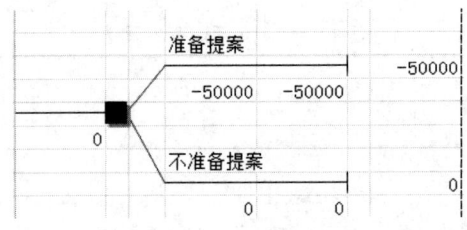

图 11-48 新建决策树

（2）在"准备提案"处建立 2 个事件节点，赢得合同和不能赢得合同概率各为 0.5，赢得合同将获得 250000 美元，结果如图 11-49 所示。

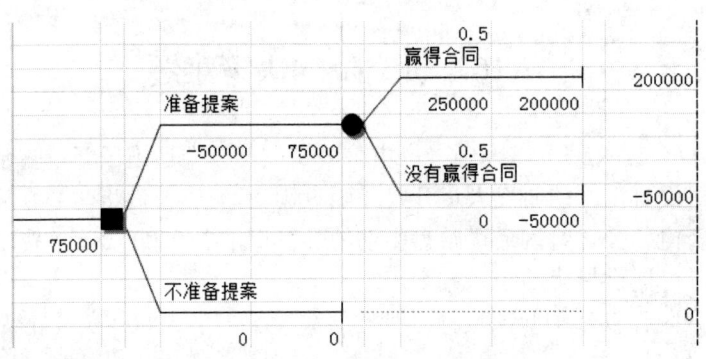

图 11-49 建立事件节点

（3）在"赢得合同"节点建立 3 个决策分枝，即为磁盘开发采用的 3 种方法以及各自的费用，如图 11-50 所示。

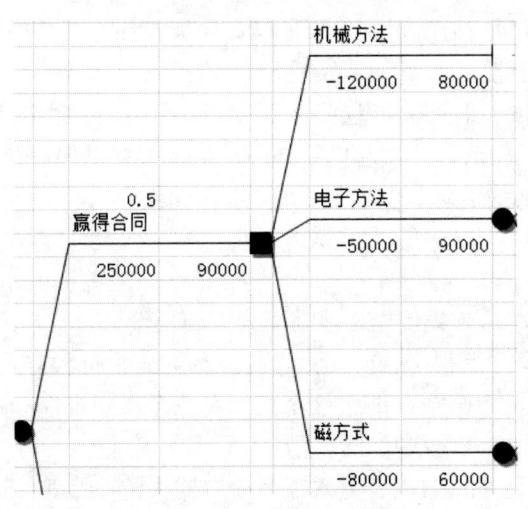

图 11-50 建立决策分枝

（4）在"电子方式""磁方式"节点分别建立 2 个事件分枝，即开发失败或开发成功，以及各自出现的概率和花费的成本，如果开发失败则需要选择机械方式，所以失败的成本均为 -120000，如图 11-51 所示。

（5）格式化数据：选中 Excel 任一个数字单元格，单击菜单 Decision Tree，单击 Partial cash flows，选中所有数字单元格，然后改为货币美元格式，最终的决策树如图 11-52 所示。

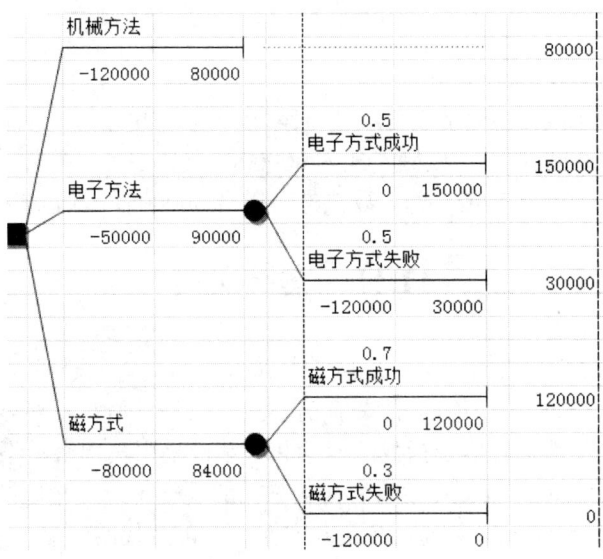

图 11-51　建立事件分枝

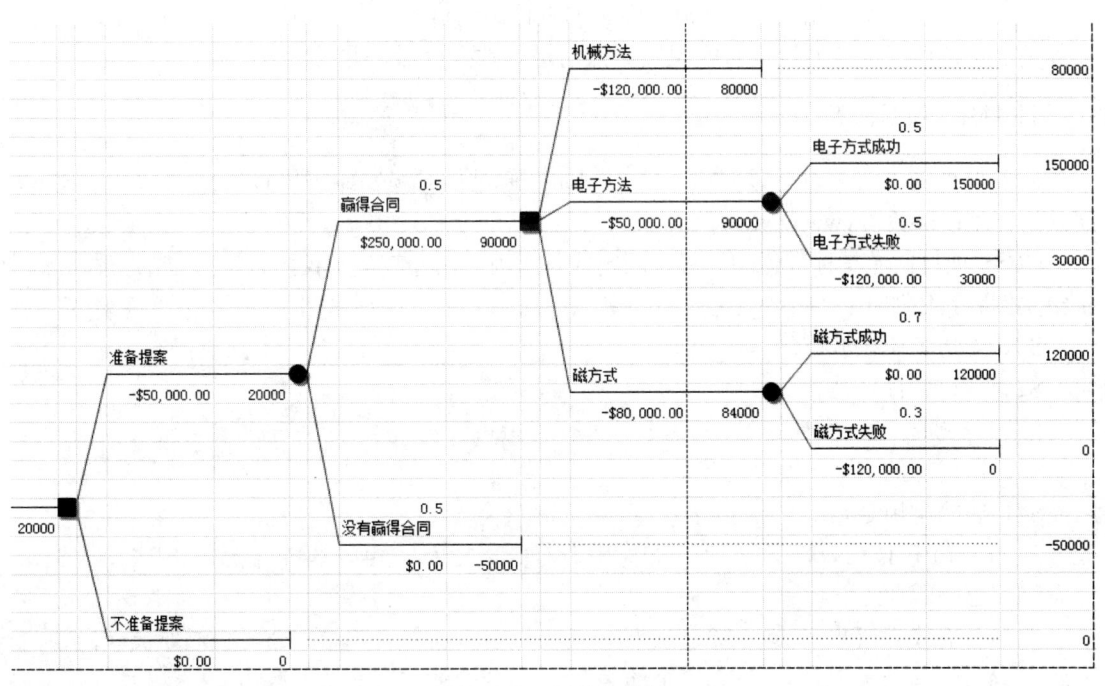

图 11-52　最终决策树

11.10.3　分析结论

从图 11-52 可以看出，我们有 4 个策略可供选择。

策略 1：准备提案、赢得合同、采用机械方式，这个策略产生的收益为 80000 美元。

策略 2：准备提案、赢得合同、尝试电子方式，若电子方式成功，则收益为 150000 美元，若失败了再采用机械方式依然有 30000 美元的收益。

策略 3：准备提案、赢得合同、尝试磁方式，若成功，收益为 120000 美元，若失败再采用机械方式则收益为 0。

策略 4：不准备提案，收益为 0。

从决策图 11-52 可以看出，策略 2 是最佳方案。因为采用电子方式的最终预期收益是 90000 美元，而磁方式为 84000 美元，而机械方式为 80000 美元。这个预期收益不是实际收益，若电子方式成功收益达到 150000 美元，若失败依然可以有 30000 美元收益。

11.11 案例实践

消费者信心是指消费者根据国家和地区的经济发展形势，对就业、收入、物价、利率等问题综合判断得出的一种看法和预期，消费者信心指数则是对消费者整体所表现出来的信心程度及其变动的一种测度。消费者信心指数的概念和方法最早由美国密歇根大学调查研究中心的乔治·卡通纳在 20 世纪 40 年代提出，随后在美联储的委托下开展相应的调查直至今日。历史证明，这一指标体系在预测未来宏观经济走向方面有不可替代的价值。

中国在 2007 年启动了中国消费者信心调研（CCSS）项目，整个方法体系与密歇根大学的消费信心指数调查基本相同，同时根据中国的具体国情进行了补充和完善，使之更贴近中国的实际情况。请读者尝试通过调研收集数据然后进行数据分析，并写出分析报告。

11.11.1 项目问卷

问卷调查的方式可以通过网络形式，例如，通过问卷星网站可以设置问卷并收集数据，问卷星网址：https://www.wjx.cn/。

CCSS 项目问卷是标准化的，每月固定执行。由于问卷较多，我们只选择了部分题目作为教学案例。具体如下：

S0、受访者所在城市：_____。

S2、受访者性别是？
    1．男性　2．女性

S3、请问您的实际年龄是几岁？_____。

S4、您的学历是？
    1．初中/技校或以下　2．高中/中专　3．大专　4．本科　5．硕士以上

S5、您的职业是？
    1．企事业管理人员　　2．工人/体力劳动者（蓝领）　3．公司普通职员（白领）
    4．国家公务人员　　　5．个体经营者/私营企业主　　6．教师
    7．学生　　　　　　　8．专业人士（医生、律师等）
    9．无/待/失业、家庭主妇　　10．退休　　11．其他职业

S7、你的婚姻状况是？
    1．已婚　　2．未婚　　3．离异/分居/丧偶

S9、您的家庭月收入（包括工资、奖金、各种外快收入）大约在什么范围？
    1．2000 元以下　　2．2000～2499　　3．2500～2999　　4．3000～3999
    5．4000～4999　　 6．5000～5999　　7．6000～7999　　8．8000～9999
    9．10000～14999　 10．15000～19999　11．20000～29999　12．30000 以上

98. 无收入　　　　　99. 拒答

C0、请问您的家庭目前有还贷支出吗？

　　C0_1　房贷　　1. 有　　　2. 无　　　3. 拒答

　　C0_2　车贷　　1. 有　　　2. 无　　　3. 拒答

　　C0_3　其他一般消费还贷　1. 有　　2. 无　　　3. 拒答

O1、您有家用轿车吗？

　　1. 有　　　2. 无

A3、与一年前相比，您家庭现在的经济状况怎么样？

　　1. 明显好转　　　2. 略有好转　　　3. 基本不变

　　4. 略有变差　　　5. 明显变差　　　6. 说不清/拒答

A3a、为什么这样说呢？（最多选两项）

　　0. 中性原因　　　　　　　99. 不知道/拒答

　　10. 改善：收入相关　　　110. 恶化：收入相关

　　20. 改善：就业状况相关　　120. 恶化：就业状况相关

　　30. 改善：投资相关　　　　130. 恶化：投资相关

　　40. 改善：家庭开支相关　　140. 恶化：家庭开支相关

　　50. 改善：政策/宏观经济　　150. 恶化：政策/宏观经济相关

A4、与现在相比，您觉得一年以后您的家庭经济状况会如何变化？

　　1. 明显好转　　　2. 略有好转　　　3. 基本不变

　　4. 略有变差　　　5. 明显变差　　　6. 说不清/拒答

A8、与现在相比，您认为一年以后本地区的经济发展状况会如何？

　　1. 非常好　　　　2. 比较好　　　　3. 保持现状

　　4. 比较差　　　　5. 非常差　　　　6. 说不清/拒答

A9、您认为一年之后本地区的就业状况将会如何变化？

　　1. 明显改善　　　2. 略有改善　　　3. 保持现状

　　4. 略有变差　　　5. 明显变差　　　6. 说不清/拒答

A10、与现在相比，您认为5年之后，本地区的经济将会出现怎么样的变化？

　　1. 明显繁荣　　　2. 略有改善　　　3. 保持现状

　　4. 略有衰退　　　5. 明显衰退　　　6. 说不清/拒答

A16、对于大宗耐用消费品的购买，比如家用电器、电脑以及高档家具之类的，您认为当前是购买的好时机吗？

　　1. 很好的时机　　2. 较好的时机　　3. 很难说，看具体情况而定

　　4. 较差时机　　　5. 很差的时机　　6. 不知道/拒答

11.11.2　信心指数的计算方法

问卷中大多数主干题目均为五级得分，类似于非常好（VF）、比较好（F）、一般、较差（U）、非常差（VU），以及不知道/拒答。此类题目都需要转换为相应的题目得分，以反映消费者的乐观和悲观程度。具体方式为针对每一道题目，计算每个选项被选中的百分比（包括不知道/拒答），随后使用公式计算其相对得分。

题目得分=100%+1.0*VF%+0.5*F%-0.5*U%-1.0*VU%

这一数值反映的是答案偏向乐观人群和偏向悲观人群的比例之差。当人群中两者的比例基本平衡时，得分接近于 100（100%）；如果乐观人群比例偏高，则得分大于 100；反之则小于 100。

总消费者信心指数的计算是基于下面 5 道题的回答进行的：

A3、与一年前相比，您家庭现在的经济状况怎么样？

A4、与现在相比，您觉得一年以后您的家庭经济状况会如何变化？

A8、与现在相比，您认为一年以后本地区的经济发展状况会如何？

A10、您认为一年之后本地区的就业状况将会如何变化？

A16、对于大宗耐用消费品的购买，比如家用电器、电脑、高档家具之类的，您认为当前是购买的好时机吗？

首先计算出上述 5 道题的得分，然后将其相加，再除以"基线"调查时这一数值，即为当期的信心指数值。因此，计算出来的指数代表当期数值相对于"基线"调查数值的变动比例。如果乐观人群的比例高于基线，则指数大于 100；反之小于 100。目前作为基线水平的是 2007 年 4 月的数值。

11.11.3 研究目标及思路

我们希望能够研究受访者的背景资料对消费者信心指数的影响，具体研究目标是：不同人口特征及其背景资料的受访者在消费者信心指数上具有怎样的差异，或者不同人群之间是否存在信心指数的差异。

为达成这一总目标，可以按照如下思路进行分析：

（1）用标准的方差分析模型分析上述指标对消费信心指数的作用是否存在地域、性别、年龄、职业、学历、婚姻状况以及家庭月收入等差异。

（2）用回归方法分析各种因素对消费信心指数存在的内在作用方式。

（3）分析消费者信心指数是否服从某种数据分布，并进行相应的检验。

参考文献

[1] 谢永盛．Excel 的规划求解及其在最优化问题中的应用[J]．柳州师专学报，2015．30(4)：156-160．

[2] 田新，戴伟．用 Excel 研究现代管理风险决策分析的问题[J]．中国管理信息化，2006，9(5)：14-16．

[3] 关文忠工作室：http://blog.sina.com.cn/guanwenzhong．

[4] 阮一峰的网络日志：http://www.ruanyifeng.com/blog．

[5] 蒲括，邵明．精通 Excel 数据统计与分析[M]．北京：人民邮电出版社，2016．

[6] 冯灵清．Excel 2010 统计分析典型案例[M]．北京：清华大学出版社，2015．

[7] 张文彤，钟云飞．IBM SPSS 数据分析与挖掘实战案例精粹[M]．北京：清华大学出版社，2013．

[8] 智库百科：http://wiki.mbalib.com/．

[9] 百度文库：https://wenku.baidu.com/．

[10] 人大经济论坛：http://bbs.pinggu.org/tag/2919/．